本书为教育部人文社会科学重点研究基地重大项目
"丝绸之路经济带战略背景下西部地区经济增长潜力开发推进全面建设小康社会研究"
（项目号：16JJD790046）阶段性成果。

中国西部经济发展研究文库

Research Collection on the Economic Development in Western China

丝绸之路经济带与西部大开发新格局

THE SILK ROAD ECONOMIC BELT AND THE NEW PATTERN OF
WESTERN DEVELOPMENT IN CHINA

丝绸之路经济带
建设背景下西北地区经济高质量发展潜力研究

The Potential for High-quality Development
in Northwestern China in the Context of
Building the Silk Road Belt

茹少峰　刘家旗　｜　著

社会科学文献出版社
SOCIAL SCIENCES ACADEMIC PRESS (CHINA)

总　序

　　2013 年 9 月，习近平主席在哈萨克斯坦纳扎尔巴耶夫大学发表演讲时，倡议亚欧国家共同建设丝绸之路经济带，这一提议得到国际社会的高度关注。2015 年 3 月 28 日，国家发展改革委、外交部、商务部经国务院授权联合发布了《推动共建丝绸之路经济带和 21 世纪海上丝绸之路的愿景与行动》，提出"发挥陕西、甘肃综合经济文化和宁夏、青海民族人文优势，打造西安内陆型改革开放新高地，加快兰州、西宁开发开放，推进宁夏内陆开放型经济试验区建设，形成面向中亚、南亚、西亚国家的通道、商贸物流枢纽、重要产业和人文交流基地"。不言而喻，继西部大开发之后，丝绸之路经济带建设将为西部地区经济社会实现新一轮的跨越式发展提供难得的契机。因此，借助经济增长、发展经济学、区域经济学、国际贸易和产业组织等理论，对丝绸之路经济带建设背景下西部地区开发开放问题进行研究，无疑具有深远的意义。

　　"十三五"期间，教育部人文社会科学重点研究基地——西北大学中国西部经济发展研究院围绕丝绸之路经济带建设中的重大理论与实践问题，凝聚全国对此问题研究的专家学者，以设立重大招标项目的形式，开展跨学科、跨地域联合攻关研究，做出高质量的研究报告与智库产品，为国家及各级政府推进丝绸之路经济带建设提供决策参考。本丛书是中国西部经济发展研究院"十三五"期间的标志性成果，整体研究成果形成系列丛书"中国西部经济发展研究文库"之"丝绸之路经济带与西部大开发新格局（2020）"五部专著。

　　（1）丝绸之路经济带建设背景下西部省区及主要城市的经济发展绩效评价研究。对丝绸之路经济带西部沿线地区的省区及主要城市的发展绩效进行客观评价，评价的结果能够为西部地区未来经济发展绩效的提升提供客观依据和实践参考；有利于我们发现丝绸之路经济带建设背景下西部地区经济发展的"短板"，在此基础上研究相应的提升对策，从而充分发挥我国西部地区的地缘优势、资源优势和文化优势，更大程度上在丝绸之路经济带建设背景下发挥区域经济合作的影响力。同时，西部地区经济发展本身存在结构性差异，而本课题针对主要省区和主要城市的发展绩效进行评价，也能够针对不同的地区提出差异化的改善路径，从而为西部地区全面提升经济发展绩效提供实践基础。

（2）丝绸之路经济带建设背景下西部地区经济增长潜力开发推进全面建成小康社会研究。全面建成小康社会是"十三五"末期我国经济发展的目标，西部地区要完成这一目标，就要推进西部地区经济增长潜力开发和新动能培育。西部地区虽然近年来发展势头强劲，抓住丝绸之路经济带建设和第二次西部大开发机遇，以"创新、协调、绿色、开放、共享"的发展理念为指导，继续加大基础设施投资，积极开展经济对外开放，经济增速保持全国领先水平；但是西部地区仍然存在一系列历史遗留的结构性矛盾，又面临新的发展机遇，所以研究丝绸之路经济带建设背景下西部地区经济增长潜力开发和新动能开发具有现实意义。

（3）丝绸之路经济带建设背景下西部地区金融资源配置效率提升研究。西部地区是我国的经济欠发达地区，区域内金融资源整体规模较小，在开发利用中封闭性较强，且开放合作及彼此的包容性不够，金融资源的配置效率还处于较低层次，对区域经济增长的推动作用还十分有限。因此，本课题研究对于做大做强西部地区金融业，提升其对西部地区经济增长的引擎功能，依据优势互补、适当分工、风险共担的原则，对西部地区金融资源进行有效整合，提升西部地区金融资源的综合效率，具有重要的决策参考价值。本研究基于西部地区及其他国家金融资源的现状，出于提升西部地区金融资源配置效率目标而提出的西部地区与共建丝绸之路经济带国家之间金融合作的框架与模式，将为推进共建丝绸之路经济带国家之间的金融合作提供决策参考。

（4）丝绸之路经济带建设背景下西部地区产业升级研究。产业结构调整与升级困境是西部地区长期以来亟须破解的重大实践课题。在已有理论研究未能形成突破性认识从而无法为实践提供有效指导的情况下，虽然经过长期的政策实践探索，但西部地区仍然未能克服资源与低端要素依赖，产业结构失衡，从而陷入产业升级的困境。本课题在形成重大理论认识的基础上，关于政府产业政策创新及全面的对策建议的研究，对于丝绸之路经济带建设背景下西部地区突破产业结构调整与升级困境具有十分重要的实践意义。

（5）丝绸之路经济带建设背景下西部内陆开放新体制研究。利用开放环境拉动西部内陆地区转型升级，不仅是西部而且是国家发展方式转变过程中的重大实践课题。改革开放前三十年，西部在体制转轨、开放格局建设等方面，都相对滞后，这使本就不具有优势的西部更处于不利地位。面对新的发展机遇，西部要从自身具体情况出发，利用新科技革命浪潮下产业演进原理，创新开发开放格局与体制，为分工深化和产业升级提供外部驱动力，由此为西部内陆地区转型与发展积累经验、开辟路径，这对于国家的繁荣稳定与可持续发展意义重大。本课题通过跟踪比较不同区域的开发开放实践，结合理论推导和逻辑演绎，总结出具有可操作性的政策措施和方案，这对于西部地区制定和选择适应性体制与政策具有显著的实践价值与意义。

本丛书是教育部人文社会科学重点研究基地——西北大学中国西部经济发展研究院在"十三五"期间的标志性成果，本丛书的出版得益于西北大学学科办、社科处、经济管理学院的大力支持。感谢社会科学文献出版社丁凡老师认真细致的编辑。感谢五个课题组负责人做出的努力，同时也感谢西部经济发展研究院副院长李文斌在联络、协调方面付出的辛苦。

中国西部经济发展研究院院长　任保平

2019 年 8 月

目录

CONTENTS

第三篇　西北地区经济高质量发展潜力预测与实现路径

第四篇　西北地区经济高质量发展潜力影响因素研究

第五篇　西部大开发政策对西北地区经济 高质量发展潜力净效应分析

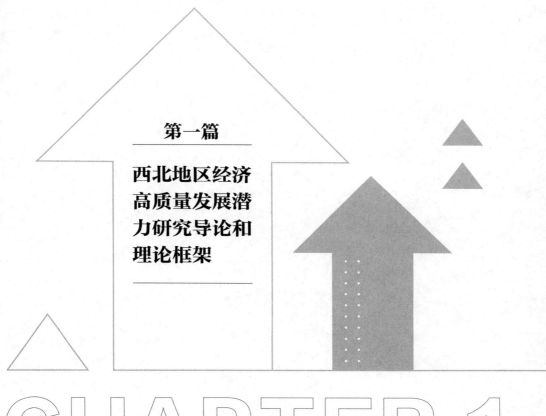

第一篇

西北地区经济
高质量发展潜
力研究导论和
理论框架

CHAPTER 1

第一章
西北地区经济高质量发展潜力研究导论

     西北地区经济高质量发展面临两大机遇和两大任务，两大机遇之一就是正值西部大开发不断向深入发展，1999 年党的十五届四中全会正式提出实施西部大开发，旨在缩小我国西部地区与东部地区经济的差距，1999 ~ 2010 年为西部大开发基础开发阶段；2011 ~ 2035 年为西部大开发深入开发阶段；2036 ~ 2050 年为西部大开发全面提升阶段，在深入开发阶段的主要任务和目标就是实现党中央提出的全面建成小康社会，因此，中央将会实施一系列经济政策，重塑西北地区经济高质量发展新动能、新格局。机遇之二就是"丝绸之路经济带"倡议推进，主要包括西北五省区和西南重庆、四川、云南和广西四省区市，"丝绸之路经济带"倡议的本质是西部地区面向欧亚内陆开放，依托沿线中心城市对西北地区贸易、生产要素配置和产业结构优化调整，助推西北地区经济高质量发展。西北地区两大任务之一就是到 2020 年实现全面建成小康社会，任务之二就是经济转型，党的十九大报告做出中国特色社会主义进入了新时代的重大判断，同时指出新时代中国经济已由高速增长阶段向高质量发展阶段转变。回顾西北地区经济社会发展现实背景，仍存在诸多问题，如经济发展乏力、新动能缺乏、产业结构落后、生态矛盾突出、区域和城乡发展不协调不充分等，可以看出西北地区经济发展机遇难得，目标任务艰巨，经济发展存在问题。基于此，我们对西北地区经济高质量发展潜力开发面临的事实现状、约束条件和新旧动能转化等问题进行了长期研究。2016 年笔者所在的课题组申请到教育部人文社会科学重点研究基地重大项目"丝绸之路经济带背景下西部地区经济增长潜力开发推进全面建成小康社会研究"（项目号：

16JJD790046)，本书是对近年来西北地区经济高质量发展潜力研究成果的总结，也是对该项目阶段性成果的汇总。

一 本书研究的背景事实

本书选择"丝绸之路经济带背景下西北地区经济高质量发展潜力开发推进全面建设小康社会"为总题目开展研究，是基于以下背景事实。

（一）西北地区经济发展水平低

自1999年实施西部大开发以来，虽然我国西部地区经济得到快速发展，但是经济总体实力不强。2018年，西北地区GDP为51453.88亿元，占全国GDP的5.63%；人均GDP为50057.28元，是全国人均水平的76.42%；居民人均可支配收入20934.91元，与全国人均可支配收入相差7293.09元。西北地区经济发展水平仍然较低，人均收入和全国相比有较大差距，与东部富裕地区差距更大。

（二）西北地区生态脆弱

西北地区普遍存在人均生态赤字，经济生态系统稳定性变差，导致西北地区经济可持续发展能力变弱，2012～2017年，六年间总水资源赤字增长了7.20%，人均水资源赤字增长了18.29%，出现生态退化和环境污染严峻形势。

（三）西北地区工业发展落后

2017年西北地区规模以上工业企业单位共计12923家，数量仅为广东省的27.38%。2018年西北五省区上市公司仅159家，是上海市上市公司总数的1/2，其中高技术企业更是寥寥无几。

（四）西北地区体制改革与市场机制矛盾突出

传统体制的惯性作用导致政府"放管服"难以快速推进，面对发挥市场的资源配置要求，如何科学划清政府和市场边界是西北地区亟须解决的重大问题。

（五） 西北地区经济增长方式没有多大转变

西北五省区有多个资源型城市和传统老工业基地，粗加工的资源依赖型发展模式有所改变，但是进度缓慢，路径依赖严重，粗放型的经济发展模式没有得到转变。

（六） 西北地区面临"丝绸之路经济带"发展机遇

西部地区经济发展面临国际国内一系列新变化，其中具有战略意义的就是"丝绸之路经济带"倡议的提出，涉及西北五省区和西南四省区市，覆盖沿线国家和地区总人口30亿，开辟外向型经济模式，重构生产要素、产业结构和新动能，使企业通过优势产品和服务贸易走出去，重构贸易体系和投资体系，迎接西北地区经济发展的一次千载难逢的机遇。

（七） 西北地区小康建设任务艰巨

党的十八大会议确立了全面建设小康社会目标，即"到2020年全面建成小康社会，实现国内生产总值和城乡居民收入比2010年翻一番"。而西北地区大部分省区市人均可支配收入在全国排名较靠后，提高城乡居民生产生活水平的任务艰巨，文化建设、民主法制、人民生活、资源环境等方面发展水平与建设目标差距较大。

（八） 西北地区经济高质量发展要求

高质量发展是体现创新、协调、绿色、开放、共享的发展理念的发展，也应是生产要素投入少、资源配置效率高、资源环境成本低、经济社会效益好的发展。西北地区必须把推动经济高质量发展作为当前和今后一个时期确定发展思路、制定经济政策、实施宏观调控的根本要求。因此，西北地区经济高质量发展的任务尤为艰巨。

二　本书研究的目的

针对西北地区经济高质量发展潜力开发和全面建成小康社会双重目标，以当前西北地区经济高质量发展为背景，剖析影响西北地区经济高质量增长潜力开发的主要因素和原因，并提出促进西北地区经济高质量发展潜力开发的路径，为实现西北地区全面建成小康社会和经济转型提出相应对策建议。

三 本书研究的主要内容

（一） 经济高质量发展潜力开发的相关概念界定与理论分析框架

首先在理论上对经济高质量发展潜力的内涵、作用及与实际增长率的关系等概念进行界定。一个地区的经济高质量发展潜力在理论上如何科学分析与判断，这是首先要回答的问题。其次对经济高质量发展潜力的预测，也就是对经济高质量发展约束下的经济增长率进行预测，通过哪些途径能够提高潜在增长率。本书将对此进行系统性研究，确定贫困地区经济高质量发展潜力开发的新理论。

（二） 西北地区经济高质量发展的现状

只有深入剖析西北地区经济高质量发展现状、全面建成小康社会落实情况、生态承载力现状、高质量发展中实现共同富裕现状，才能发现西北地区经济高质量发展潜力开发中存在的问题和亟待突破的瓶颈，为西北地区经济高质量发展潜力开发制定有效的路径与政策。

（三） 西北地区经济高质量发展潜力预测

经济高质量发展潜力预测就是在高质量发展约束条件下预测潜在增长率，而关于潜在增长率预测的假设条件不同导致出现了不同的定义和不同的方法，关于经济增长率有三类概念：实际增长率、自然增长率、合意增长率，不同的学者从不同的研究目的出发诠释了潜在增长率的定义，本书企图给出高质量发展约束下的潜在增长率定义。潜在增长率预测的方法众多，有菲利普斯曲线法、结构方程模型、生产函数法、滤波法、状态空间模型、非参数估计方法和对比分析法等，到底哪一个方法预测得更加精准，更能体现高质量发展的内涵，是本书研究的内容。在潜在增长率的基础上，对各种影响因素进行结构分解，进一步分析各种影响因素的贡献率，深入解析西北地区经济高质量发展的动力和源泉是本书研究的亮点之一。

（四）西北地区经济高质量发展潜力开发的制约因素和动力源泉分析

报酬递增是经济高质量发展潜力的核心机制，而生产效率不断提升是报酬递增的充分条件，生产效率的不断提升一方面来自新技术、新生产力的诞生，另一方面来自对人的激励，生产要素的优化配置和不断创造是经济高质量发展潜力开发的必要条件。因此，本书按照这样的理论逻辑研究西北地区经济高质量发展潜力开发制约因素有哪些，动力开发在哪些方面。

（五）西部大开发政策对西北地区经济高质量发展潜力开发的作用

西部大开发政策对西北地区经济高质量发展是重要的外部变量，西部在经济追赶过程中需要国家的产业政策支持和产业保护，"丝绸之路经济带"倡议的落实对西北地区经济高质量潜力开发具有战略意义，为不断探索西北地区高质量的生产活动和贸易体系，实现西北地区经济高质量发展提供追赶路径。

四 本书的结构

依据经济高质量发展潜力开发理论判断和方法选择；西北地区经济高质量发展潜力开发的背景事实；西北地区经济高质量发展潜力的约束因素和预测，西北地区经济高质量发展潜力影响因素；西部大开发政策对西北地区经济高质量发展潜力影响进行实证研究。本书结构框架具体如下。

第一篇 西北地区经济高质量发展潜力研究导论和理论框架，主要构建经济高质量发展潜力开发研究的重要意义、内容、研究结构等和一般的关于高质量发展潜力开发的理论分析框架。本篇包括：第一章 西北地区经济高质量发展潜力研究导论；第二章 经济高质量发展潜力开发的理论判断与方法选择。

第二篇 西北地区经济高质量发展潜力开发面临的约束，主要介绍西北地区经济高质量发展面临的机遇、存在的问题与挑战。本篇包括：第三章 西北地区经济高质量发展水平评价；第四章 西北地区经济高质量可持续发展能力评价；第五章 西北地区全面建成小康社会评价；第六章 西北地区高质量发展中实现共同富裕程度的评价。

第三篇 西北地区经济高质量发展潜力预测与实现路径，本篇主要对西北地区经济高质量发展潜在增长率、效率变革、全要素生产率等进行研究。本篇包括：第七章 西北地区经济高质量发展潜在增长率变化；第八章 西北地区经济高质量发展的效率变革；第九章 西北地区经济高质量发展的全要素生产率测算。

第四篇 西北地区经济高质量发展潜力影响因素研究，主要论述经济高质量潜力开发的制约因素和动力因素。本篇包括：第十章 西北地区经济高质量发展潜力开发的因素选择；第十一章 生产要素流动对西北地区高质量发展潜在经济增长率的影响；第十二章 人口年龄结构变化对西北地区经济高质量发展潜力的影响；第十三章 煤炭供求变化对西北地区经济高质量发展的影响；第十四章 网络经济资本深化对西北地区经济高质量发展潜在经济增长率的贡献。

第五篇 西部大开发政策对西北地区经济高质量发展潜力净效应分析，主要通过实证研究西部大开发政策对西北地区经济高质量发展潜力的作用。本篇包括：第十五章 西部大开发政策对西北地区经济高质量发展影响的实证分析；第十六章 西部大开发政策实施对西部地区经济高质量发展的净效应分析——基于 PSM – DID 方法检验；第十七章 西部大开发政策实施对西北地区经济高质量发展中城乡收入差距的净效应分析。

五 本书的主要结论

（一）第一篇 西北地区经济高质量发展潜力研究导论和理论框架

我们首次提出了经济高质量发展潜力的概念，在此概念分析的基础上，我们认为经济高质量发展潜力研究是区别于经济增长潜力问题和经济增长问题的新研究命题。经济增长潜力研究考虑的是未来长期的在经济增长速度方面的潜在能力，忽略了经济增长过程中质量的约束，经济高质量发展潜力是指经济活动过程的高质量发展前提下的经济增长速度，不仅要考虑经济发展方式，还要考虑实现机制，对未来经济高质量发展潜力的开发不仅要考虑供给方面，如生产要素的供给、资源的供给，还要考虑需求方面，二者兼顾，更要考虑结构优化，效率提升，对于西北地区更要注重生态建设、环境保护。总体上经济高质量发展的潜力开发是在经济高质量活动下的经济增长速度、经济发展方式和实现机制三个层面上的问题。

我们提出经济高质量发展潜力开发的理论分析框架。

（1）资源要素增长理论是经济高质量发展潜力的必要条件，而非充分条件，经济增长的关键性资源只要不断增长就具备了经济高质量发展潜力开发的优势条件，这一优势条件是必要条件，而非充分条件，因为还缺乏资源增长向经济高增长率转换的机制，将经济增长的优势条件直接等同于潜在高增长率存在逻辑错误。因此，西北地区要保护和促进经济高质量发展的资源要素不断增加，才具备高质量发展潜力的必要条件。

（2）从经济增长空间理论来看，我国经济高质量发展空间同发达经济体相比较还有巨大的差距，存在追赶的空间和赶超发展的机会。西北地区和国内经济发达区域比较有巨大差距，因此，西北地区经济高质量发展仍有很大潜力可挖。

（3）经济增长系统内因理论认为经济长期增长的动力来源于经济系统内部的因素，其包括：人力资本效应、技术扩散效应和制度变迁效应。其中，人力资本效应认为较高人力资本的劳动力最终会从落后国家流向发达国家，落后国家会因此更加落后；技术扩散效应认为技术后发优势是落后国家追赶发达国家的一条有效路径，西北地区经济高质量发展的潜力依旧可以发挥技术后发优势；制度变迁效应可以解释过去30年中国经济高速发展的事实，农村联产承包责任制、城市小企业、服务业的巨大变化和释放出的巨大潜力归因于制度变迁，未来经济发展的潜力仍可以通过制度变迁来进行挖掘。因此，西北地区要从人力资本、技术创新和制度创新方面挖掘经济高质量发展潜力。

（4）经济结构转换理论认为经济增长要和经济结构匹配，而且经济结构转换受到经济发展阶段的影响，在不同的发展阶段，会有不同的最优经济结构。经济结构转换能够通过"匹配效应"、"配置效应"和"溢出效应"影响经济供给面，从而提升潜在经济增长率；因此，西北地区经济高质量发展的潜力开发要重在工业现代化进程的开发，同时现代化服务业发展要为现代工业化服务。

（5）新经济技术诞生的新产业、新业态、新模式是经济潜力开发的重

要源泉,是经济高质量发展潜力判断的直接结论的直接依据。新产业、新
业态、新模式突出的特征是报酬递增,报酬递增是经济高质量发展潜力的
核心机制,而生产效率不断提升是报酬递增的充分条件,生产效率的不断
提升主要来自新技术、新生产力的诞生,因此,西北地区在西部大开发的
经济政策下得到国家产业政策支持是其追赶发展的潜力所在。

本书提出经济效率递增是判断经济高质量发展潜力的重要指标,经济
效率递增就会导致报酬递增,从而产生规模经济,提升经济高质量发展潜
力。因此,经济效率递增是经济高质量发展潜力开发的充分条件,而经济
效率来源与技术创新和制度创新、资源要素增长和经济结构转化是经济高
质量发展潜力开发的必要条件。

关于经济高质量发展潜力的预测方法,本书主要介绍了潜在增长率的
内涵界定,并对基于经济理论视角、基于统计分析视角、基于经济与统计
结合视角和基于对比视角等测算潜在经济增长率的诸多方法的优劣进行了
对比。最终得出 DEA 算法将是预测经济高质量发展潜力的最佳方法,因为
该方法无须考虑生产函数的具体形式,要素投入、创新驱动、区域协调、
生态保护等因素都可以作为投入或产出指标纳入具体的模型中计算,使预
测结果满足经济高质量发展潜力的内涵。

(二) 第二篇 西北地区经济高质量发展潜力开发面临的约束

第三章对西北地区经济高质量发展水平进行了评价。结论是:经济高
质量发展水平在西北地区不同省区具有不同的分布特征。仅宁夏和陕西经
济高质量发展水平在逐步提升,甘肃、青海、新疆经济高质量发展水平均
呈现下降趋势,西北五省区间经济高质量发展水平差异日益凸显。

第四章对 2012~2017 年西北地区生态足迹和生态承载力进行研究分
析。结果显示,西北地区资源生态足迹远远大于生态承载力,表明资源被
过度消费,出现资源生态赤字;特别对水资源足迹和水资源生态承载力进
行研究,发现水资源经济生态赤字更大。通过人均生态赤字和人均水资源
生态赤字、万元 GDP 生态赤字、生态足迹多样性三个指标评估了西北地区
经济可持续发展能力,结论是:经济可持续发展能力面临严峻挑战,生态
环境超载成为经济可持续发展的阻碍。

第五章对西北地区全面建成小康社会进行了评价,按照国家关于全面

建成小康社会的统计监测指标体系及实现目标值，测算了 2017 年西北地区
各指标的实现程度，结果表明 2017 年西北地区小康社会实际测算的 32 项
单指标中有 15 项实现程度已达 100%，实现程度在 90% ~ 100% 的指标 4
项，80% ~ 90% 的指标 6 项，70% ~ 80% 的指标 2 项，70% 以下的指标 5
项。所有单指标中实现程度最低的是单位 GDP 能耗。采用灰色预测模型预
测了 2020 年西北地区各指标的实现程度，结果表明 2020 年西北地区小康
社会预测实现程度将达到 95.42%，距离全面实现小康社会的目标值仍有
4.58 个百分点。从各一级指标预测实现程度来看，五个一级指标实现程度
与目标值间差距由大到小依次为文化建设、民主法制、人民生活、资源环
境、经济发展，差距分别为：15.00 个、9.34 个、2.88 个、1.43 个、0.00
个百分点。

第六章对共同富裕的内涵进行了清晰界定，指出：共同富裕的主体是
全体人民，而不是少数人，共同富裕的主体不仅包括当代人，还包括子孙
后代，要延续到未来；共同富裕的内容是全面的，共同富裕不仅体现在城
乡居民共同分享经济发展成果，缩小收入差距，还应该包括政治、文化、
社会、生态等方面发展成果的共享；共同富裕的实现路径是一种动态的帕
累托改进过程；共同富裕的理论难题是解决生产力和生产关系、公平和效
率的辩证统一问题。本章进一步对西北地区共同富裕现状进行了评价分
析，发现西北地区要实现共同富裕还面临着经济发展基础落后、基本公共
服务能力弱、文化建设发展滞后、生态环境保护形势严峻等问题。

（三）第三篇 西北地区经济高质量发展潜力预测与实现路径

第七章对西北地区经济高质量发展潜在经济增长率变化做出了分析，
基于超越对数生产函数的 SFA 方法对西北地区潜在经济增长率进行了测
算，描述了潜在经济增长率的历史变化过程并对其未来的短期变化趋势
进行预测。同时将全要素生产率增长率分解为技术进步增长率、技术效
率增长率和规模效率增长率三个方面，并计算了物质资本和劳动力投入
对潜在经济增长的贡献。得出结论：（1）2011 ~ 2015 年西北地区实际经
济增长率下降不是周期性的，而是一种长期趋势，经济增速下降主要是
由潜在经济增长率下降引起的；（2）西北地区经济增长主要依赖于要素
投入的驱动，尤其是物质资本投入。而潜在经济增长率下降的主要原因

是全要素生产率增长率的下降；（3）技术效率增长率和规模效率增长率
是导致全要素生产率增长率下降的主要因素；（4）根据预测，2016～
2020年西北地区潜在经济增长率的均值为8.53%，未来西北地区经济将
进入中高速增长阶段，提高劳动生产率和全要素生产率是西北地区未来
经济高质量发展的选择。

第八章通过搜集西北地区数据对西北地区经济高质量发展效率变革进
行研究，结论指出：从宏观层面看效率变革就是提高生产要素配置效率和
产业生产率；从微观层面看效率变革就是提高企业技术进步效率、技术效
率和规模效率。从劳动生产率增长率、物质资本生产率增长率和全要素生
产率增长率3个指标分析西北地区经济增长特征，发现此3个指标下降导
致西北经济增长率下降。影响西北地区全要素生产率提升的主要因素是要
素配置、产业结构、对外开放、研发投入（R&D）、教育和人力资本五大
要素。西北地区经济高质量发展促进全要素生产率提升的路径是：发挥市
场对要素配置的决定性作用，实现产业结构升级；深化企业改革，提高生
产要素技术效率和规模效率；全面对外开放，持续发挥后发优势；加大
R&D投入，提高技术创新水平；提高教育水平与人力资本质量；建立以全
要素生产率指标为核心的政府绩效考核体系。

第九章通过收集西北地区数据，采用DEA－Manquist指数法测算了西
北地区的生产效率变化情况，得出以下结论：2010～2017年西北地区全要
素生产率的变化率出现下滑，且与华东地区存在较大差距。整体来看，西
北地区经济正在从要素投入型增长模式向效率型增长模式转变。

（四）第四篇 西北地区经济高质量发展潜力影响因素研究

第十章在梳理经典文献的基础上，从生产要素、创新驱动、结构转换
和制度变迁四个方面出发，选取了20个变量，对西北地区经济高质量发展
潜力开发影响因素进行多角度、多方位、多层次的分析，试图为分析西北
地区经济高质量发展潜力开发做一次综合探索。由于所选择数据是西北地
区五省区2000～2017年的面板数据，显然变量个数大于样本个数，不能用
传统的计量模型研究。本书选用Lasso高维变量筛选法，筛选出影响西北
地区经济高质量发展潜力开发的重要变量，并采用广义最小二乘法，深入
考察西北地区经济高质量发展潜力开发的制约因素。研究结果表明：物质

资本投入、资源消耗、人力资本投入、国内贸易发展水平、基础设施投资以及 R&D 经费支出是推动西北地区经济高质量发展的主要因素；劳动力则对西北地区经济高质量发展产生抑制作用。

第十一章通过构建向量自回归模型分析了资本和劳动力流动对西北地区潜在经济增长率的影响机制和影响程度。结果表明：从短期来看，西北地区资本和劳动力净流入对潜在经济增长率均有正向影响，净流出对潜在经济增长率均有负向影响；从长期来看，资本流入对潜在经济增长率的提高作用会逐渐减弱，劳动力流入对提高潜在增长率有较大促进作用。劳动力流动固然会对潜在经济增长产生显著影响，但随着人口年龄结构的变化，人口红利将会消失，依靠劳动力数量投入推升潜在经济增长率的道路注定是行不通的。

第十二章应用误差修正模型分析了人口年龄结构对潜在产出的贡献。结果表明：西北地区整体人口结构现状是劳动年龄人口比重下降，人口红利减少，人口老龄化加剧，社会抚养负担加重。人口年龄结构变化不仅从短期影响经济增长率，而且从长期看，人口抚养比每增长 1 个百分点，对潜在经济增长有 0.59 个百分点的负向影响。

第十三章探究了未来西北地区的煤炭供给量和需求量变化趋势，以及未来煤炭供求变化对西北地区经济高质量发展的作用。研究发现：西北地区经济高质量发展与煤炭需求之间存在格兰杰单向因果关系。此外，对 C－D 生产函数进行了扩展，将煤炭供给作为生产要素引入，得出 1981～2017 年西北地区物质资本投入对经济增长的平均贡献率为 82.05%，煤炭供给的平均贡献率为 8.60%，煤炭供给的贡献仅次于物质资本投入。最后，本文采用灰色系统理论 GM（1，1）模型和贝叶斯向量自回归（BVAR）模型对西北地区2018～2025 年的煤炭供求量进行预测，得出煤炭供给量 2020 年可达到51096.51 万吨标准煤，2025 年可达到 46825.98 万吨标准煤；煤炭需求量2020 年可达到 36349.29 万吨标准煤，2025 年可达到 50862.95 万吨标准煤。并且 2018～2025 年西北地区煤炭供给对经济增长的平均贡献率将降至－2.82%，表明未来煤炭供给对西北地区经济增长的贡献将逐渐减弱。笔者认为未来西北地区经济高质量发展应逐渐降低对煤炭的依赖，扶持培育新兴产业，加速煤炭产业转型升级，推动清洁能源、可再生能源发展，提高煤炭能源利用效率，从而实现经济高质量发展。

第十四章网络经济资本深化一方面直接提升潜在经济增长率；另一方面通过提高全要素生产率促进潜在经济增长率；本章通过对 1990～2017 年西北地区潜在经济增长率的测算，应用分布滞后模型和 SVAR 模型分析了网络经济资本深化对潜在经济增长率和全要素生产率的贡献，结果表明：网络经济资本深化每增加 1%，潜在经济增长率提高 0.189 个百分点；网络经济资本深化对潜在经济增长率的促进作用存在滞后效应，滞后第 1 年时促进效果最为明显；网络经济资本深化对全要素生产率的贡献在当期就显现出来且会随时间逐渐增加。

（五）第五篇 西部大开发政策对西北地区经济高质量发展潜力净效应分析

本篇叙述了检验西部大开发政策实施 20 年对西北地区经济高质量发展的净效应，以及分析下一步如何充分利用西部大开发战略重塑西北地区经济高质量发展潜力。

第十五章通过构建经济高质量发展指标体系，计算了我国各省区市经济高质量发展指数，再运用双重差分倾向得分匹配法（PSM－DID）检验西部大开发战略的政策净效应，结果发现：总体上西部大开发战略促进了西北地区经济高质量发展，但同时也存在着基础设施建设和投资方向单一、外商投资和创新能力不足等问题。因此，西部大开发战略调整思路应为：继续加大财政投资，逐步调整投资方向；淘汰落后产业，改造传统产业，发展优势产业；加强优惠政策力度，改善西北营商软环境；加大人才激励力度，加强创新体系建设；提高环境规制强度，防范污染企业转移。

第十六章利用 PSM－DID 模型，对全国 31 个省区市在 1997～2017 年的面板数据进行了实证分析，最后的结果证明，西部大开发对我国西北地区经济发展的直接促进作用不显著，该政策是通过促进西部地区的投资、交通以及政府支出来促进西部地区的经济发展。同时，由于西部地区过于注重固定资产投资、政府支出、能源开发这些"见效快"的项目，从而忽视了产业结构以及教育等方面的发展，西部大开发政策在这些方面没有发挥其应有的作用。因此，本章建议西部大开发政策在之后的实施中要更加注意对教育、生态环境和技术创新等方面的建设。

第十七章采用 1993～2017 年中国 31 个省区市的面板数据，使用双重差分法和倾向得分匹配法，分析西部大开发战略对西北地区城乡居民收入差距的政策净效应。结果表明：西部大开发战略的实施拉大了西北地区城乡居民收入差距，且具有政策滞后性；其原因是政策效应导致城乡人力资源水平和科技创新水平差距进一步拉大、产业结构升级迟滞、基础设施投资加剧了生产要素向城市聚集。本章对西北地区的人才、投资、财政、产业和对外开放等政策提出调整建议。

六　本书的创新和贡献

一是提出了"经济高质量发展潜力"的新研究命题。经济高质量发展潜力是指经济活动过程中高质量发展前提下的经济增长速度，不仅要考虑经济发展方式，还要考虑实现机制；对未来经济发展潜力的开发不仅要考虑供给方面，如生产要素的供给、资源的供给，还要考虑需求方面，二者兼顾，更要考虑结构优化、效率提升，对于西北地区更要注重生态建设、环境保护。总体上经济高质量发展的潜力开发涉及经济高质量活动下的经济增长速度、经济发展方式和实现机制三个层次间的问题。

二是提出了经济高质量发展潜力的理论分析框架。本书提出经济效率递增是判断经济高质量发展潜力的重要指标。传统理念上经济效率用全要素生产率 TFP 测度，其优点是可以分析经济增长的动力源泉，通过对 TFP 进行结构分解可以明确是投入要素、技术进步，还是技术效率驱动经济增长，进而判断是长期增长还是短期增长，但 TFP 计算时仅考虑投入变量是劳动力和物质资本，产出变量仅为 GDP。没有考虑投入结构，没有考虑环境因素、收入差距等质量指标。本书提出了扩展的 TFP 计算方法，以判断高质量发展的潜力。

三是对西北地区经济高质量发展潜力开发面临的实际背景进行了深入研究，明确了西北地区经济高质量发展潜力开发面临的目标、问题与挑战。包括西北地区经济高质量发展的现状，全面建成小康社会的水平，资源环境的可持续发展能力和实现共同富裕的程度。

四是提出了通过生产效率变革提升经济高质量发展的潜力，实际测算了西北地区经济增长的效率，包括劳动生产率、资本生产率和全要素生产率；从劳动生产率增长率、资本生产率增长率和全要素生产率增长率 3 个指标分析西北地区经济高质量发展的特征，发现此 3 个指标下降导致西北经济增长率的下降。西北地区经济高质量发展提升全要素生产率的路径是：发挥市场对要素配置决定性作用，实现产业结构升级；深化企业改革，提高生产要素技术效率和规模效率；全面对外开放，持续发挥后发优势；加大 R&D 投入，提高技术创新水平；提高教育水平与人力资本质量；建立以全要素生产率指标为核心的政府绩效考核体系。

五是通过实证研究，应用大数据分析方法发现西北地区经济高质量发展潜力开发的主要变量，并实证分析了各变量对经济增长潜力的影响程度，发现西北地区仍然是投资和资源型经济发展方式，本研究将为开发西北地区经济高质量发展潜力提供了新路径。

六是实证研究了人口结构变化、网络资本深化、生产要素流动、煤炭能源供求变化等对西北地区高质量发展潜力开发的影响，提出了相应的潜力开发政策。

七是提出了充分应用西部大开发政策，重塑西北地区经济高质量发展潜力的动力机制。当西部大开发基础阶段完成而进入深入发展阶段的时候，国家于 2019 年出台了《关于新时代推进西部大开发形成新格局的指导意见》，明确了西部大开发政策的目标与任务，就是通过"开放和高质量发展"增加西部的内生动力，因此，挖掘西部大开发政策对经济高质量发展的潜力是西北地区提升经济高质量发展潜力的重要途径。

第二章
经济高质量发展潜力开发的理论判断
与方法选择

一　引言

　　经济高质量发展潜力开发研究的核心是经济高质量发展约束下的经济增长潜力开发。经济高质量发展潜力开发是宏观经济变量变化的重要研究课题，该研究有理论方面的意义，更有实际应用方面的需求。宏观经济高质量发展潜力开发研究的理论价值意在明确宏观经济长期运行趋势，是确定发展战略的基础，也是判断当前经济形势、选择宏观调控政策的依据。改革开放40年来，中国经济发展过程表现出明显的波动特征，经济波动既有短期因素影响也有长期因素影响，既受内部因素影响，也受外部环境冲击作用。经济系统的复杂性、不确定性以及全球政治经济动荡，极大地增加了研究难度。因此，学者们采用的研究理论和研究方法不尽相同，使得研究结果之间出现较大差异，甚至背道而驰；从实际应用角度看，最近5年我国年均经济增速在6%～7%，经济运行趋势下行，经济增长压力加大。2016年，我国人均GDP达到8123美元；2019年，人均GDP达到1万美元，已步入中等收入国家行列。中国未来能够维持多高的增长速度，增长还能持续多少年？中国是否会陷入中等收入陷阱？这些问题成为中国乃至国际社会关注的焦点。而解决这些问题的关键就在于，对中国究竟有多大的经济高质量发展潜力进行科学的理论判断并做出预估。

　　早先关于经济增长潜力的研究一直是没有质量约束的数量层面的研究。党的十九大报告做出中国特色社会主义进入新时代的重大判断，同时指出新时代中国经济已由高速增长阶段向高质量发展阶段转变。经济高质量发展是我国长期经济发展的特征和要求，那么在高质量发展要求下我国经济增长潜力开发研究的理论和方法必然有所不同。本章旨在系统梳理经济增长潜力开发研究动态，明确新时代背景下经济高质量发展潜力的内涵，厘清经济高质量发展潜力理论基础并对预测方法做出选择。

二 经济高质量发展潜力的内涵界定

经济增长潜力就是研究未来经济发展的潜在动力和趋势，不会过多关注短期的动力和波动。经济增长潜力首先要研究的就是潜在经济增长率相关问题，即通过预测未来的科学技术怎样变化和未来的生产要素怎样变化，预测经济增长的速度。该速度反映了经济增长的潜在能力和长期趋势。其次是研究这一速度怎样实现，即运行机制问题。由于经济增长潜力具有隐藏性及受经济发展内外因素影响的可变性，因此经济增长潜力相关研究还包括经济增长潜力开发的制约因素研究和动力因素研究。总结起来看，经济增长潜力主要研究三个问题：未来经济增长的速度、动能和动能转换机制。

经济增长潜力问题和经济增长问题研究的侧重点不同。首先体现在这两个问题的提出背景上，经济增长问题关注经济增长的动力源泉问题，是经济学中的一般问题，是落后国家、发展中国家和发达国家都面临的问题。而经济增长的潜力问题是落后国家和发展中国家关注的问题，关注以怎样的发展速度跨越中等收入陷阱，赶上发达国家。其次，经济增长问题和经济增长潜力问题研究的内容有差别。经济增长问题研究的是哪些因素和条件能够促进经济增长，例如劳动力、资本、生产技术、制度、自然资源、投资、消费、进出口等，研究的是经济增长的必要条件，但经济增长必要条件满足未必能够实现长期增长或增长率最大。经济增长潜力研究不仅关注经济长期增长速度，更加关注经济增长的优势如何转化为增长的速度，即动力转换问题。因此，经济增长潜力研究不仅关注经济增长的必要条件，而且关心经济增长的充分条件，充分条件包括经济增长速度以及经济结构、动力转换和运行机制等问题。充分条件满足一定会实现长期增长及增长率最大。从全球范围看，一个落后国家的产出（GDP）或人均产出与全球生产前沿面的距离就是与发达国家的差距，以怎样的经济增长速度才能缩短这个距离是经济增长潜力研究的核心问题，要想追赶就必须具有比发达国家更快的增长速度，必须把本国的潜在优势转换成经济增长速度。

经济高质量发展潜力与经济增长潜力研究的问题仍有差别，在经济增长潜力研究中更多考虑数量方面的潜在能力，忽视了经济增长过程中质量的约束，对未来经济发展潜力的预测主要在供给方面，如生产要素的供给、资源的供给等。如果考虑经济发展质量约束，就会发现传统上单纯从数量层面预测的经济增长潜力可能被夸大。经济高质量发展潜力既要考虑供给又要考虑需求，二者兼顾。不仅要考虑生产要素供给，更要考虑结构优化、效率提升，对于西北地区更要考虑生态建设、环境保护。因此，本章将经济高质量发展潜力的内涵界定为：在效率提升、结构优化、收入差距缩小、环境保护、新动能培育等多元变量约束下的经济增长潜力，研究的重点是受经济发展质量约束的经济增长速度及其潜力实现问题。

三 经济高质量发展潜力研究的理论判断

如何从理论上判断经济高质量发展潜力开发是我们研究的关键问题，按照经济增长潜力理论的研究现状可以归纳为下述理论。

（一）增长资源要素理论与经济高质量发展潜力

增长资源要素理论罗列了支撑中国经济高增长的关键性资源。其内在的逻辑是：这些资源既然能够支撑过去经济高速增长，如果不发生本质性变化的话，那么也能支撑未来经济高增长，这些资源具有人口资源、自然资源，以及城市化和消费升级的巨大需求潜力；金融资产提供的资金潜力；劳动力供给潜力；技术提升的空间潜力；土地利用潜力等。但是这些资源仅仅是经济增长的必要条件，而非充分条件，按照波特和施瓦布教授提出的经济发展三阶段论，人均 GDP 小于 2000 美元时为要素驱动阶段，简单的要素扩张就可以推动经济增长，但是不具有持续性；人均 GDP 在 3000～9000 美元时为效率驱动阶段，通过结构调整和经济发展方式转变，将生产效率的潜力不断释放，就能支撑我国经济未来高速增长；人均 GDP 大于 17000 美元时为创新驱动阶段，企业成熟度和技术水平接近发达国家水平，通过技术创新推动经济增长，这是我国努力的方向。但是增长资源要素理论没有解释增长资源向高增长率转换的机制，将增长的优势条件直接等同于潜在高增长率是有逻辑错误的。

（二）经济增长空间规律与经济高质量发展潜力

新古典经济理论揭示了经济长期增长的规律，认为在长期的经济增长过程中，初始人均资本水平低的落后经济体具有更高的增长率，将逐步缩小与初始人均资本水平高的发达经济体的差距并最终追赶上，由于资本边际报酬递减，在这一追赶过程中经济增长率出现降低并收敛到发达国家水平。基于这一"收敛"规律，笔者将中国和发达国家尤其是和美国比较来预测中国潜在经济增长率，认为二者在相同的经济发展时间段具有相似的发展速度和潜力。显然这一规律是定性的判定而且其收敛性值得怀疑。按照此规律，1952年我国人均 GDP 为 119 元，改革开放之初的 1977 年按照当年汇率计算人均GDP 只有 198 美元，2018 年已经达到 9732 美元。在改革开放的 30 年间我国人均 GDP 平均增长率为 9.4%，随着人均 GDP 水平的提高，趋同速度也放慢了，实践验证了我国经济增长符合这一规律。2018 年美国 GDP 总量 20.41 万亿美元，人均 GDP 6.215 万美元，是我的 6.39 倍；日本 GDP 总量 14.09万亿美元，人均 GDP 4.085 万美元；俄罗斯 GDP 总量 1.72 万亿美元，人均GDP 1.195 万美元。如果这一规律在将来依然成立，相比较可见我国同发达经济体还有巨大的差距，那么仍然有继续追赶的空间和赶超发展的机会。我国赶超的潜力很大，因此，需要通过改革保持持续增长。

（三）经济增长系统内因理论与经济高质量发展潜力

经济增长系统内因理论的主要依据是内生增长理论，其主要的观点认为长期经济增长的动力来源于经济系统内部的因素，内生的经济增长因素有：人力资本效应、后发优势效应、制度变迁效应。

人力资本效应被 Lucas 引入经济增长模型中，Lucas 认为递增的规模报酬将导致资本从不发达国家流向发达国家，因而，发达国家劳动生产率、工资水平相对较高。所以具有较高人力资本的劳动力流向发达国家，落后国家会更落后。以此理论推测，发达经济体经济增长速度将更快，落后国家经济增长速度则更慢。

后发优势效应认为后发优势是支撑落后经济体高速增长的核心条件。该理论认为落后国家能快速采用国际上已有的创新和科技成果，在发展不同阶段找到与自身比较优势一致的产业，进而长期维持较高增速。当后发优势逐渐减弱时，产业转换难度加大，高增长就会结束。其重点强调了后发国家的技术优势，通过技术引入和技术外溢效应，提高落后经济体技术水平，促进生产效率提升，使得其具有较快的经济增长速度。中国在过去几十年中经济高速发展，后发优势是其诱因之一，现今中国的后发优势并没有减弱，技术后发优势更加高端，软科学成果依然具有后发优势，仍然是中国经济高质量增长的潜力所在。

制度变迁效应。20 世纪 20 年代，凡勃伦（T. Veblen，1919）、康芒斯（Commons，1905）等开创性地将制度作为一个重要变量来研究经济增长问题。诺斯（D. North，1990）特别强调制度对经济增长的决定性作用，认为制度才应该是造成经济增长的根本原因，而物质资本、人力资本积累只是增长的具体体现形式。制度变迁具有路径依赖性，只要进入某一路径，就会沿着这一路径自我强化。一旦制度变迁进入一个良性轨道，便会充分调动企业或个人的生产积极性，推进资源优化配置，从而实现潜在经济增长。马克思（Karl Marx，1848）也通过分析资本主义所有制结构的变迁，强调了以资本主义私有产权为基础市场制度的确立、为要素的流动提供了诱导机制，各种要素（劳动力、资本等）市场流动为潜在的获利机会与要素结合提供了现实制度基础，从而直接推动潜在经济高质量增长。

制度变迁的本质是对某种特定制度框架的创新和打破。制度变迁对潜在经济高质量增长的促进作用具体体现在：一是提高资源配置效率。制度变迁虽然不能改变一个国家资源禀赋的存量，但可以通过将人们的努力及资源从非生产性或生产效率低的领域引导到生产效率高的创造财富的部门，提升潜在产出水平。制度变迁还能够将人们的努力从争夺既定财富的分配斗争中引领到争相创造财富的有序竞争中，实现帕累托改进，实现经济高质量增长。二是降低交易费用。交易费用主要用于交易过程中人与人之间交易行为的协调，不涉及生产过程，因而在产出既定的条件下，交易费用大小可以反映一国经济活动效率的高低。新制度经济学指出，法律制度不健全、政治制度不稳定、交易风险增加、机会主义盛行等因素无形中会增加交易费用，使人们没有动力去寻求有效率的产出。在这种情况下，制度变迁能够有效地减少交易风险和不确定性，优化交易行为，降低交易成本，从而有效增加产出和促进经济增长。三是提供激励机制。激励机制一方面反映了个人工作努力程度和报酬的关系，另一方面反映了个人目标与社会目标的关系。不同的制度安排形成不同的激励机制，有效的激励机制能够把个体的努力程度与报酬、个人目标与社会目标紧密结合，在增进个体福利的同时增进社会福利，刺激经济高质量发展。

（四）经济结构转换理论与经济高质量发展潜力

经济结构转换是指组成经济系统的内部元素占比发生改变。经济结构转换受到经济发展阶段的影响，在不同的发展阶段，会有不同的最优经济结构，同时，经济结构转换也能够影响经济供给面，从而影响潜在经济增长率。结构转换影响潜在经济增长率的机理主要体现在以下几方面。

1. 结构转换的"匹配效应"

经济结构转换本身有其发展规律，如产业结构"农业—工业—服务业"的演变过程，要素结构"土地驱动—资本驱动—创新驱动"的演变过程，而经济发展的阶段性转换也有其发展规律，如"低水平发展阶段—起飞阶段—转型阶段—成熟阶段"的演变过程。一定的经济发展阶段对应着一定的经济结构，在相应经济结构下，经济发展能够达到最大的增长潜力。相反，如果经济结构演变与经济发展阶段演变不匹配，那么经济高质量增长的潜力就会降低，甚至导致经济陷入停滞。例如拉美国家经济发展过程中产业结构的过早服务化导致的"拉美化陷阱"，日本人口结构老龄化过程中未能及时调整人口结构和要素结构，导致经济未能及时向创新驱动型转换，从而陷入"失去的十年"。因此，如果此时能够及时通过各种调整路径和政策，实现经济结构与发展阶段相匹配，那么就能够提升潜在经济增长率，促进经济长期可持续发展。

2. 结构转换的"配置效应"

结构转换能够提升资源配置效率，结构转换的实质就是组成经济系统的各要素重新调整和安排，例如，在城乡结构转换过程中，劳动力从农村地区向城市地区的转移，事实上就是农村中的"剩余劳动力"转化成为城市中的"有效劳动力"的过程，由于城市劳动力的快速聚集，产业分工还能够进一步深化，提升潜在经济增长率；在区域结构转换过程中，要素的跨区域重新配置能够改善要素投入效率，从而提升生产率，推动经济供给面改善。而在人口质量结构转换过程中，人力资本质量提高从而改善经济高质量增长供给面，提升潜在经济增长率。

3. 结构转换的"溢出效应"

在结构转换的过程中，也会发生知识要素和技术要素的溢出效应，从而提升生产率，提升潜在经济增长率。例如，当创新驱动代替资本驱动成为影响潜在经济增长率提升的重要因素时，创新活动所带来的正外部性能够迅速地扩散到其他地区，相对于资本驱动的转移只能够影响资本流入地和资本流出地的潜在增长率，创新的溢出效应会使得创新成果迅速扩散，从而能够对整个经济体的潜在经济增长率都产生积极的影响。在产业结构转换的过程中，知识密集型和技术密集型服务业对整个产业链的整合效应和溢出效应是传统产业所不能企及的，这种产业间的正外部性同样能够提升经济体的行业生产率，从而提升经济高质量增长的潜力。

结构转换过程中也可能出现抑制经济高质量增长速度提升的现象，如产业结构从以制造业为主向以服务业为主转型过程出现了"鲍默尔成本病"，导致服务业的技术进步速度远低于制造业，由此降低技术进步和经济增长速度。随着收入增加，社会需求结构发生改变，不再支撑经济高质量发展。人均收入决定需求结构，而需求结构决定经济增速，当人均收入达到 11000 国际元时，关键商品如用电量、钢铁、汽车等实物商品消耗水平出现拐点，对经济高质量增长的驱动力也会减弱。

（五）新经济技术与经济高质量发展潜力

追赶式发展的机会窗口来自新的经济范式，新经济技术就是新经济范式，该范式为西北地区经济高质量发展提供了宝贵的机会窗口，全球经济正处于新经济技术催生的新旧动能转换之际，新经济技术即网络经济，是指建立在计算机互联网络基础上，以通信技术为核心的全球化新经济形态。其依托的基础产业群是计算机、通信设备生产相关的硬件及软件制造业和以无线电通信、计算机网络服务为内容的现代信息服务业。其特点是互联网无处不在，无线移动性能不断提高；数据传输速度越来越快，成本日益低廉。人工智能和机器学习方兴未艾，农业、工业和服务业在生产过程中相互融合一体化发展，打破了以往经济活动中的边际成本递增或投资报酬递减的规律，呈现边际成本趋于零，从而有效改变经济系统原有的运行模式，形成了报酬递增经济，正在推动第三次工业革命的发生，网络经济将成为未来经济高质量发展的新引擎。互联网技术与可再生能源整合成的新经济技术显著特点就是可再生能源的转变，分散式生产，储存，通过能源互联网分配构成了具体的新经济的新产业、新生态。因此，随着新经济技术诞生的新产业、新业态是西北地区经济潜力开发的重要源泉，是判断经济高质量发展潜力的直接依据。

本书提出经济效率递增是判断经济高质量发展潜力的重要指标，经济效率递增表示边际报酬递增，从而产生规模经济，提升经济高质量发展潜力，因此，经济效率递增是经济高质量发展潜力开发的充分条件，而经济效率来源于技术创新和制度创新，资源要素增长和经济结构转换是经济高质量发展潜力开发的必要条件。

四　经济高质量发展潜力的预测方法

（一）经济增长潜力预测方法述评

经济增长潜力预测就是预测潜在增长率，而关于潜在增长率预测的假设条件不同导致定义的不同，Harrod（1939）和 Domar（1946）认为经济增长率分为三种：合意增长率、实际增长率以及自然增长率。萨缪尔森（1948）认为自然增长率就是一国的潜在经济增长率，也就是在人口和技术都充分利用的条件下经济系统所能够实现的经济增长率；奥肯（1962）认为潜在增长率是在价格稳定和自由经济的目标下，总需求水平达到失业率为 4% 的水平时的最大可能增长率；斯蒂格利茨（1997）则强调潜在经济增长率应该是所有资源充分利用条件下国民生产总值实现的增长率；布兰查德（2000）等认为潜在增长率是当经济处在自然失业率条件下资源达到充分利用时实现的经济增长率。

国内学者对潜在经济增长率存在两方面认识：一方面认为按照新古典增长理论，对潜在经济增长率的分析应该只考虑供给因素，而将需求因素加入潜在经济增长率的估算和最初潜在经济增长率的含义是相违背的；另一方面认为潜在经济增长率预测不仅应考虑供给因素，也应该考虑需求因素中的通货膨胀和失业率。综上所述，学者们对潜在经济增长率的界定经历了从供给角度向供求均衡转变的认识过程，但都普遍认同潜在经济增长率是"所有资源都能够充分利用条件下的可能实现的最大经济增长率"，而且在计算潜在经济增长率过程中应将通货膨胀和失业因素考虑在内。

实际上关于潜在经济增长率的界定是长期增长率还是短期增长率。因为，长期增长率一般不取决于外部的突然冲击或者经济行为的短期改变，是一种长期趋势。长期增长率主要由劳动生产率、资本存量以及劳动投入等供给因素来决定。短期增长率通常是对未来一两年的经济增长进行预测，短期经济增长取决于大量的易受外部冲击影响的经济变量。长期增长率和短期增长率在预测方法上有着根本的区别。现有文献中对潜在经济增长率进行测算的主要方法有以下几种。

1. 基于经济理论视角的潜在经济增长率测算

这一类方法主要是从宏观经济学的基本理论出发，基于经典的宏观经济学模型，通过经济变量之间的理论关系的数理模型建立，分别预测全要素生产率、资本和劳动等增长趋势，来预测中国未来的经济增长潜力。这类方法比较典型的有生产函数法、资本驱动法、菲利普斯曲线法和奥肯定律法等。生产函数法以经济理论为依据而且能够识别要素的贡献度，CBO、IMF、OECD 等国外官方组织已普遍认同这种测算方法。但是生产函数法仍存在一些不足：一是在计算时，普遍采用传统的 CD 生产函数或者 CES 生产函数，要素产出弹性多为不变常数，与我国近年来经济结构正在发生转变、要素产出弹性不变的现实不符；二是普遍仅考虑资本和劳动力两种要素投入，忽略了劳动力质量的提高同样会带来产出的增加；三是资本存量数据的测算上存在较强的假设，且对潜在就业数据的计算上存在偏差。本文梳理了 1999 年至 2019 年基于经济理论视角测算潜在经济增长率的文献（见表2-1）。

表 2-1　基于经济理论视角测算潜在经济增长率的文献

年份	作者	方法	预测时段	测算结果
1999	沈利生	柯布-道格拉斯生产函数法	2001~2010 年	9% 左右
	周海春	柯布-道格拉斯生产函数法	"十五" 期间	8% 左右
2001	解三明	柯布-道格拉斯生产函数法	"十五" 期间	9%
2004	郭庆旺、贾俊雪	柯布-道格拉斯生产函数法	1978~2002 年	9.56%

续表

年份	作者	方法	预测时段	测算结果
2005	刘金全、佟新华	柯布-道格拉斯生产函数法	1994年第一季度到2005年第二季度	充分就业条件下：8.7%；宏观调控和谐有效条件下：8.6%；经济持续稳定增长条件下：8.1%
	高铁梅、梁云芳	可比价格、HP滤波方法、生产函数模型和平均模型方法	"十一五"期间	7.5%~8.5%
2006	邱晓华	生产函数法	2005~2020年	7%~9%
2007	杨旭、李隽等	二元社会下的奥肯定律法	1986~2004年	10.67%~11.45%
2008	国家发改委宏观经济研究院课题组	柯布-道格拉斯生产函数法	2008~2020年	8%
	Perkins，Rawski	柯布-道格拉斯生产函数法	2006~2015年	6%~8%
	王艾青、安立仁	菲利普斯曲线法	2005~2010年	8.4%~9.1%
2009	张延群、娄峰	柯布-道格拉斯生产函数法	2016~2020年	6.7%
2011	安立仁、董联党	菲利普斯曲线法	1995~2005年	9.1%~9.5%
2012	谢冰、蔡洋萍	HP-生产函数法	1995~2001年和2002~2007年	26.93%和10.43%
	Johansson et. al.	柯布-道格拉斯生产函数	2011~2030年和2031~2060年	6.6%和2.3%
2013	世界银行与国务院发展研究中心	生产函数法	2016~2020年、2021~2025年和2026~2030年	7%、5.9%和5.0%
	Caiand Lu	附加人口资本因素的生产函数法	2016~2020年	6.1%
	张林	柯布-道格拉斯生产函数法和空间状态模型	1979~1990年、1991~2000年、2001~2011年、2012~2020年	7.9%、8.7%、8.2%、6.6%~7.8%
	谢保嵩、雷进贤	要素弹性可变的生产函数法	2013~2033年	7%~7.5%
	Cai和Lu	附加人口结构的生产函数法	2010~2015年和2016~2020年	7.3%和6.1%

年份	作者	方法	预测时段	测算结果
2014	罗威	柯布-道格拉斯生产函数法	2014～2017年	7%
	郭晗、任保平	附加人力资本结构的柯布-道格拉斯生产函数法	1998～2012年	7%～16.8%
	肖宏伟、李辉	生产函数和状态空间模型	2020年、2030年	6.1%、5.0%
	吴国培、王伟斌	生产函数法和状态空间模型	2016～2020年	7%
	陆旸、蔡昉	柯布-道格拉斯生产函数法	2010～2015年、2016～2020年、2021～2025年、2026～2040年、2040年之后	7.55%、6.7%、5.41%、低于5%、低于4%
2015	郭豫媚、陈彦斌	附加人力资本的增长核算模型	2015～2020年	6.3%
2016	陆旸、蔡昉	纳入人力资本的生产函数模型	"十三五"期间	6.6%
2017	杜修立、郑鑫	纳入结构转型因素的生产函数法	"十三五"期间	6.73%
2018	易信、郭春丽	生产函数法	2030年	在情景Ⅰ、情景Ⅱ和情景Ⅲ下分别为5.6%、4.9%和4.2%
	茹少峰、魏博阳	随机前沿生产函数模型	2016～2020年	6.32%
	周跃辉、周定根	引入要素结构特征的生产函数法	2017～2021年	6.73%
	郭学能、卢盛荣	时变弹性生产函数模型	2016～2020年	基准情景和悲观情景下分别为6.9%、6.5%
2019	刘伟、范欣	附加人力资本的柯布-道格拉斯生产函数法	2022年	7.32%

2. 基于统计分析视角的潜在经济增长率测算

基于统计学视角的潜在经济增长率测算方法往往不考虑变量之间的经济关系，此类方法中时间序列数据本身包含长期趋势成分和波动成分，并将提取的实际 GDP 增长率波动中的趋势成分作为潜在经济增长率，认为只有当存在外生冲击时，实际增长率才会围绕潜在经济增长率上下波动。因此这类方法对数据要求较低，往往只需要实际产出或实际增长率即可，但这一类方法最大的缺陷在于缺乏经济理论基础，它没有将与增长相关的一系列宏观经济变量考虑进来，如资本、劳动力等一些供给因素，也没有考虑通货膨胀等因素。目前基于统计学视角测算潜在经济增长率的具体方法主要有以下几种：线性趋势法、HP 滤波法、不可观测成分模型、小波降噪法、主成分分析法。基于统计分析视角测算潜在经济增长率的文献梳理如下（见表 2-2）。

表 2-2　基于统计分析视角测算潜在经济增长率的主要文献

年份	作者	方法	预测时段	测算结果
2005	张鸿武	主成分分析法	1992~2004 年	9%
	许召元	"Kalman 滤波" 方法	中长期	8.8% 左右
2009	韩蓓	HP 滤波法	1952~1977 年和 1978~2007 年	7.94%~9.19% 和 10.35%~10.39%
	张连城、韩蓓	HP 滤波法	1978~2007 年	9.5%
2012	陈亮	卡尔曼滤波法	1978~2010 年	9.5%
2014	邵伏军	HP 滤波法	2004~2013 年	8.55%~10.47%
2015	张桂文、孙亚南	HP 滤波法	"十三五" 期间	7%~9%
2017	殷德生、徐徕等	HP 滤波法和状态空间法	2016 年	6.72% 和 6.91%

3. 基于经济与统计结合视角的潜在经济增长率测算

除了以上两类方法之外，有学者试图在统计学和计量经济学方法基础之上加入经济学理论分析，从而将二者结合起来测算潜在经济增长率。比较典型的是状态空间模型分析法、可计算一般均衡模型（CGE）、数据包络分析（DEA）方法和动态随机一般均衡（DSGE）方法（见表 2-3）。

表 2-3　基于经济与统计结合视角测算潜在经济增长率的主要文献

年份	作者	方法	预测时段	测算结果
2004	倪晓宁	DEA	1991~2001 年	均值为 9.87%
2011	李善同	DRC-CGE 模型	2016~2020 年和 2021~2030 年	7.0% 和 6.2%

续表

年份	作者	方法	预测时段	测算结果
2012	Kuijs	DRC - CGE 模型	2005 ~ 2015 年、2016 ~ 2025 年、2025 ~ 2035 年和2036 ~ 2045 年	8.3%、6.7%、5.6% 和 4.6%
2013	世界银行、国务院发展研究中心课题组	CGE 模型估计	2016 ~ 2020 年、2021 ~ 2025 年、2026 ~ 2030 年	7%、5.9%、5%
2014	殷德生	多变量状态空间法	1989 年、1990 ~ 1999 年、2000 ~ 2012 年	7.69% ~ 13.18%、6.85% ~ 11.85%、7.29% ~ 12.63%
	金成晓、卢颖超	DSGE	1999 ~ 2012 年	7.39%
2015	吴国培	状态空间模型	2016 ~ 2020 年	7%
2017	李平、娄峰、王宏伟	CN3ET - DCGE 模型	2016 ~ 2020 年、2021 ~ 2025 年、2026 ~ 2030 年和2031 ~ 2035 年	6.4%、5.6%、4.9% 和 4.5%
	昌忠泽、毛培	ARMA 模型	2015 ~ 2025 年	6% 左右
	孙茂辉	动态线性状态空间模型	2014 ~ 2017 年	6% 以上
	陈长、闫秋利	DEA	2006 ~ 2010 年和2011 ~ 2014 年	20% 和 4.3%

4. 基于对比的方法

本研究主要思想是借鉴"收敛"规律和跨国经验来预测中国潜在经济增长率，通过与国际上其他发达国家的追赶过程对比分析，预测中国的经济增长潜力，指出在相同的发展阶段二者具有相似的发展速度和潜力，这一方法将经济发展看成线性的时间序列，并且假设这一序列是"收敛"的。通过跨国、跨时比较的方法分析中国经济增长的潜力、结构和路径，笔者发现随着人均 GDP 的提高，不同类型经济体的终端产品（Gross Finae Products，简写 GFP）结构会逐渐趋同。这一研究结果对预判中国经济增长潜力和经济结构演进路径大有帮助。从国际比较的角度看，中国 GFP 水平提升空间依然很大，结构调整优化任务艰巨。GFP 在整个经济循环流程当中具有源头性质，其结构变化实际上折射的是未来经济社会发展的潜力和方向。

表 2 - 4　基于对比方法测算潜在经济增长率的主要文献

年份	作者	方法	预测时段	测算结果
2006	Holz	与美国、日本、韩国和中国台湾对比	2005 ~ 2015 年	7% ~ 9%
2012	姚洋	与其他国家横向比较	2020 年前	8%
	林毅夫	对比美国、日本、新加坡、韩国和中国台湾	2012 ~ 2032 年	8%
	Eichengreen et. al.	与美国等国家对比	2011 ~ 2020 年 2021 ~ 2030 年	6.1% ~ 7.0% 5.0% ~ 6.2%
2014	Pritchett & Summers	与美国、欧洲、日本、亚洲相比较	2013 ~ 2023 年和 2024 ~ 2033 年	5.01% 和 3.28%
2015	张军	对比美国、日本、新加坡、韩国、中国香港和中国台湾	2016 ~ 2020 年	不低于 8.5%
2017	白重恩、张琼	对比日本、韩国和中国台湾	2016 ~ 2020 年和 2021 ~ 2025 年	6.28% 和 5.57%

5. 测算方法对比

以上四种方法分别从不同视角测算了不同时间段的潜在经济增长率，究竟哪种视角的测算准确度更好值得我们进一步探讨。从长期来看，实际经济增长率围绕潜在经济增长率上下波动。因此本章采用潜在经济增长率与实际经济增长率的偏差值大小来衡量测算方法的优劣。偏差值为预测的潜在经济增长率与实际经济增长率之差绝对值的算术平均值，偏差均值越小说明该方法测算准确度越高。基于对比方法测算的时间段均为未来值，所以我们只对前三种测算方法的偏差均值进行计算，结果如表 2 - 5 所示。基于统计分析视角测算的潜在经济增长率最接近于实际经济增长率，其次是基于经济与统计结合视角。

表 2 - 5　不同测算方法的偏差均值

方法	基于经济理论视角	基于统计分析视角	基于经济与统计结合视角
偏差均值	0.0244	0.0052	0.0215

（二）经济高质量发展潜力预测方法选择

参照上一小节的文献述评可知，现有研究大多采用生产函数法来测算经济增长潜力。而根据经济增长潜力和经济高质量发展潜力研究问题的差异来看，经济增长潜力研究考虑更多的是数量方面的潜在能力，生产函数法恰好能满足衡量生产要素、资源等供给侧投入带来的潜在产出能力。而经济高质量发展潜力预测不仅需要考虑供给还要顾及需求层面，更要考虑结构优化、效率提升和生态保护。因此，生产函数法除其本身在测算误差方面的缺陷外，亦无法实现兼顾数量和质量预测的需求，不适合对经济高质量发展潜力进行预测；基于统计分析视角测算的结果虽然与实际经济增长率偏差最小，但其测算思路是将实际的 GDP 增长率作为时间序列，以长期趋势作为潜在经济增长率，更难以将经济高质量发展潜力分析中涉及需求侧的要求纳入其中；此外，对比的方法只注重通过"收敛"规律和跨国经验得出经济增长潜力的结果，而忽略了不同经济体的异质性，因此也无法准确预测经济高质量发展潜力状况。

笔者认为数据包络分析（DEA）方法在测算经济高质量发展潜力时有其独特的优势。DEA 方法度量的效率着眼于有效生产前沿面，在理论上满足"既定投入下产出所能达到的最大程度"，即潜力的定义；在操作上，DEA 方法不要求像参数方法那样对投入产出指标体系做出相应的函数形式假设，只需投入和产出指标符合模型公理体系就可以使用。因此，使用 DEA 模型测算经济高质量发展潜力时，不仅不需要考虑生产函数的具体形式，而且经济高质量发展潜力预测所涉及的要素投入、创新驱动、区域协调、生态保护等因素都可以作为投入或产出指标纳入具体的模型计算中，使预测结果既满足经济高质量发展潜力的内涵又不至于过分高估。

从预测所用的模型看包括结构化计量预测模型、非结构化时间序列预测模型和 DSGE 预测模型三类，这些模型应用时皆有一定的条件和要求，且涉及影响经济高质量发展潜力的变量较少；采用的数据多为历史统计数据，时效性差。因此笔者认为应该大胆探索经济高质量发展潜在增长率的大数据分析方法，提取经济高质量发展过程中潜力开发的因果变量的多源异构数据，让数据驱动，特别是深度学习算法的应用。

参考文献

李善同、侯永志、刘云中等：《中国经济增长潜力与经济增长前景分析》，《管理世界》2005 年第 9 期。

吴振宇：《中国增长潜力分析的参照系和理论选择（上）》，《中国经济时报》2013年1月28日，第05版。

张延群、娄峰：《中国经济中长期增长潜力分析与预测：2008～2020年》，《数量经济技术经济研究》2009年第12期。

陆旸、蔡昉：《从人口红利到改革红利：基于中国潜在增长率的模拟》，《世界经济》2016年第1期。

白重恩、张琼：《中国经济增长潜力预测：兼顾跨国生产率收敛与中国劳动力特征的供给侧分析》，《经济学报》2017年第4期。

任保平：《新常态要素禀赋结构变化背景下中国经济增长潜力开发的动力转换》，《经济学家》2015年第5期。

刘伟、范欣：《中国发展仍处于重要战略机遇期——中国潜在经济增长率与增长跨越》，《管理世界》2019年第1期。

文建东、付姗姗：《中国供给侧改革背景下的经济增长潜力研究》，《学术研究》2018年第10期。

茹少峰、魏博阳：《新时代中国经济高质量发展的潜在增长率变化的生产率解释及其短期预测》，《西北大学学报》（哲学社会科学版）2018年第4期。

周跃辉、周定根：《2017～2021年：中国经济潜在增长率测算分析与政策建议》，《国家行政学院学报》2018年第2期。

郭学能、卢盛荣：《供给侧结构性改革背景下中国潜在经济增长率分析》，《经济学家》2018年第1期。

沈利生：《我国潜在经济增长率变动趋势估计》，《数量经济技术经济研究》1999年第12期。

周海春：《劳动力无限供给条件下的中国经济潜在增长率》，《管理世界》1999年第3期。

张连城：《论经济增长的阶段性与中国经济增长的适度区间》，《管理世界》1999年第1期。

王小鲁、樊纲主编《中国经济增长的可持续性》，经济科学出版社，2000。

刘斌、张怀清：《我国产出缺口的估计》，《金融研究》2001年第10期。

刘国光：《中国现实经济增长率的提升与政策取向》，《经济学动态》2002年第11期。

林毅夫、郭国栋、李莉、孙希芳、王海琛：《中国经济的长期增长与展望》，北京大学中国经济研究中心讨论稿，2003。

王诚：《中国宏观经济分析面临新挑战》，《经济研究》2004年第11期。

郭庆旺、贾俊雪：《中国潜在产出与产出缺口的估算》，《经济研究》2004年第5期。

吕政：《对"十一五"时期我国工业发展若干问题的探讨》，《中国工业经济》2004 年第 11 期。

张鸿武：《我国产出缺口和潜在经济增长率的估计》，《经济学动态》2005 年第 8 期。

许召元：《中国的潜在产出、产出缺口及产量——通货膨胀交替关系——基于"Kalman 滤波"方法的研究》，《数量经济技术经济研究》2005 年第 12 期。

陈玉宇、谭松涛：《稳态通货膨胀下经济增长率的估计》，《经济研究》2005 年第 4 期。

刘金全、佟新华：《我国经济增长的"自然率"水平与可持续增长路径的识别与检验》，《经济学动态》2005 年第 10 期。

高铁梅、梁云芳：《论中国增长型经济周期波动及适度增长区间》，《经济学动态》2005 年第 8 期。

杨旭、李隽、王哲昊：《对我国潜在经济增长率的测算——基于二元结构奥肯定律的实证分析》，《数量经济技术经济研究》2007 年第 10 期。

李建伟：《次贷危机的发展趋势与中国经济增长》，《改革》2008 年第 11 期。

林兆木：《新一轮通货膨胀与近期经济走势》，《经济与管理研究》2008 年第 8 期。

袁富华：《中国经济增长潜力分析》，社会科学文献出版社，2007。

袁富华：《增长、结构与转型：中国经济增长潜力分析Ⅱ》，社会科学文献出版社，2014。

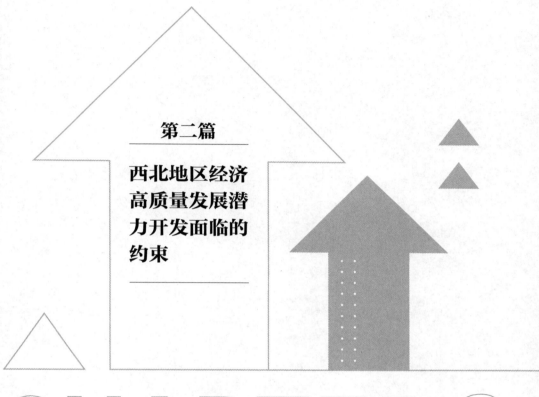

第二篇

**西北地区经济
高质量发展潜
力开发面临的
约束**

CHAPTER 2

第三章
西北地区经济高质量发展水平评价

近年来，西北地区经济增长速度有目共睹。2018 年西北地区 GDP 总量达 51453 亿元，比上年增加了 11.11%。西北地区经济快速提升固然鼓舞人心，但在数量不断增长的过程中，伴随着经济发展结构失衡、环境污染日益加剧、经济效率持续走低等问题。经济增长质量低下严重制约着西北地区经济增长的潜力。2017 年，党的十九大报告明确指出"我国经济已由高速增长阶段转向高质量发展阶段"之后，中国经济正式迈进以"质量"为核心的历史新阶段，"高质量发展"成为中国经济建设的关键词。推动经济高质量发展，是摒弃传统数量型经济增长模式的必经之路，是中国经济实践规律的根本所在，更是激发西北地区经济高质量发展潜力的助推器。明确西北地区经济高质量发展现实对全面、协同提升西北地区经济发展质量具有重要的现实意义。

现有文献对经济高质量发展水平研究较少，大部分研究的聚焦点仍在于经济增长质量及其扩展研究。且经济高质量发展相关研究中一部分学者认为经济高质量发展就等同于经济增长质量高（师博、张冰瑶，2018；华坚、胡金昕，2019）。但就经济高质量发展和经济增长质量高二者的内涵来看，经济增长质量虽然能从质的视角来证明经济增长优劣程度，但从经济学研究视角看，"增长"一词的概念外延远远小于"发展"（钞小静、惠康，2009），这也就意味着经济增长质量的内涵是经济高质量发展内涵的一个子集。经济高质量发展代表着一种有着更广范围和更高要求的质量状态，更能体现出新的思想和新变化，包含经济、社会、环境等多方面

（任保平，2018b）。那么，经济高质量发展的内涵是什么？经济高质量发展的水平该如何测度？西北地区经济高质量发展现实水平如何？这些都值得我们关注。

一　经济高质量发展的内涵界定

经济高质量发展与经济增长质量是紧密联系，但有一定区别的两个概念。现有文献大多围绕"经济增长质量"展开讨论，本章为了更好地明确经济高质量发展的内涵，首先说明经济增长质量的内涵。关于经济增长质量，主流观点认为经济增长质量和经济增长数量是经济增长过程中密切相关但侧重点不同的两个方面，经济增长数量层面主要强调的是经济增长过程中量的扩张，从速度和规模角度揭示经济增长水平；经济增长质量层面关注的是经济增长过程、结果和前景的品质优劣程度。经济增长质量内涵的界定包含两种观点：一种观点是从狭义入手，卡马耶夫（1983）、刘海英（2004）、茹少峰（2010）等将经济增长质量等同于经济增长效率，在评价时多采用经济生产效率进行度量，如全要素生产率、企业中间投入产出率、投资效率、劳动生产率增长等单项指标（沈坤荣、傅元海，2010；唐毅南，2014）。另一种观点认为经济增长质量是多种因素相互融合的综合状态。其中具有代表性的有：彭德芬（2002）认为经济增长质量是一个国家在经济、社会和环境等诸多方面综合表现出来的优劣程度，包括经济运行质量、居民生活、生存环境等；李变花（2005）认为经济增长质量的内涵涵盖了经济系统的整体水平、增长潜能、环境质量、竞争能力、人民生活等方面；严红梅（2008）认为经济增长的高质量表现为集约型增长方式、增长过程稳定、协调且可持续，经济增长的同时社会效益显著提升；任保平（2018）认为经济增长质量内涵应包括经济增长的有效性、充分性、稳定性、创新性、协调性、持续性和分享性七大特性。在测度广义经济增长质量时，学者多采用指标体系综合评价方法（钞小静、惠康，2009；钞小静、任保平，2011；魏婕、任保平，2012；魏敏、李书昊，2018）。

经济高质量发展与经济增长质量的相同点在于：经济高质量发展与经济增长质量都区别于以往仅仅考虑的经济增长数量，将考量的核心放在质量层面，重点在于揭示经济成效的优劣。区别在于：经济增长质量的落脚点更侧重于从"增长"的视角揭示经济发展质量，而经济高质量发展关注的重点更倾向于"全面的发展"，全面发展不仅包含经济增长，而且还囊括社会、环境等因素（任保平，2018b）。此外，经济高质量发展中的"高"字更加强调新时代背景下经济发展质量水平的高级程度。综合来看，经济高质量发展的内涵比经济增长质量更深入，经济高质量发展的外延较经济增长质量也更广泛。经济增长质量内涵内嵌于经济高质量发展，经济高质量发展是对经济增长质量的思想理论升华（魏敏、李书昊，2018）。

二 经济高质量发展水平测度的理论与指标体系构建

（一）经济高质量发展水平测度的理论

高质量发展的目的是更好地满足人民不断增长的对美好生活的需求。经济高质量发展的关注重点不仅在于遵循经济发展规律，探索经济发展的方式、推进经济结构高级化（金碚，2018）。同时，经济高质量发展还应该兼顾创新驱动发展、生态文明建设以及社会生活和人的全面发展（任保平，2018）。因此，在测度经济高质量发展水平时，不仅应重视经济发展的结果，更要追求高质量的经济发展过程；不拘泥于经济高质量发展的当前长远能力，更要明晰经济高质量发展的长远潜力。综合考虑现阶段西北地区经济建设存在的实际问题，结合经济高质量发展的内涵思想与发展目标，本章从经济增长效率、经济增长结构、经济增长稳定性、创新驱动、市场机制完善、区域协调发展、基础设施共享、生态文明建设和经济成果惠民九个方面归纳梳理经济高质量发展逻辑主线。

1. 经济增长效率

西北地区经济增长一直严重依赖于大量资源要素投入所带来的规模效应，这种单纯依赖资源要素数量的叠加推动经济增长的方式必然会产生要素配置问题，一旦大量的资源要素无法得到充分的利用，这种经济增长方式就会成为经济发展过程中资源要素投入产出效率低下的根源。经济高质量发展推崇资本、劳动、能源、土地等生产要素合理、科学配置达到最大化的高效率方式来推进经济建设。因此，对于西北地区而言，经济增长效率考核是重中之重。

2. 经济增长结构

经济增长结构指的是经济系统内要素间联结关系及要素数量间的比例关系，包括产业结构、投资消费结构和经济开放结构。经济增长结构的失衡会导致资源配置失衡，降低经济增长的效率，从而制约经济增长质量提升。经济增长结构当中最重要的是产业结构。因为产业结构直接决定着经济增长的方式，一般来说，经济发展重心从第一产业转移到第二产业和第三产业会提升整体经济效率从而促进经济高质量发展。西北地区第一产业和第二产业对经济增长贡献较大，但第三产业发展明显落后于其他地区，产业结构升级和转换的快慢程度是衡量发展质量的重要指标。经济结构是衡量经济高质量发展的前提。

3. 经济增长稳定性

经济增长稳定性衡量的是短期经济增长对长期经济增长的偏离，包含价格波动、就业波动以及产出波动。如果短期与长期经济增长趋势的偏离长期保持在较小的范围内，就认为该地区经济增长处于稳定状态。经济增长稳定性的重要意义体现在经济稳定发展是提升经济增长质量的前提保障。如果经济长期处在波动状态或者突然发生剧烈波动，经济增长的运行秩序将被打破，供求关系失去平衡，生产要素的利用效率大打折扣，经济增长质量必然受到影响；就经验而言，经济剧烈波动往往伴随着高失业率与恶性通货膨胀问题，高失业率和恶性通货膨胀会引发过度投资、产能过剩等一系列问题。因此，经济增长稳定性是衡量经济高质量发展水平的必要条件。

4. 创新驱动

近10年西北地区平均人口出生率较2000～2010年下降1.42个百分点，"投资红利"和"人口红利"双消失现象标志着以大规模的资金、人力资源等要素投入为代价换取经济增长的路径已经难以为继。因此，寻找经济增长新动力源泉显得迫在眉睫。以创新驱动带动西北地区经济转型，培育创新驱动型发展模式是西北地区经济高质量发展的不竭动力。衡量西北地区经济高质量发展中的创新投入、创新产出、创新贡献水平是寻找经济高质量发展的突破口。

5. 市场机制完善

推进市场机制完善是西北地区经济增长潜力释放的重要途径。市场机制决定了经济发展的模式，政府过度干预行为会导致投资要素冗余，市场在资源调节分配中的作用得不到充分发挥，资本、劳动力等生产要素自由流动性降低，经济主体活力受到限制。西北地区市场化进程缓慢，政府消费和政府投资比重过高，经济主体活力匮乏。衡量市场机制完善程度是推进经济高质量发展的必要手段。

6. 区域协调发展

党的十九大报告将全体人民走向共同富裕作为新时代的奋斗目标，过去共同富裕的要求是以先富带动后富，先让东部沿海地区富裕起来，进而带动西部地区发展。当前东西部区域发展差异仍在不断扩大，区域间经济社会发展呈现出不协调的特征，且区域城乡内部也存在收入、消费水平等发展不协调问题，严重制约着经济高质量发展水平提升。区域协调发展是经济高质量发展的重要组成部分。

7. 基础设施共享

基础设施完善是维持经济高质量持续、长远发展的基石。基础设施不仅包括交通、医疗、环卫等硬件设施，还包括教育、文化、网络等软件基础设施。交通封闭、网络闭塞会导致信息不对称，影响要素流动效率。医疗、教育、文化建设水平低，不仅导致人们生活成本加剧，消费水平降低，影响整体经济需求，而且容易产生经济社会动荡等不稳定问题。基础设施是为经济高质量发展的美好前景提供最基本的保障。

8. 生态文明建设

生态文明建设也是构成经济高质量发展的重要内容。经济高质量发展客观上要求不能以生态环境破坏为代价来换取。西北地区矿藏资源丰富，过去西北地区 GDP 数量的增加多依赖煤炭等资源的开采、加工和使用。这种以牺牲资源环境为代价的经济增长方式注定无法持久。环境污染不仅会导致生产活动效率下降，并且被污染、破坏的环境的恢复成本远大于高污染生产所带来的经济收入。生态环境的恶化同样将影响人们的健康水平，这是与发展目的背道而驰的。因此，生态文明建设是经济高质量发展的基本要求。

9. 经济成果惠民

经济高质量发展最终追求的目标就是满足人民群众对美好生活的需求，提升人民群众的生活幸福感。经济成果惠民是指与人们的收入水平或消费水平相关的物质和精神生活的客观条件或环境的变化，包括收入福利、消费福利、健康福利和教育福利。只有人民收入水平得到保障，基本需求得到满足，身心健康发展，才能反过来促进经济长效健康发展。衡量经济成果惠民就是衡量经济高质量发展的落脚点。

（二）经济高质量发展水平评价指标体系构建

基于经济高质量发展水平测度逻辑分析，同时兼顾指标数据可得性，构建包括经济增长效率、经济增长结构、经济增长稳定性、创新驱动、市场机制完善、区域协调发展、基础设施共享、生态文明建设和经济成果惠民 9 个方面 46 个测度指标的经济高质量发展水平测度指标体系，如表 3 - 1 所示。

表 3 - 1　经济高质量发展水平测度指标体系

类别	分项指标	基础指标	指标衡量方式	指标属性
经济增长效率	资本效率	资本生产率	GDP/全社会固定资产投资额	正向
	劳动效率	劳动生产率	GDP/全部从业人员数量	正向
	能源效率	能源生产率	GDP/万吨标准煤	正向
	土地效率	土地生产率	粮食总产量/耕地总面积	正向
经济增长结构	产业结构	产业结构合理化	泰尔指数	逆向
		产业结构高级化	产业结构高级化指数	正向
	投资消费结构	投资结构	第三产业投资比重	正向
		消费结构	居民食品消费支出比重	逆向
	经济开放结构	外资开放度	实际利用外商直接投资/GDP	正向
		外贸开放度	进出口总额/GDP	正向
经济增长稳定性	产出稳定	经济波动率	连续 5 年经济增长率的均方差	逆向
	价格稳定	生产者物价指数	工业生产者出厂价格指数	逆向
		消费者物价指数	居民消费价格指数	逆向
	就业稳定	失业率	城镇登记失业率	逆向

续表

类别	分项指标	基础指标	指标衡量方式	指标属性
创新驱动	创新投入	R&D 经费投入强度	R&D 经费支出/GDP	正向
		R&D 人员投入力度	R&D 人员数/全部从业人员数量	正向
	创新产出	人均专利占有量	国内三种专利授权数/总人口	正向
		技术市场成交额占比	技术市场成交额/GDP	正向
	创新贡献	创新产品增利度	创新产品销售收入/工业企业主营业务收入	正向
		高新技术创收度	高新技术产业销售收入/GDP	正向
市场机制完善	经济主体	非国有经济投资比重	非国有经济固定资产投资比重	正向
		非国有经济产出比重	非国有企业工业产值/工业总产值	正向
	政府行为	政府投资比重	国家预算内资金/全社会固定资产投资额	逆向
		政府消费比重	政府消费支出/财政收入	逆向
	要素市场	资本要素市场化程度	金融业增加值/GDP	正向
		劳动要素市场化程度	个体就业人数/全部从业人员数量	正向
区域协调发展	地区共享	地区收入共享水平	各省区市人均 GDP/全国人均 GDP	正向
		地区消费共享水平	各省区市居民消费水平/全国平均消费水平	正向
	城乡协调	城乡收入协调水平	城乡收入比	逆向
		城乡消费协调水平	城乡消费水平对比	逆向
基础设施共享	硬件设施	交通设施完善度	等级公路密度	正向
		医疗设施完善度	人均医疗卫生机构床位数	正向
		环卫设施完善度	每万人拥有公共厕所	正向
	软件设施	教育设施完善度	普通高校密度	正向
		文化设施完善度	人均拥有公共图书馆藏书量	正向
		网络设施完善度	人均互联网宽带接入端口数	正向
生态文明建设	绿化环保	森林覆盖率	森林面积/土地总面积	正向
		自然保护区覆盖率	自然保护区面积/辖区面积	正向

续表

类别	分项指标	基础指标	指标衡量方式	指标属性
生态文明建设	绿化环保	建成区绿化覆盖率	建成区所有植被的垂直投影面积/建成的面积	正向
	污染减排	单位 GDP 废水排放	废水排放总量/GDP	逆向
		单位 GDP 废气排放	二氧化硫排放量/GDP	逆向
		单位 GDP 固体废物排放	一般工业固体废物产生量/GDP	逆向
经济成果惠民	收入福利	人均可支配收入	居民人均可支配收入	正向
	消费福利	人均消费支出	居民人均消费支出	正向
	健康福利	人口死亡率	每年死亡人数/每年平均总人数	逆向
	教育福利	人均受教育年限	6 岁以上人口平均受教育年限	正向

三　西北地区经济高质量发展水平测度实证分析

（一）测算方法与数据说明

本章采用主成分分析法确定指标权重，具体为：首先确定各分项指标权重以合成 9 个方面的评价指数，进一步采用同样的方法合成西北地区经济高质量发展水平总指数。为了增强提取信息的有效性，本章参考钞小静、惠康（2009）的做法，分别对分项指标和基础指标中的变量计算协方差矩阵作为软件进行主成分分析时的输入数据，对逆向指标采用取倒数的方法进行正向处理，采用均值化方法进行了无量纲化处理。

本章样本区间为 2000～2017 年，基期设定为 2000 年。数据来源于历年《中国统计年鉴》、西北各地区统计年鉴及统计公报、《中国固定资产投资统计年鉴》、《中国高技术产业统计年鉴》、《中国工业统计年鉴》、《中国卫生和计划生育统计年鉴》和《中国能源统计年鉴》等。对缺失数据采用线性插值法进行了补充处理。指标中度量产业结构合理化的泰尔指数，笔者借鉴于春晖、郑若谷等（2011）提出的计算公式：

$$TL = \sum_{i=1}^{n} \left(\frac{Y_i}{Y} \right) \left| \ln \left(\frac{Y_i}{L_i} \right) \middle/ \frac{Y}{L} \right|$$

其中，$i = 1$，2，3，分别表示第一、第二、第三产业，n 表示产业数，Y 表示产业增加值，L 表示就业人数。

（二）基础指标和分项指标权重确定

本章以累计贡献率大于 85% 来确定主成分的个数以及各单项指标的权重。运用 Stata 软件进行主成分分析，可得出各基础指标的相应权重（见表 3-2）。在此基础上求得各分项指标值，采用同样的方法获得各分项指标的权重，并对指标权重进行加权平均的归一化处理，使所有指标权重之和为 1。由表 3-2 可见，生态文明建设的权重最高，为 0.232，这意味着 2000~2017 年西北地区经济高质量发展的变化更多地体现在生态文明建设这一维度上。经济增长结构和经济增长稳定性在经济高质量发展中的权重为负值，说明这两个维度对经济高质量发展产生了阻碍作用。

表 3-2　基础指标和分项指标权重的选取

基础指标	指标权重	基础指标	指标权重
资本生产率	−0.017	政府消费比重	−0.016
劳动生产率	0.086	资本要素市场化程度	0.024
能源生产率	−0.041	劳动要素市场化程度	0.026
土地生产率	0.016	地区收入共享水平	0.085
产业结构合理化	0.050	地区消费共享水平	0.065
产业结构高级化	−0.052	城乡收入协调水平	0.074
投资结构	0.027	城乡消费协调水平	0.019
消费结构	0.016	交通设施完善度	−0.005
外资开放度	0.006	医疗设施完善度	0.060
外贸开放度	−0.033	环卫设施完善度	0.047
经济波动率	−0.013	教育设施完善度	0.050
生产者物价指数	−0.010	文化设施完善度	−0.002
消费者物价指数	0.005	网络设施完善度	0.075
失业率	−0.055	森林覆盖率	0.036
R&D 经费投入强度	0.019	自然保护区覆盖率	−0.049
R&D 人员投入力度	0.052	建成区绿化覆盖率	0.073
人均专利占有量	0.045	单位 GDP 废水排放	−0.027
技术市场成交额占比	0.005	单位 GDP 废气排放	0.020
创新产品增利度	−0.003	单位 GDP 固体废物排放	0.022

续表

基础指标	指标权重	基础指标	指标权重
高新技术创收度	0.038	人均可支配收入	0.081
非国有经济投资比重	0.026	人均消费支出	0.054
非国有经济产出比重	0.035	人口死亡率	0.005
政府投资比重	0.039	人均受教育年限	0.046

分项指标	指标权重
经济增长效率	0.146
经济增长结构	-0.005
经济增长稳定性	-0.005
创新驱动	0.182
市场机制完善	0.087
区域协调发展	0.114
基础设施共享	0.152
生态文明建设	0.232
经济成果惠民	0.096

（三）西北地区经济高质量发展水平测度结果

1. 2017 年西北地区经济高质量发展分项指标测度结果

结合表 3-1 的综合评价指标体系和表 3-2 各指标的权重，本章测算了西北五省区 2000~2017 年的经济高质量发展水平。2017 年西北地区各省区经济高质量发展分项指标测度结果如表 3-3 所示。

表 3-3　2017 年西北地区各省区经济高质量发展分项指标测度结果

地区	经济增长效率	经济增长结构	经济增长稳定性	创新驱动	市场机制完善	区域协调发展	基础设施共享	生态文明建设	经济成果惠民
陕西	1.448	1.583	1.052	2.089	1.037	1.101	1.133	2.876	1.012
甘肃	-0.317	-2.369	0.951	0.693	0.779	0.764	0.831	0.641	0.837
青海	0.610	4.175	0.979	0.681	0.948	1.006	1.037	-0.289	0.986
宁夏	1.661	0.736	1.060	1.124	1.414	1.126	0.990	0.889	1.092
新疆	1.599	0.875	0.958	0.414	0.821	1.004	1.009	0.883	1.074

（1）经济增长效率。经济增长效率得分最高的为宁夏（1.661），说明
2017年宁夏在经济发展过程中较为重视资源合理配置，资本、劳动力等生
产要素投入产出比例得当，充分发挥了每一单位资源要素投入带来的经济
效益。与之相反的，经济增长效率得分最低的为甘肃（-0.317），甘肃省
在经济建设过程中呈现出严重的资源利用效率低下的情况，尤其是劳动力
资源配置效率低下。

（2）经济增长结构。经济增长结构得分分布由最低的甘肃（-2.369）
到最高的青海（4.175），后者比前者高出6.544分，表明西北地区经济增
长结构地区之间存在较大差异，西北五省区之间经济结构协同优化能力不
高。从评价结果来看，经济增长结构得分高于1.000的只有陕西（1.583）
和青海（4.175），表明西北地区大部分省区经济结构优化水平亟待提升，
必须高度重视经济结构优化问题，打破低端经济结构。

（3）经济增长稳定性。经济增长稳定性得分最高的地区是宁夏，达到
1.060，得分最低的省为甘肃，为0.951。得分最高和得分最低地区之间仅
相差0.109，说明在经济增长稳定性方面西北五省区差异不大，并未出现
明显落后的省区。

（4）创新驱动。创新驱动发展水平得分最高的是陕西（2.089），得分
最低的是新疆（0.414），陕西创新水平是新疆的5.05倍，这表明西北地
区省际创新驱动发展水平差距十分明显。排名第二位的宁夏创新驱动得分
1.124，与陕西相差0.965。这主要是因为陕西在R&D经费投入、R&D人
员投入、人均专利占有量、技术市场成交额占比和高新技术创收度方面都
遥遥领先。

（5）市场机制完善。市场机制完善水平得分最高的为宁夏
（1.414），说明在西北地区，宁夏最能充分发挥市场在经济建设中的关
键作用，市场化程度较高。市场机制完善水平得分最低的为甘肃，仅为
0.779，与宁夏的差距达0.635，说明甘肃市场化程度较低，市场机制完
善程度有待进一步提升。陕西、青海、新疆市场机制完善水平彼此之间
的差距相对较小。

（6）区域协调发展。区域协调发展得分最高的为宁夏，达到1.126。
得分最低的是甘肃，为0.764。甘肃是西北地区唯一一个得分低于1.000
分的地区，地区收入共享和地区消费共享水平低和城乡收入差距过大是甘

肃区域协调发展水平低下的主要原因，甘肃在经济高质量发展过程中区域
协调共享能力有待提高。

（7）基础设施共享。2017 年西北地区基础设施共享水平得分高于均值
的有陕西（1.133）、青海（1.037）和新疆（1.009），三省区得分之和占
所考察省区总数的 60%。而甘肃（0.831）和宁夏（0.990）得分均低于平
均水平，是西北地区最迫切需要提升基础设施完善水平的地区，应集中加
大基础设施投资建设力度。

（8）生态文明建设。生态文明建设水平得分最高的为陕西，生态文明
建设指数达到 2.876；甘肃、青海、宁夏和新疆 4 个省区的生态文明建设
得分均未超过均值，其中青海生态文明建设得分为负值。西北五省区生态
文明建设水平落后的原因各异。其中，宁夏的单位 GDP 废气排放量较高；
青海的单位 GDP 固体废物排放量较高；新疆的森林覆盖率较低。

（9）经济成果惠民。经济成果惠民水平得分最高的为宁夏，达到
1.092，宁夏人民在经济发展过程中享受到的福利成果优于其他省区。除宁
夏外，陕西和新疆的经济成果惠民得分高于均值，依次达到 1.012 和
1.074。经济成果惠民水平得分最低的为甘肃，仅为 0.837。

2. 2010～2017 年西北地区经济高质量发展水平测度结果

对西北地区 2010～2017 年经济高质量发展水平测度结果如图 3-1 所
示。从图 3-1 中可以看出，2010～2017 年西北五省区经济高质量发展水
平的位次未发生变化，从高到低依次为陕西、宁夏、新疆、甘肃和青海。
从经济高质量发展的时序变化情况来看，甘肃 2010～2013 年经济高质量发
展水平不断提升，2014 年出现下降，2015 年短暂回升后又持续下降到
2017 年的最低点（0.599）；宁夏 2010～2013 年经济高质量发展水平持续
下滑，2015 年开始不断上升到 2017 年的 1.152；青海整体发展水平落后并
呈现波动态势，2017 年经济高质量发展水平为 0.570，比 2010 年仅高出
0.011；陕西 2010～2017 年经济高质量发展水平均在 1.600 以上且近三年
发展水平不断提升；新疆 2010～2013 年经济高质量发展水平从 1.067 持续
下降到 0.974，2014～2015 年短暂上升之后又出现下降，到 2017 年经济高
质量发展水平为 0.948。

为了进一步考察经济高质量发展地区分布，本文以 2017 年为例发现，
考察期内西北五省区经济高质量发展水平得分在 0.570～1.732。西北五省

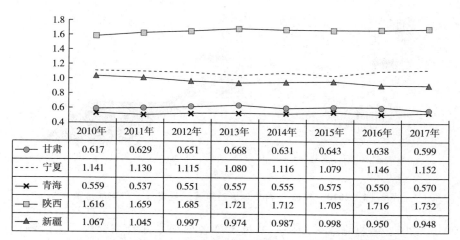

	2010年	2011年	2012年	2013年	2014年	2015年	2016年	2017年
甘肃	0.617	0.629	0.651	0.668	0.631	0.643	0.638	0.599
宁夏	1.141	1.130	1.115	1.080	1.116	1.079	1.146	1.152
青海	0.559	0.537	0.551	0.557	0.555	0.575	0.550	0.570
陕西	1.616	1.659	1.685	1.721	1.712	1.705	1.716	1.732
新疆	1.067	1.045	0.997	0.974	0.987	0.998	0.950	0.948

图 3 - 1　2010 ~ 2017 西北地区五省区经济高质量发展水平测度结果

区经济高质量发展水平得分均值（M）为 1，标准差（SD）为 0.476，我们依据得分均值（M）与标准差（SD）的关系，以 $M \pm 0.5SD$ 为界，将西北五省区划分为三个类型。可以发现，西北地区经济高质量发展水平具有一定的差异性，陕西处于领跑地位，宁夏与新疆发展程度相当，甘肃和青海则发展最为落后。

此外，为了考察西北地区经济高质量发展水平的变化特征，我们使用 Matlab R2016a 软件对 2010 ~ 2018 年西北地区经济高质量发展水平进行了核密度估计，如图 3 - 2 所示。结果显示西北地区经济高质量发展水平的变化主要呈现以下特征：第一，从密度分布曲线位置的平移来看，随着年份推移，各地区经济高质量发展水平分布整体略微向右移动但并不明显，说明西北地区经济高质量发展水平并没有得到明显的提升。第二，从密度曲线的峰度特征来看，波峰高度最高、宽度最窄时出现在 2010 年，表明 2010 年西北各省区经济高质量发展水平差距最小；波峰高度最低、宽度最宽时出现在 2017 年，说明 2017 年西北各省区经济高质量发展水平差异最大。第三，从核密度曲线的形状来看，每一个主峰旁边基本出现了一个或者多个轻微"隆起"的侧峰，意味着地区间经济高质量发展水平的差异性日益凸显。

四　结论与建议

基于构建经济高质量发展水平测度体系，本研究借助主成分分析法对

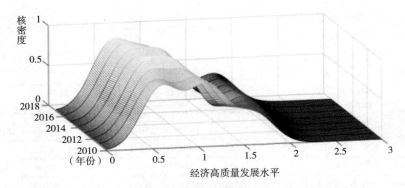

图 3 - 2　2010～2018 年西北地区经济高质量发展水平与动态演进

2010～2017 年西北地区经济高质量发展各分项指标及综合水平进行测度。主要得到以下结论：从分项指标测度结果来看，不同省区具有不同的经济高质量发展水平，具体表现为宁夏、新疆经济增长效率较优；陕西、青海经济增长结构较好；陕西、宁夏经济增长稳定性、创新驱动、市场机制完善和区域协调发展较强；陕西、青海基础设施共享水平较高；陕西生态文明建设水平突出；宁夏、新疆经济成果惠民明显。从综合水平来看，2017 年西北地区经济高质量发展综合水平整体偏低且西北五省区间经济发展质量差距逐渐扩大。根据上述研究结论，本章对未来西北地区经济高质量发展提出以下政策建议。

（1）加大科技创新力度。创新是未来西北地区实现经济高质量发展的不竭动力。2018 年西北五省区上市公司合计仅 159 家，是上海市上市公司总数的 1/2，其中高新技术企业更是寥寥无几。可见西北地区企业创新活力低下，严重阻碍了西北地区经济发展。因此，要加大对创新型企业的培育力度，充分发挥企业微观主体的创新优势，支持高新技术产业长足发展，从资金和政策上为其提供便利。同时应建立健全创新成果保护机制，为企业自主研发生产保驾护航；应进一步加大高校和科研院所与企业间的合作力度，建立以市场化为导向的研发"流水线"，以高校和科研院所作为创新的源头，企业将科研专利转换为市场化产品，充分发挥创新成果的商业价值，带动生产效率提升。同时要优化教育模式，加强创新型人才的培养，为构建创新型市场提供有力支撑。

（2）持续优化产业结构。产业结构升级是当前西北地区经济发展的重点，同时也是经济高质量发展的着力点。2018 年西北地区第三产业增加值总和为 23689.91 亿元，广东省第三产业增加值为 52751.18 亿元。相比之下，西北地区经济结构仍以第一产业和第二产业为主，第三产业发展十分落后。产业结构的调整升级对经济增长质量的提升作用重大，但并不能一蹴而就，需循序渐进调整。因此，西北地区应不断推进供给侧结构性改革，以"一带一路"倡议为契机，充分利用好国内外市场，加快淘汰落后产能，推进产业内部转型升级，融合大数据、人工智能以发展高端农业、制造业及服务业，提升生产效益和质量；从政府层面来看，应加大对新兴产业、高附加值产业的补助，培育增长新动能。

（3）保持经济平稳发展。平稳的宏观经济是提升经济质量的保障，但目前西北地区经济增长稳定性指标数值并不理想。提高经济增长稳定性，首先要明晰经济发展过程中面临的风险。当前西北地区经济面临着中美贸易摩擦影响、全国经济下行压力以及金融系统性风险等；因此政府在宏观层面的风险把控及政策调整必不可少，对此应继续保持开放态度，减少对欧美市场的依赖性，拓展对共建"一带一路"国家的对外贸易，提高应对外部波动的抗冲击能力。经济下行压力缓解不是一朝一夕的事情，切不可操之过急，应循序渐进深化改革，慎重选择重大宏观经济调控政策实施，避免经济运行出现剧烈波动，维持经济持续健康发展态势。

（4）完善福利机制，提高人民生活水平。经济高质量发展的最终目的在于满足人民群众对美好生活的需求，经济发展的成果应尽可能充分平等地起到惠民的作用。具体来看，应加快落实区域协调发展战略，加大对落后地区的扶持力度，缩小西北地区与东部沿海地区的发展差距；在居民收入分配中，应协调城乡福利分配机制，在保证分配效率的前提下实现分配公平，缩小城乡之间、区域之间的收入分配差距。对于贫困人群，继续加强"精准扶贫"工作，以传授劳动技能、提高贫困人口能力素质等方式对扶贫对象进行科学有效的帮扶；另外，应完善社会保障制度，持续增大养老保障、医疗保障覆盖面和保障力度，确保公共服务均等化。

（5）推进生态环境保护工作。全面协调可持续发展是高质量经济增长的追求，西北地区环境恶劣，沙漠和沙地占地面积大。目前西北地区环境恶化问题严重，经济增长与环境失衡之间存在尖锐矛盾，成为制约经济高质量发展的短板。改善生态环境可以从以下几方面入手：首先对于政府而言，应加快实施生态环境保护与修复工程，在荒漠地区种植具有经济价值的绿色农作物，有利于减少荒漠化与水土流失，恢复生态环境；对于企业而言，政府应加强对高污染高排放企业的管制，强制其使用净化设备或低污染排放设备，提高排污成本；同时企业自身要构建绿色产业链，支持节能环保技术发展，推进清洁能源的使用；对于全体公民而言，应自觉提高环保意识，主动进行垃圾分类，开展绿色低碳生活方式。

参考文献

师博、张冰瑶：《新时代、新动能、新经济——当前中国经济高质量发展解析》，《上海经济研究》2018 年第 5 期。

华坚、胡金昕：《中国区域科技创新与经济高质量发展耦合关系评价》，《科技进步与对策》2019 年第 8 期。

钞小静、惠康：《中国经济增长质量的测度》，《数量经济技术经济研究》2009 年第 6 期。

任保平：《新时代中国经济从高速增长转向高质量发展：理论阐释与实践取向》，《学术月刊》2018 年第 3 期。

徐邦华：《宏观经济增长质量的评价与短期预测》，西北大学硕士学位论文，2018。

魏敏、李书昊：《新时代中国经济高质量发展水平的测度研究》，《数量经济技术经济研究》2018 年第 11 期。

卡马耶夫：《经济增长的速度和质量》，湖北人民出版社，1983。

刘亚建：《我国经济增长效率分析》，《思想战线》2002 年第 4 期。

刘海英、赵英才、张纯洪：《人力资本"均化"与中国经济增长质量关系研究》，《管理世界》2004 年第 11 期。

康梅：《投资增长模式下经济增长因素分解与经济增长质量》，《数量经济技术经济研究》2006 年第 2 期。

彭德芬：《经济增长质量研究》，华中师范大学出版社，2002。

Li B. H. , "Positive Research on China," *Ecological Economy*, 2005, 1 (1).

严红梅：《基于因子分析法的我国经济增长质量的实证分析》，《科技管理研究》2008 年第 8 期。

魏敏、李书昊：《新常态下中国经济增长质量的评价体系构建与测度》，《经济学家》2018 年第 4 期。

Solow R. M. , "A Contribution to the Theory of Economic Growth," *Quarterly Journal of Economics*, 1956, 70 (1).

Jorgenson D. W. Griliches Z. , "The Explanation of Productivity Change," *Review of E-conomic Studies*, 1967, 34 (3).

Zhang C. , Kong J. , "Effect of Equity in Education on the Quality of Economic Growth: Evidence from China," *International Journal of Human Science*, 2010, 7 (1).

刘文革、周文召、仲深、李峰：《金融发展中的政府干预、资本化进程与经济增长质量》，《经济学家》2014 年第 3 期。

李平、付一夫、张艳芳：《生产性服务业能成为中国经济高质量增长新动能吗》，《中国工业经济》2017 年第 12 期。

沈坤荣、傅元海：《外资技术转移与内资经济增长质量——基于中国区域面板数据的检验》，《中国工业经济》2010 年第 11 期。

唐毅南：《中国经济真是"粗放式增长"吗——中国经济增长质量的经验研究》，《学术月刊》2014 年第 12 期。

钞小静、任保平：《中国经济增长质量的时序变化与地区差异分析》，《经济研究》2011 年第 4 期。

魏婕、任保平：《中国各地区经济增长质量指数的测度及其排序》，《经济学动态》2012 年第 4 期。

马轶群、史安娜：《金融发展对中国经济增长质量的影响研究——基于 VAR 模型的实证分析》，《国际金融研究》2012 年第 11 期。

詹新宇、崔培培：《中国省际经济增长质量的测度与评价——基于"五大发展理念"的实证分析》，《财政研究》2016 年第 8 期。

金碚：《关于"高质量发展"的经济学研究》，《中国工业经济》2018 年第 4 期。

于春晖、郑若谷、余典范：《中国产业结构变迁对经济增长和波动的影响》，《经济研究》2011 年第 5 期。

第四章
西北地区经济高质量可持续发展能力评价

　　我国西北地区在行政范围上包括陕西、甘肃、宁夏、青海、新疆五省区。西北大部分省区处于干旱半干旱地区，森林覆盖率低，生态环境脆弱，严重制约了西北经济社会的发展。另外，西北地区能源、矿物资源丰富，是我国主要的能源和原材料的输出地，在我国经济社会中占有重要地位。因此，西北地区经济可持续发展能力如何，生态环境能否支撑其长期持续发展成为西北地区经济发展的关键问题。

　　很多学者使用生态足迹法对西北地区可持续发展能力做出了评估。陈东景等（2001）研究了西北五省区的生态足迹和生态承载力，发现西北五省区的生态足迹超过了各自的生态承载力，即出现了生态赤字。其中新疆生态赤字最大，陕西和青海最小。特别是新疆的耕地出现了生态赤字，说明新疆的粮食产出难以维持本地区居民的生产生活需求。张志强等（2001）测算了西部 12 个省区市的生态足迹和生态承载力，发现除了云南和西藏两个省区外，其余 10 个省区市皆出现了生态赤字，其中新疆生态赤字最大。杨屹等（2015）研究了陕西省 2000～2012 年的生态足迹和承载力的变化，发现陕西省一直存在生态赤字，人均生态赤字同生态压力指数逐年增长，生态多样性指数持续下降，说明陕西生态经济系统处于不稳定状态。张娜等（2017）研究了新疆 2005～2015 年的生态足迹和承载力的变化，也发现新疆一直存在生态赤字，化石能源用地的生态赤字最为严重。从以上研究可以看出，关于西部生态足迹，有学者将西北地区作为一个整体进行研究的，也有学者关于西部各省区市的单独研究，认为西部各省区市资源禀赋差异大，不宜一起做研究。但笔者认为西北各省区市具有相同的资源禀赋，可以一起研究。此外，学者们就生态足迹内容进行研究时，常常不考虑水资源。因此，本文拟用生态足迹法对西北地区和各省区（陕西、甘肃、宁夏、青海、新疆）的生态足迹和承载力、水足迹和水资源承载力进行计算，分析各省区生态环境供求情况，评估各省区可持续发展能力，为西北经济社会发展提供决策依据。

一　生态足迹理论及其计算方法

（一）生态足迹理论

生态足迹理论认为人必须从自然中获取资源以生存，这些资源都必须由土地产生，同时产生的废物都必须由土地消化；并且假设人们在生产生活中需要消费的资源和产生的废物是确定的，假设这些资源和废物可以被折算成相应类型的土地面积，这样人们的生产生活需求就可以换算为一定的土地面积。人们消费的资源和产生的废物折算成的土地面积被称为生态足迹，反映了人们对资源的需求；实际各类型土地面积的加权平均被称为生态承载力，反映了土地能够供给的资源上限。这样，当需求（生态足迹）大于供给（生态承载力）时，就出现了生态赤字；反之，则为生态盈余。生态赤字或盈余反映了一个国家或地区的人们对资源需求（生态足迹）和土地能供给的资源（生态承载力）的大小关系，当出现生态赤字时，该地区资源难以维持该地区人们需求，发展是不可持续的。

生态足迹理论考虑的土地类型有 6 种：耕地、草地、林地、化石能源用地、建筑用地和水域。耕地主要提供农产品如粮食、棉花、蔬菜等。草地主要提供肉制品。林地是吸收 CO_2 和提供林产品的土地。建筑用地主要提供人们工作、生活和交通的土地。人们对化石能源用地的需求主要来自对石油、煤等能源的需求。水域在传统定义中只是提供水产品的土地，在《国家生态足迹账户（2016）》中，水域被更改为渔业用地。由于水域的概念和由此计算出来的生态足迹无法正确评估人们对水资源的需求，所以在本章中设置第七种土地类型：水资源用地。水资源用地主要为人们提供生活、生产等各种用水需求的水资源。

（二）计算方法

1. 生态足迹的计算

Wackernagel 和 Rees 提出了生态足迹的计算模型，具体计算公式如下：

$$EF = ef \times N$$

其中，EF 为某地区总生态足迹，ef 为该地区人均生态足迹，N 为该地区人口数。

$$ef = \sum_i \lambda_i \sum_j C_{ij}/(Y_{ij} \times N) \quad (i = 1,2,3,\cdots,n)$$

其中，i 为某种土地类型，λ_i 为第 i 种土地类型的均衡因子，C_{ij} 为第 i 种土地上生产的第 j 种产品的地区消费量。Y_{ij} 为第 i 种土地上生产的第 j 种产品的全地区平均产量。在计算时，首先不同类型的土地具有不同的生产能力，将它们相加时，需要转化为具有相同生产能力的土地。均衡因子可以使生产能力不同的土地转化为生产能力相同的土地。所以在计算生态足迹时，需要将各类型土地面积乘以相应的均衡因子。其次，计算某地区的生态足迹需要其自然资源的消费量，而某地区自然资源的消费量可以由该地区生产量 P_{ij} 加进口量 I_{ij} 再扣除出口量 E_{ij} 得到。具体公式如下：

$$C_{ij} = P_{ij} + I_{ij} - E_{ij} \quad (i = 1,2,3,\cdots,n)$$

最后在计算化石能源的生态足迹时，要将能源的消费量通过转换系数换算成单位质量的发热量，再通过全地区平均单位面积发热量计算化石能源用地的土地面积。本文能源转化系数和均衡因子均采用《国家生态足迹账户（2016）》中的数值。

2. 生态承载力的计算

生态承载力的具体计算公式如下：

$$EC = ec \times N$$

其中，EC 为总生态承载力，ec 为人均生态承载力，N 为该地区总人口数。根据世界环境与发展委员会报告《我们共同的未来》的建议，为了保

护生物多样性，应当留出12%的土地面积，则

$$ec = 0.88 \sum_i \lambda_i \varpi_i L_i \quad (i = 1,2,3,\cdots,n)$$

其中，i 为某种土地类型，λ_i 为第 i 种土地类型的均衡因子，ϖ_i 为第 i 种土地类型的产量因子，L_i 为第 i 种土地类型的实际面积。由于不同的国家和地区相同类型的土地生产能力差异很大，所以在土地面积加总时，需要将实际土地面积乘以相应的产量因子和均衡因子，使得其与生态足迹所计算出的土地面积属性相同，才可以进行数量比较。产量因子是某种土地的生产能力与该种土地全地区平均生产能力的比值，具体公式如下：

$$\varpi_i = \frac{Y_i^N}{Y_i}$$

其中，Y_i^N 为某地区第 i 种土地的平均产量，Y_i 为第 i 种土地的全地区平均产量。

3. 水足迹的计算

基于以下两点的考虑，本文将水足迹从总生态足迹中分离出来单独计算。（1）在传统的生态足迹理论中，水足迹并未被纳入，其具体计算过程虽然与传统的生态足迹计算相似，但仍有差异。（2）西北地区作为极度缺水地区，水资源生态足迹和水资源承载力在各足迹中最为重要，需要特别分析。

水足迹的具体计算公式如下：

$$EF_w = ef_w \times N = N\gamma_w (W_d / P_w)$$

其中，ef_w 为人均水足迹，γ_w 为水资源均衡因子，W_d 为水资源消费量，P_w 为全球水资源平均产量。

4. 水资源承载力的计算

根据研究，一个国家或者地区的水资源开发利用率超过40%就会引起生态环境恶化，所以必须扣除60%的水资源以避免环境恶化，则水资源承载力的具体计算公式如下：

$$EC_w = ec_w \times N = N \times 0.4 \gamma_w \varphi_w (W_s / P_w)$$

其中，ec_w 为人均水资源承载力，φ_w 为水资源产量因子，W_s 为水资源总量。

5. 生态赤字与水资源赤字的计算

人均生态赤字的具体计算公式如下：

$$ed = ec - ef$$

当 $ed \leqslant 0$ 时，表示生态赤字，生态赤字的大小为 $|ed|$。反之，当 $ed \geqslant 0$ 时，表示生态盈余，生态盈余大小为 ed。

人均水资源赤字的具体计算公式如下：

$$ed_w = ec_w - ef_w$$

当 $ed_w \leqslant 0$ 时，表示水资源赤字，水资源赤字大小为 $|ed_w|$。反之，当 $ed_w \geqslant 0$ 时，表示水资源盈余，水资源盈余大小为 ed_w。

二 经济高质量发展可持续能力的测度指标

可持续发展能力与人均生态赤字、万元 GDP 生态足迹和多样性指数三个指标密切相关。其中，一个地区人均生态赤字和万元 GDP 生态足迹越小，说明该地区资源利用效率越高，可持续发展能力越强。而一个地区多样性指数越小，说明该地区经济生态系统越不稳定，可持续发展能力越弱。

万元 GDP 生态足迹的具体计算公式如下：

$$\text{万元 GDP 生态足迹} = EF/GDP = ef / \text{人均 GDP}$$

万元 GDP 生态足迹直接反映了每万元产值所消费的资源，所以本文用万元 GDP 生态足迹来反映资源利用效率。

生态足迹多样性指数可用 Shannon – Weaver 公式计算，具体如下：

$$H = - \sum p_i \times \ln p_i$$

其中 p_i 是第 i 种土地类型在总生态足迹中的比例。当 H 越大时，表明各种土地类型的生态足迹需求比较平均，经济生态系统越稳定；反之，H 越小说明土地类型需求单一，经济生态系统不稳定。

三　西北地区生态足迹与生态承载力计算

（一）数据说明

1. 人们需要的资源选取

资源主要包括三类：生物资源、化石能源和水资源。生物资源包括该区域消费的农产品、林产品、畜产品和水产品，本章具体选取的产品有：稻谷、小麦、玉米、豆类、薯类、麻类、油料、糖料、蔬菜、烤烟、甜菜、核桃、板栗、生漆、油桐籽、五倍籽、棕片、花椒、水果、蚕茧、猪肉、羊肉、牛肉、奶类、山羊毛、绵羊毛、禽蛋、水产品、果用瓜。化石能源包括该地区消费的各种形式能源，本章具体选取的种类有：煤、石油、天然气、电力（水风电）。水资源则为该地区用水总量。

2. 数据与相关参数来源

本章选取的各类生物产品的产量、进出口量的数据来源于《陕西统计年鉴》（2013～2018 年）、《青海统计年鉴》（2013～2018 年）、《甘肃统计年鉴》（2013～2018 年）、《宁夏统计年鉴》（2013～2018 年）、《新疆统计年鉴》（2013～2018 年）。全球平均产量数据主要来源于 1993 年联合国粮食及农业组织的统计，并借鉴了相关学者的研究。各种类型土地的均衡因子和产量因子以《国家生态足迹账户 2016：工作指导手册》（*Working Guidebook to the National Foot Print Accounts：2016 Edition*）公布的参数为准，详见表 4-1 所示。全球水资源平均产量采用了范晓秋的研究结果。西北五省区水资源的产量因子和水资源的均衡因子数据采用了黄林楠的研究，详见表 4-2 所示。

表 4-1　各种土地类型的均衡因子和产量因子

土地类型	均衡因子	产量因子
耕地	2.52	1.66
草地	0.43	0.19
森林	1.28	0.91
化石能源用地	1.28	0.00
建筑用地	2.52	1.66
水域	0.35	1.00

表 4 - 2 西北各省区水资源用地的均衡因子和产量因子

西北五省区	均衡因子	产量因子
陕　西	5.19	0.68
甘　肃	5.19	0.22
宁　夏	5.19	0.06
新　疆	5.19	0.17
青　海	5.19	0.28

（二）总生态足迹与总生态承载力的计算结果分析

西北地区生态足迹、生态承载力的计算结果见表 4 - 3。2012 ~ 2017 年，西北地区总生态足迹均值为 6930.12 万公顷，总生态承载力均值为 2369.51 万公顷，总生态赤字均值为 4560.61 万公顷；人均生态足迹均值为 3.49 公顷，人均生态承载力均值为 1.27 公顷，人均生态赤字均值为 2.18 公顷。五年间，西北地区总生态足迹增长了 54.67%，总生态承载力增长了 3.03%，这使得总生态赤字增长了 93.17%；人均生态足迹增长了 44.42%，人均生态赤字增长了 66.25%。从表 4 - 3 可见，西北地区生态资源被过度消费，存在严重的生态赤字。

表 4 - 3 2012 ~ 2017 年西北地区生态足迹和生态承载力

单位：万公顷，公顷/人

年份	EF	EC	ED	ef	ec	ed
2012	5447.81	2326.94	3120.87	2.87	1.26	-1.61
2013	6022.03	2344.08	3677.95	3.14	1.27	-1.87
2014	6711.78	2363.65	4348.13	3.39	1.27	-2.12
2015	7328.87	2390.96	4937.91	3.62	1.28	-2.34
2016	7644.04	2393.86	5250.18	3.76	1.27	-2.49
2017	8426.21	2397.56	6028.65	4.14	1.27	-2.87
均值	6930.12	2369.51	4560.61	3.49	1.27	-2.18
方差	1195302.27	866.61	1194435.66	0.21	0.00	0.16

说明：EF、EC、ED 单位为万公顷；ef、ec、ed 的单位为万公顷/人。

西北各省区的总生态足迹与总生态承载力计算结果见表 4 - 4。2012 ~

2017 年西北各省区的总生态足迹均略有上升。2012 年，陕西省总生态足迹为 9433.92 万公顷，到 2017 年增长到 15789.31 万公顷，增长了 67.37%，年均增速 11.23%，增长速度最快。此外，新疆增长了 62.79%，青海增长了 56.20%，甘肃增长了 37.07%。宁夏增长速度最慢，增长了 23.22%。总生态足迹均值最大的是陕西，为 12909.47 万公顷，最小的是青海，为 1844.19 万公顷。总生态足迹增长的原因有两点：一是人均资源消费量的增加，反映在人均生态足迹的增长上。二是人口的逐年增加。陕西省近年来总生态足迹增长最快，主要是因为人均资源消费量增长最快。从表 4-4 可见，2012~2017 年总生态承载力均值最大的是陕西，为 3721.38 万公顷，新疆、甘肃、青海依次变小，宁夏总生态承载力均值最小，为 667.22 万公顷。西北各省区总生态承载力变化幅度很小，陕西、甘肃、新疆、青海的总生态承载力增长都在 3% 左右，只有宁夏从 2012 年的 608.96 万公顷增长到了 2017 年的 702.38 万公顷，增长了 15.34%。生态承载力增长缓慢的原因在于西北地区本身生态环境脆弱，现存可生产的土地再生产能力差，而每年新增的可以进行生产的土地面积有限。

表 4-4　2012~2017 年西北各省区总生态足迹和总生态承载力

单位：万公顷

年份	陕西		甘肃		新疆		宁夏		青海	
	EF	*EC*	*EF*	*EC*	*EF*	*EC*	*EF*	*EC*	*EF*	*EC*
2012	9433.92	3705.34	6539.61	3105.46	7665.67	3220.66	2194.17	608.96	1405.68	994.27
2013	10598.67	3671.41	7143.10	3194.97	8388.80	3214.20	2318.23	644.26	1661.35	995.55
2014	12675.32	3707.43	7803.31	3236.94	8862.01	3212.14	2405.84	650.28	1812.43	1011.45
2015	14273.82	3734.97	8169.46	3214.90	9724.85	3293.38	2522.84	697.19	1953.39	1014.36
2016	14685.77	3723.01	8452.22	3197.51	10398.69	3332.50	2646.66	700.25	2036.66	1016.05
2017	15789.31	3786.14	8963.58	3241.47	12478.78	3242.18	2703.76	702.38	2195.61	1015.62
均值	12909.47	3721.38	7845.21	3198.54	9586.47	3252.51	2465.29	667.22	1844.19	1007.88
方差	6156848	1466	784731	2452	2938607	2457	38364	1486	79839	103.00

西北各省区的人均生态足迹和人均生态承载力计算结果见表 4-5。2012~2017 年西北各省区人均生态足迹都在增长。2012 年，人均生态足迹最大的是新疆，为 3.43 公顷，宁夏、甘肃、陕西依次减小，最小的是

青海，为 2.45 公顷。六年间，陕西省人均生态足迹增长最快，增长了
67.33%。新疆增长速度次之，为 62.68%。甘肃、青海、宁夏增长较
慢，分别为 37.00%、56.32% 和 23.30%。人均生态足迹均值最大的是
新疆，为 4.17 公顷，宁夏、陕西、青海依次变小，甘肃的人均生态足迹
均值最小，为 3.03 公顷。2012~2017 年，西北各省区人均生态足迹增
速都大于人口增速，说明拉动西北地区总生态足迹增长的主要因素是人
均资源消费量的增长。从表 4-5 可见，2012~2017 年西北五省区人均
生态承载力变化各不相同。人均生态承载力均值最大的是青海，为 1.73
公顷，最小的是陕西，为 0.99 公顷。六年间，西北地区人均生态承载力
增速最快的是宁夏，宁夏人均生态承载力的增长速度为 14.89%。
2000~2015 年是宁夏生态工程的快速发展时期。通过退耕还林、封山育
林和减少煤炭开采，发展水电、风电等可再生能源，宁夏土地生产能力
得到恢复，承载力得到提升。人均生态承载力增速最慢的是新疆，
为 0.69%。

表 4-5   2012~2017 年西北各省区人均生态足迹和人均生态承载力变化

单位：公顷

年份	陕西		甘肃		新疆		宁夏		青海	
	ef	ec	ef	ec	ef	ec	ef	ec	ef	ec
2012	2.51	0.99	2.54	1.20	3.43	1.44	3.39	0.94	2.45	1.74
2013	2.82	0.98	2.77	1.24	3.71	1.42	3.54	0.99	2.87	1.72
2014	3.36	0.98	3.01	1.25	3.86	1.40	3.63	0.98	3.11	1.73
2015	3.76	0.98	3.14	1.24	4.12	1.40	3.78	1.04	3.32	1.73
2016	3.85	0.98	3.24	1.23	4.34	1.39	3.92	1.04	3.43	1.71
2017	4.20	1.01	3.48	1.25	5.58	1.45	4.18	1.08	3.83	1.78
均值	3.42	0.99	3.03	1.24	4.17	1.42	3.74	1.01	3.17	1.73
方差	0.42	0.00	0.11	0.00	0.58	0.00	0.08	0.00	0.23	0.00

从表 4-6 可见，化石能源用地占西北各省区总生态足迹的绝大部分。
2012~2017 年，西北各省区化石能源用地占总生态足迹的 70% 左右。
其中，新疆从 2012 年 62.31% 增长到 2017 年的 70.83%，增长了 8.52 个
百分点，年均增速 1.42%，增速最快。宁夏化石能源用地占比增长了 0.01

个百分点，增长速度最慢。而 2012 ~ 2017 年新疆煤炭消费量增长了
40.15%，陕西为 23.19%，全国为 -1.9%，宁夏为 8.54%，对比发现，
能源消费量的增加与化石能源用地的增加有着明显的相关性。造成这个结
果的原因有两点：一是在生态足迹计算中化石能源用地的均衡因子为
1.28，本身权重较大。二是跟地区经济发展方式有关。西北地区地处大陆
腹地，能源储藏丰富，常年来经济发展依靠大量资源投入，能源需求量
大，导致化石能源用地在生态足迹中占比较大。

表 4 - 6   2012 ~ 2017 年西北各省区生态足迹的主要构成

单位:%

年份	陕西		甘肃		新疆		宁夏		青海	
	耕地	化石能源用地	耕地	化石能源用地	耕地	化石能源用地	耕地	化石能源用地	草地	化石能源用地
2012	15.39	68.35	24.67	71.94	23.00	62.31	14.78	70.45	14.86	73.74
2013	15.75	69.64	23.22	73.46	23.00	63.72	14.62	70.00	14.50	73.94
2014	14.84	71.40	21.55	75.43	22.00	65.49	14.18	70.40	14.00	74.00
2015	14.16	72.67	20.81	76.43	20.00	68.58	13.94	69.23	13.00	74.00
2016	13.64	72.99	18.82	77.61	19.00	69.43	13.12	70.14	12.00	75.00
2017	14.61	72.87	19.63	76.31	20.00	70.83	14.11	70.46	13.15	75.51
均值	14.73	71.32	21.45	75.20	21.17	66.73	14.13	70.11	13.59	74.37
方差	0.00	0.00	0.00	0.00	0.00	0.00	0.00	0.00	0.00	0.00

四　总水足迹与总水资源承载力的计算结果分析

西北地区总水足迹与总水资源承载力的计算结果见表 4 - 7。2012 ~
2017 年，西北地区总水足迹均值为 2930.63 万公顷，总水资源承载力均
值为 829.24 万公顷，总水资源赤字均值为 2101.40 万公顷，人均水足迹
均值为 1.57 公顷，人均水资源承载力均值为 0.64 公顷，人均水资源赤
字均值为 0.93 公顷。六年间，总水资源赤字增长了 7.20%，人均水资
源赤字增长了 18.29%，水资源承载力的下降是水资源出现赤字的主要
原因，而水资源承载力下降主要是由于近年来水资源总量的下降。

表 4 – 7   2012 ~ 2017 年西北地区总水足迹和总水资源承载力

年份	EF_w	EC_w	ED_w	ef_w	ec_w	ed_w
2012	2949. 80	963. 53	1986. 28	1.61	0.79	0.82
2013	2959. 89	851. 16	2108. 72	1.61	0.62	0.98
2014	2938. 30	832. 02	2106. 28	1.57	0.68	0.89
2015	2938. 76	775. 76	2163. 01	1.55	0.56	0.99
2016	2881. 21	766. 50	2114. 71	1.48	0.57	0.92
2017	2915. 84	786. 46	2129. 38	1.59	0.62	0.97
均值	2930. 63	829. 24	2101. 40	1.57	0.64	0.93
方差	801. 93	5429. 71	3617. 17	0.00	0.01	0.00

说明：EF_w、EC_w、ED_w 单位为万公顷；ef_w、ec_w、ed_w 的单位为公顷。

西北各省区总水足迹和总水资源承载力的计算结果见表 4 – 8。2012 年，新疆总水足迹最大，为 9754. 22 万公顷，青海最小为 436. 36 万公顷。2012 ~ 2017 年，陕西、甘肃和青海三省总水足迹分别增长了 3.67%、6.19% 和 5.71%。新疆和宁夏的总水足迹出现了下降，分别下降了 3.44% 和 2.96%。总水足迹均值最大的是新疆，为 9565. 83 万公顷，最小的是青海，为 449. 19 万公顷。总水足迹的变化主要来自两个方面：一是人口的增长，人口增长率总是正的，二是人均水资源消费量的变化，人均水资源消费量变化反映在人均水足迹的变化上。因此，新疆、宁夏两区总水足迹的减少是由于人均水资源消费量的减少。而陕西、甘肃和青海在过去六年间人口增长率分别为 1.9%、1.4% 和 4.1%。因此，甘肃总水足迹增长的主要原因也是人均水资源消费量的增长，而青海总水足迹的增长是人口膨胀引起的。从表 4 – 8 可见，西北各省区中除新疆外总水资源承载力都出现了下降。2012 年，总水资源承载力最大的为陕西，达到 1755. 56 万公顷，其次是青海，最小为宁夏 4. 29 万公顷。2012 ~ 2017 年，甘肃总水资源承载力下降幅度最大，为 37. 27%。陕西次之，下降了 35. 79%。青海、宁夏分别下降了 28. 20% 和 9. 79%。新疆则增长了 35. 11%。总水资源承载力变化的原因也有两个：一是人口的增长；二是人均水资源承载力的变化，人均水资源承载力的变化主要受到水资源总量变化的影响。由于西北地区人口总是增长的，所以陕西、甘肃、青海、宁夏四省区总水资源承载力的下降主要是因为人均水资源承载力的快速下降。2012 ~ 2017 年，新疆总人口增加了 8.4%，远小于总水资源承载力的增长速度，因此新疆总水资源承载力增长主要是因为人均水资源承载力的增长。

表 4 – 8 2012～2017 年西北各省区总水足迹和总水资源承载力

单位：万公顷

年份	陕西		甘肃		新疆		宁夏		青海	
	EF_w	EC_w	EF_w	EC_w	EF_w	EC_w	EF_w	EC_w	EF_w	EC_w
2012	1455.18	1755.56	1956.99	388.28	9754.22	1012.26	1146.26	4.29	436.36	1657.24
2013	1474.52	1590.52	1970.22	391.12	9719.51	1074.48	1192.21	4.52	442.97	1195.16
2014	1484.44	1580.90	1992.86	288.55	9616.71	817.03	1162.13	3.99	435.36	1469.60
2015	1507.41	1498.90	2016.33	239.71	9540.34	1045.61	1163.62	3.65	466.11	1090.92
2016	1500.80	1220.61	2034.18	244.94	9345.31	1228.93	1072.71	3.81	453.05	1134.24
2017	1508.53	1127.28	2078.16	243.58	9418.91	1367.71	1112.31	3.87	461.27	1189.84
均值	1488.48	1462.30	2008.12	299.36	9565.83	1091.00	1141.54	4.02	449.19	1289.50
方差	446.44	57699.95	1987.14	5214.92	26512.28	35837.16	1818.63	0.11	168.34	50008.11

西北各省区人均水足迹和人均水资源承载力的计算结果见表 4 – 9。2012 年，新疆人均水足迹最大，为 4.37 公顷，陕西最小，为 0.39 公顷。2012～2017 年，陕西、甘肃和青海三省人均水足迹分别增加了 2.56%、6.58% 和 5.26%。新疆和宁夏出现了下降，分别下降了 3.43% 和 2.82%。人均水足迹均值最大的是新疆，为 4.17 公顷。最小的是陕西，为 0.39 公顷。2012～2017 年，新疆和宁夏人均水足迹都出现了小幅度下降，说明人均水资源消费量减小，社会越来越注重节约用水，但人口的膨胀会导致西北各省区总水足迹继续增加，2013 年新疆水资源的开发已经具有相当规模，水资源开发潜力进一步减小，为了保证经济平稳发展，水资源利用效率必须得到提高。从表 4 – 9 可见，2012 年青海的人均水资源承载力最大，为 2.89 公顷，宁夏的人均水资源承载力最小，为 0.01 公顷。2012～2017 年，甘肃人均水资源承载力下降幅度最大，达到了 40.00%，陕西、青海下降幅度依次变小，分别为 36.17%、28.37%，新疆则增长了 35.56%。2012～2017 年，陕西、甘肃、宁夏和青海四省区水资源总量分别下降了 30.47%、36.91%、11.11% 和 31.62%，新疆则增长了 26.14%。可见水资源总量的变化，是影响人均水资源承载力的主要因素。

表 4 - 9　2012～2017 年西北各省区人均水足迹和人均水资源承载力

单位：公顷

年份	陕西		甘肃		新疆		宁夏		青海	
	ef_w	ec_w	ef_w	ec_w	ef_w	ec_w	ef_w	ec_w	ef_w	ec_w
2012	0.39	0.47	0.76	0.15	4.37	0.45	1.77	0.01	0.76	2.89
2013	0.39	0.42	0.76	0.15	4.29	0.47	1.82	0.01	0.77	2.07
2014	0.39	0.42	0.77	0.11	4.18	0.36	1.76	0.01	0.75	2.52
2015	0.40	0.40	0.78	0.09	4.04	0.44	1.74	0.01	0.79	1.86
2016	0.39	0.32	0.78	0.09	3.90	0.51	1.59	0.01	0.76	1.91
2017	0.40	0.30	0.81	0.09	4.22	0.61	1.72	0.01	0.80	2.07
均值	0.39	0.39	0.78	0.11	4.17	0.47	1.73	0.01	0.77	2.22
方差	0.00	0.00	0.00	0.00	0.03	0.01	0.01	0.00	0.00	0.16

五　经济高质量可持续发展能力的评价

（一）人均生态赤字和人均水资源赤字

西北地区人均生态赤字和人均水资源赤字的计算结果见表 4 - 10。2012～2017 年，西北地区人均生态赤字为 2.18 公顷，人均水资源赤字为 0.93 公顷；人均生态赤字增长了 66.25%，年均增速 11.04%；人均水资源赤字增长了 18.29%，年均增速 3.05%。从表 4 - 10 可见，西北地区人均生态赤字和人均水资源赤字逐年变大，反映生态环境对西北地区可持续发展能力的支撑减弱。

表 4 - 10　2012～2017 年西北地区人均生态赤字和人均水资源赤字

单位：公顷，立方米

年份	ed	ed_w
2012	1.60	0.82
2013	1.87	0.98
2014	2.12	0.89
2015	2.35	0.99
2016	2.49	0.92
2017	2.66	0.97
均值	2.18	0.93
方差	0.16	0.00

西北各省区人均生态赤字和人均水资源赤字的计算结果见表4-11。2012年，人均生态赤字最大的地区是宁夏，为2.45公顷，最小的地区是青海，为0.72公顷。2012～2017年，青海人均生态赤字增长最快，达到了184.72%，其次是陕西，人均生态赤字增长了108.50%，甘肃和新疆分别增长了67.67%、107.54%，宁夏增长最少，为26.12%。2012～2017年，人均生态赤字均值最大的是新疆，为2.41公顷；宁夏、陕西、甘肃依次减少，青海最少为1.33公顷。各省区人均生态赤字逐渐变大，反映了西北省区生态足迹扩张的速度大于其生态承载力提高的速度。2012年，甘肃、新疆和宁夏三省区出现了人均水资源赤字，其中最大的是新疆，为3.91公顷，其次是宁夏1.77公顷，最小的是甘肃0.61公顷。2016～2014年，陕西省三年间人均水资源盈余，从2015年开始出现人均水资源赤字。青海则出现了人均水资源盈余。2012～2017年，由于水资源承载力下降，甘肃省人均水资源赤字增长了18.03%，是人均水资源赤字增长最快的省。人均水资源赤字均值最大的是新疆，为3.01公顷。到了2017年，除青海外，其余四省区都出现了人均水资源赤字。新疆最大为3.61公顷，陕西最小，为0.10公顷。从趋势来看，陕西、甘肃、青海三省水资源环境逐渐恶化，水资源生态压力加大。新疆、宁夏水资源环境虽然在改善中，但水资源赤字却位列西北地区第一、第二。

表4-11　2012～2017年西北各省区人均生态赤字和人均水资源赤字

单位：公顷

年份	陕西		甘肃		新疆		宁夏		青海	
	ed	ed_w	ed	ed_w	ed	ed_w	ed	ed_w	ed	ed_w
2012	1.53	0.08	1.33	0.61	1.99	3.91	2.45	1.77	0.72	2.13
2013	1.84	0.03	1.53	0.61	2.29	3.82	2.56	1.82	1.15	1.30
2014	2.38	0.03	1.76	0.66	2.46	3.83	2.65	1.75	1.37	1.77
2015	2.78	0.002	1.91	0.68	2.73	3.60	2.73	1.74	1.60	1.06
2016	2.88	0.07	2.01	0.69	2.95	3.38	2.88	1.58	1.72	1.15
2017	3.19	0.10	2.23	0.72	4.13	3.61	3.09	1.71	2.05	1.27
均值	2.21	0.02	1.60	0.57	2.41	3.01	2.34	1.42	1.33	1.14
方差	1.74	0.00	0.73	0.08	2.46	2.26	1.40	0.49	0.63	0.29

（二）万元 GDP 生态足迹

西北地区万元 GDP 生态足迹的计算结果见表 4 - 12。2012~2017 年，西北地区万元 GDP 生态足迹均值为 0.92 公顷，增长 4.44%，反映了西北地区资源利用效率正在下降，对西北地区可持续发展能力造成阻碍。

2012 年，西北各省区万元 GDP 生态足迹最小的是陕西，为 0.65 公顷，最大的是甘肃，为 1.16 公顷。这说明 2012 年陕西的资源利用效率最高，甘肃最低。2012~2017 年，除宁夏外各省区的万元 GDP 生态足迹都在逐渐增大，其中陕西增长了 20.00%，甘肃增长了 1.72%，新疆增长了 6.86%，青海增长了 8.11%；而宁夏下降了 11.70%。反映了陕西、甘肃、新疆、青海四省区的资源利用效率在逐渐下降，宁夏的资源利用效率则在提高。2012~2017 年，西北各省区万元 GDP 生态足迹均值最小的是陕西 0.73 公顷，说明其平均资源利用效率最高；最大的是甘肃 1.16 公顷，反映其平均资源利用效率最低。

表 4 - 12   2012~2017 年西北各省区万元 GDP 生态足迹

单位：公顷

年份	陕西	甘肃	新疆	宁夏	青海	西北地区
2012	0.65	1.16	1.02	0.94	0.74	0.90
2013	0.65	1.13	0.99	0.90	0.78	0.89
2014	0.72	1.15	0.96	0.87	0.79	0.90
2015	0.79	1.19	1.04	0.87	0.81	0.94
2016	0.76	1.17	1.08	0.84	0.79	0.93
2017	0.78	1.18	1.09	0.83	0.80	0.94
均值	0.73	1.16	1.03	0.88	0.79	0.92
方差	0.00	0.00	0.00	0.00	0.00	0.00

（三）生态足迹的多样性

2012~2017 年，西北地区生态足迹多样性指数均值为 0.87，五年下降了 5.56%，说明西北地区生态系统稳定性正在变弱，反映了西北地区发展的不可持续性。

西北各省区生态足迹多样性指数的计算结果见表 4-13。2012~2017年，西北各省区生态足迹多样性指数均值最大的是新疆，为 0.98，最小的是甘肃，为 0.69，反映了新疆生态系统的稳定性最好，甘肃最差。2012~2017年，西北各省区除宁夏外生态足迹多样性指数都有所下降，说明西北地区生态系统稳定性逐渐变差，可持续发展能力变弱。六年间，新疆的生态足迹多样性指数下降最多，为 12.38%。原因在于 2012~2017 年新疆化石能源用地增速最快，达到了 8.52 个百分点，生态足迹中各种土地类型需求不均衡导致了生态足迹多样性指数变小。而宁夏多样性指数增长了4.35%，反映了宁夏生态系统稳定性增强，发展变得更加可持续。

表 4-13　2012~2017 年西北各省区生态足迹多样性指数

年份	陕西	甘肃	新疆	宁夏	青海	西北地区
2012	0.94	0.74	1.05	0.92	0.87	0.90
2013	0.92	0.72	1.02	0.93	0.87	0.89
2014	0.89	0.68	0.99	0.92	0.88	0.87
2015	0.87	0.66	0.95	0.97	0.87	0.86
2016	0.88	0.67	0.93	0.95	0.86	0.86
2017	0.87	0.67	0.92	0.96	0.85	0.85
均值	0.90	0.69	0.98	0.94	0.87	0.87
方差	0.00	0.00	0.00	0.00	0.00	0.00

根据可持续发展的三个评估指标，结果显示：西北地区普遍存在人均生态赤字，资源利用效率在逐年下降，生态系统稳定性逐年变差。因此，总体上西北地区可持续发展能力较弱，生态环境对地区经济发展的支撑能力有限。生态赤字和资源利用效率低是因为西北地区依靠资源拉动经济增长的发展方式粗放。现在，西北地区处于经济增长速度放缓和生态环境保护双重压力叠加的困境，想要突破困境则必须转变发展方式，转变发展理念，推进产业结构升级。这样才能在保护生态环境的情况下加快发展。

六　结论

通过上述研究得出以下结论。

（1）2012~2017年，西北地区生态足迹出现了增长，原因是人口增加

和人的资源消费量增加；生态承载力增长缓慢，主要是因为西北地区生态
环境脆弱，生态系统恢复能力弱。

（2）2012～2017年，西北各省区生态足迹总量和人均量、总生态承载
力都在增长，而人均生态承载力增长缓慢。2012～2017年，西北地区水足
迹和水资源承载力都出现了下降。西北各省区除新疆、宁夏外，总水足迹
都出现了增长，但增长的原因不尽相同，甘肃是因为人均水资源消费量的
增长，青海则主要是因为人口增加，陕西两者皆有。另外新疆、宁夏人均
水足迹出现下降，人均水足迹下降的原因主要在于人均水资源消费减少；
2012～2017年，西北地区除新疆外水资源承载力都出现了下降，下降的主
要原因在于地区水资源总量的下降。

（3）2012～2017年，西北地区总水资源赤字和各省区生态赤字、人均
生态赤字都在变大。这是由于西北各省区除青海外，都存在水资源赤字，
其中陕西、甘肃、青海三省水资源环境正在逐渐恶化。

（4）2012～2017年，西北地区万元GDP生态足迹出现增长；西北各
省区除宁夏外，其余四省区万元GDP生态足迹都在变大，资源利用效率
降低。

（5）2012～2017年，西北地区生态足迹多样性指数下降；西北各省区
除宁夏外，其余四省区生态足迹多样性指数都在变小，经济生态系统稳定
性变差。

通过以上结论，我们可以知道2012～2017年，西北地区经济可持续发
展能力正在变弱，出现了不可持续发展的信号。

为了扭转西北地区经济高质量可持续发展能力变差的状况，本章提出
以下几点建议：继续推行生态保护工程，加大生态保护力度，以改善环
境、提升生态承载力。调整产业结构，发展绿色产业、高新技术产业、附
加值高的产业，降低经济发展对资源和化石能源的依赖，提高资源利用效
率。加大对风电、太阳能等绿色能源的使用，减少化石能源的使用，以增
强地区生态承载力。在社会上开展节水教育，提高社会用水效率，减少水
资源浪费；保护江河湖泊，预防水资源总量的减少。

参考文献

陈东景、徐中民、程国栋、张志强：《中国西北地区生态足迹》，《冰川冻土》

2001 年第 23 卷第 2 期。

张志、强徐中民、程国栋、陈东景：《中国西部 12 省（区市）的生态足迹》，《地理学报》2001 年第 56 卷第 5 期。

杨屹、加涛：《21 世纪以来陕西生态足迹和承载力变化》，《生态学报》2015 年第 35 卷第 24 期。

张娜、牛翠萍：《新疆经济可持续发展的动态演进分析》，《石河子大学学报》2017 年第 31 卷第 6 期。

徐忠民、张志强、程国栋：《甘肃省 1998 年生态足迹计算与分析》，《地理学报》2000 年第 55 卷第 5 期。

徐中民、程国栋、张志强、《生态足迹方法：可持续定量研究的新方法》，《生态学报》2001 年第 21 卷第 9 期。

范晓秋：《水资源生态足迹研究与应用》，河海大学硕士学位论文，2005。

陈惠雄、鲍海君：《经济增长、生态足迹与可持续发展能力》，《中国工业经济》2008 年第 8 期。

黄林楠、张伟新、姜翠玲、范晓秋：《水资源生态足迹计算方法》，《生态学报》2008 年第 28 卷第 3 期。

雷亚君、张永福、张敏惠、梁雪梅、邵新娟：《新疆水资源足迹生态核算与预测》，《干旱地区农业研究》2017 年第 35 卷第 5 期。

D. Lin, L. Han Scom, J. Martindill, M. Borucke, L. Cohen, E. Lazarus, G. Zokai, K. Iha, D. Eaton, M. Wackernagel. *Working Guidebook to the National Foot Print Accounts: 2016 Edition*, Dakland: Global Foot Print Net Work.

第五章
西北地区全面建成小康社会评价

　　全面建成小康社会的目标提出共经历了三个阶段：第一个阶段是1982～2001年。1982年党的十二大首次提出"小康建设"的理念。1984年从经济发展方面提出"到20世纪末，国民生产总值人均达800美元的小康建设目标"。第二个阶段是2002～2011年。2002年党的十六大从经济、民主、科教、社会、人民生活等方面提出要全面建设小康社会的宏伟目标，即"实现国内生产总值到2020年比2000年翻两番"。第三个阶段是2012～2020年。2012年党的十八大从经济、政治、文化、社会、生态环境五大方面提出要全面建成小康社会的新目标，即"到2020年实现国内生产总值和城乡居民收入比2010年翻一番"。党的十九大指出："从现在到2020年，是全面建成小康社会决胜期"。习近平总书记对小康社会的建成做过深入解读："全面建成小康社会指的是建设的目标要达到'小康'，实现的范围要'全面'。'全面'意味着覆盖的领域要全面，覆盖的人口要全面，覆盖的区域要全面。其中，覆盖的区域要全面是指全国各个地区都要迈入小康社会。但是目前部分农村、特别是西部地区发展仍然滞后，只有把落后地区的发展搞上去，才能真正实现全面小康"。这一讲话明确了建成小康社会的特征就是"全面"，能否实现全面的重点在"西部地区"，特别是"西北地区"。西北地区在我国具有重要的经济社会地位，其范围包括陕西、甘肃、青海、宁夏、新疆5个省、自治区，面积为320万平方公里，占全国国土面积的1/3。截至2017年底，西北地区人口数量超过1亿，占全国总人口的7.34%，乡村人口占全国乡村人口的8.56%；2017年，西北地区GDP为

46309.06 亿元，占全国 GDP 的 5.47%；人均 GDP 为 45463.44 元，是全国人均水平的 76.8%；居民人均可支配收入 19236.8 元，是全国人均水平的 74.06%。西北地区地广人稀，经济发展水平仍然较低，人均收入和全国相比有较大差距。西北地区的经济发展关乎小康社会的全面建成，西北地区能否达到全面建成小康社会的目标是政府和学者亟须关注的问题，本章试图回答这一问题。研究安排是厘清西北地区小康社会发展的现状，预测 2020 年西北地区小康社会实现程度，对照建设目标找出发展中的差距，最后提出相应的对策建议。

一 全面小康建设评价指标体系

（一）全面建成小康社会的评价指标体系及目标值

20 世纪 90 年代中期，国家统计局制定了《全国人民小康生活水平的基本标准》的评价指标体系。指标体系包括 5 个一级指标：经济发展、精神生活、物质生活、人口素质和生活环境，共 16 个二级指标；2008 年，国家统计局对之前指标体系做了补充和调整，建立了反映和监测小康社会建设进程的更科学的指标体系，具体包括经济发展、民主法制、生活质量、社会和谐、文化教育、资源环境 6 个一级指标，共 23 个二级指标；2013 年，国家统计局根据党的十八大提出的新要求，对全面建成小康社会指标体系进行了进一步细化和完善，形成了《全面建成小康社会统计监测指标体系》，包括经济发展、民主法制、文化建设、人民生活、资源环境 5 个一级指标，共 39 个二级指标。目前，全国各省各地区基本采用该指标体系比对全面小康社会的实现程度。因此，本章依据 2013 年国家统计局制定的指标体系和 2020 年各指标的实现目标值进行西北全面建成小康社会的现状分析，指标体系如表 5-1 所示。

表 5-1 全面建成小康社会统计监测指标体系 2020 年目标值及权重

指 标	权重（%）	目标值（2020 年）	指标属性
一、经济发展	22.0		
1. 人均 GDP（2010 年不变价）（元）	4.0	≥57000	正向

续表

指　标	权重 （%）	目标值 （2020 年）	指标属性
2. 第三产业增加值占 GDP 比重（%）	2.0	≥47	正向
3. 居民消费支出占 GDP 比重（%）	2.5	≥36	正向
4. R&D 经费支出占 GDP 比重（%）	1.5	≥2.5	正向
5. 每万人发明专利拥有量（件）	1.5	≥3.5	正向
6. 工业劳动生产率（万元/人）	2.5	≥12	正向
7. 互联网普及率（%）	2.5	≥50	正向
8. 城镇人口比重（%）	3.0	≥60	正向
9. 农业劳动生产率（万元/人）	2.5	≥2	正向
二、民主法制	10.5		
1. 基层民主参选率（%）	3.5	≥95	正向
2. 廉政指数	0	≥8	正向
3. 社会安全指数	4.0	100	正向
4. 每万人拥有律师数（名）	3.0	≥2.3	正向
三、文化建设	11.0		
1. 文化产业增加值占 GDP 比重（%）	0	≥5	正向
2. 人均公共文化财政支出（元）	2.5	≥150	正向
3. 有线广播电视入户率（%）	3.0	≥60	正向
4. 每万人拥有"三馆一站"公共文化设施建筑面积（平方米）	2.5	≥400	正向
5. 城乡居民文化娱乐服务支出占家庭消费支出比重（%）	3.0	≥5	正向
四、人民生活	21.5		
1. 城乡居民人均收入（2010 年不变价）（元）	4.0	≥25000	正向
2. 地区人均基本公共服务支出差异系数（%）	0	≤60	逆向
3. 失业率（%）	2.0	≤6	逆向
4. 恩格尔系数（%）	2.0	≤40	逆向
5. 基尼系数	0	0.3~0.4	逆向
6. 城乡居民收入比（以乡为1）	3.0	≤2.8	逆向

续表

指　　标	权重 （%）	目标值 （2020 年）	指标属性
7. 城乡居民家庭人均住房面积达标率（%）	0	≥60	正向
8. 公共交通服务指数	2.0	=100	正向
9. 平均预期寿命（岁）	2.0	≥76	正向
10. 平均受教育年限（年）	2.0	≥10.5	正向
11. 每千人口拥有执业医师数（人）	1.5	≥1.95	正向
12. 基本社会保险覆盖率（%）	0	≥95	正向
13. 农村自来水普及率（%）	1.5	≥80	正向
14. 农村卫生厕所普及率（%）	1.5	≥75	正向
五、资源环境	20.0		
1. 单位 GDP 能耗（2010 年不变价）（吨标准煤/万元）	3.0	≤0.6	逆向
2. 单位 GDP 水耗（2010 年不变价）（立方米/万元）	3.0	≤110	逆向
3. 单位 GDP 建设用地占用面积（2010 年不变价）（公顷/万元）	3.0	≤60	逆向
4. 单位 GDP 二氧化碳排放量（2010 年不变价）（吨/万元）	0	≤2.5	逆向
5. 环境质量指数	4.0	=100	正向
6. 主要污染物排放强度指数	4.0	=100	正向
7. 城市生活垃圾无害化处理率（%）	3.0	≥85	正向

说明：各地区单位 GDP 二氧化碳排放量、基尼系数、廉政指数、文化产业增加值占 GDP 比重、城乡居民家庭人均住房面积达标率、基本社会保险覆盖率、人均基本公共服务支出差异系数数据缺失严重，所赋权重为 0。

（二）全面建成小康社会指标评价方法

单项指标的评价方法采用实现值与目标值的对比方法，具体计算公式如下所示：

$$z_i = \begin{cases} \dfrac{x_i}{x_i^*} \times 100\% & \text{（正向指标）} \\[2ex] \dfrac{x_i^*}{x_i} \times 100\% & \text{（逆向指标）} \end{cases} \qquad (1)$$

其中，z_i 为指标 x_i 的评价值，x_i 为实际值，x_i^* 为标准值。

多项指标的综合评价方法采用单项指标评价结果加权平均法，计算公式如下：

$$F_j = \sum_{i=1_j}^{n_j} w_i z_i / \sum_{i=1_j}^{n_j} w_i \times 100\% \tag{2}$$

其中，F_j（$j=1$，2，3，4，5）为第 j 个二级指标的实现程度，设第 j 个二级指标下有 n_j 个三级指标，每一个三级指标权重为 w_i，权重 w_i 为国家统计局给出的固定值。

一级指标实现程度为二级指标的加权平均，计算公式如下：

$$F = \sum_{j=1}^{5} F_j W_j / \sum_{j=1}^{5} W_j \times 100\% \tag{3}$$

F 表示全面建成小康社会的实现程度，W_j 为各二级指标权重，权重 W_j 为国家统计局给出的固定值，F 越接近 100% 说明小康社会实现程度越高。

二 西北地区全面建成小康社会的现状分析

（一）西北地区总体小康社会实现程度分析

1. 单项指标实现程度分析

根据以上指标体系和各指标的目标值进行测算，西北地区 2017 年全面小康社会单项指标实现程度如表 5-2 所示。

表 5-2 2017 年西北地区全面小康社会各单项指标实现程度

一级指标	二级指标	实现程度（%）
经济发展	1. 人均 GDP（2010 年不变价）（元）	74.92
	2. 第三产业增加值占 GDP 比重（%）	100.00
	3. 居民消费支出占 GDP 比重（%）	100.00
	4. R&D 经费支出占 GDP 比重（%）	57.20
	5. 每万人发明专利拥有量（件）	100.00
	6. 工业劳动生产率（万元/人）	100.00
	7. 互联网普及率（%）	100.00

一级指标	二级指标	实现程度（%）
经济发展	8. 城镇人口比重（%）	87.82
	9. 农业劳动生产率（万元/人）	100.00
民主法制	1. 基层民主参选率（%）	87.85
	2. 社会安全指数	85.56
	3. 每万人拥有律师数（名）	82.49
文化建设	1. 人均公共文化财政支出（元）	100.00
	2. 有线广播电视入户率（%）	54.00
	3. 每万人拥有"三馆一站"公共文化设施建筑面积（平方米）	100.00
	4. 城乡居民文化娱乐服务支出占家庭消费支出比重（%）	100.00
人民生活	1. 城乡居民人均收入（2010年不变价）（元）	76.95
	2. 失业率（%）	100.00
	3. 恩格尔系数（%）	100.00
	4. 城乡居民收入比（以乡为1）	93.01
	5. 公共交通服务指数	94.31
	6. 平均预期寿命（岁）	95.42
	7. 平均受教育年限（年）	84.00
	8. 每千人口拥有执业医师数（人）	100.00
	9. 农村自来水普及率（%）	100.00
	10. 农村卫生厕所普及率（%）	94.29
资源环境	1. 单位GDP能耗（2010年不变价）（吨标准煤/万元）	44.00
	2. 单位GDP水耗（2010年不变价）（立方米/万元）	53.15
	3. 单位GDP建设用地占用面积（2010年不变价）（公顷/万元）	61.34
	4. 环境质量指数	85.07
	5. 主要污染物排放强度指数	100.00
	6. 城市生活垃圾无害化处理率（%）	100.00

资料来源：西北地区各省区市2018年统计年鉴及统计公报。

由表5-2可见，2017年经济发展一级指标下面的9项二级指标中有6

项实现程度达到 100%，实现程度在 80%~90% 之间的指标 1 项，70%~80% 之间的指标 1 项，70% 以下的指标 1 项。实现程度最低的指标是 R&D 经费支出占 GDP 比重，仅为 57.20%，距离目标值 42.80 个百分点；民主法制一级指标下面的 3 项二级指标实现程度均介于 80%~90% 之间。实现程度最低的指标是每万人拥有律师数，为 82.49%，与目标值相差 17.51 个百分点；文化建设一级指标下面的 4 项二级指标中有 3 项实现程度达 100%，剩余 1 项指标实现程度在 60% 以下。实现程度最低的是有线广播电视入户率，为 54%，与目标值相差 46 个百分点；人民生活一级指标下面的 10 项二级指标中有 4 项实现程度达到 100%，实现程度在 90%~100% 的指标有 4 项，实现程度在 80%~90% 的指标有 1 项，实现程度在 70%~80% 的指标有 1 项。实现程度最低的是城乡居民人均收入，为 76.95%，与目标值相差 23.05 个百分点；资源环境一级指标下面的 6 项二级指标中有 2 项指标达到 100%，实现程度在 80%~90% 的指标 1 项，实现程度在 70% 以下的有 3 项。实现程度最低的是单位 GDP 能耗，为 44%，与目标值相差 56 个百分点。

2017 年西北地区小康社会实际测算的 32 项单指标中有 15 项实现程度已达 100%，实现程度在 90%~100% 之间的指标 4 项，80%~90% 之间的指标 6 项，70%~80% 之间的指标 2 项，70% 以下的指标 5 项。所有二级指标中实现程度最低的是单位 GDP 能耗。

2. 综合指标实现程度分析

2010~2017 年西北地区全面小康社会综合指标实现程度如表 5－3 所示。

从表 5－3 中可以看出，2010~2017 年西北地区小康社会实现程度逐年上升，年平均增长率达 3.31%，2017 年实现程度距离目标值差 13.53 个百分点。从二级指标实现程度来看，2017 年各二级指标实现程度从高到低依次为：人民生活、经济发展、文化建设、民主法制、资源环境。经济发展实现程度的年平均增长率最高，为 5.28%，且其增速逐年提高，2017 年实现程度距离目标值差 9.14 个百分点；民主法制实现程度的年均增长率为 2.18%，每年增速平稳上升，2017 年实现程度距离目标值 14.55 个百分点；由于有线广播电视入户率自 2015 年以来不断降低，文化建设实现程度的平均增长率自 2015 年连续下降，到 2017 年甚至出现 -0.09% 的增长，2017 年实现程度距离目标值 12.55 个百分点，同 2010 年实现程度相当；人民生活实现程度的平均增长率为 2.62%，增速稳步提高，2017 年实现程度距离目标值 8.11 个百分点；资源环境实现程度的平均增长率为 5.11%，增速显著提升，但 2017 年实现程度与目标值仍相差 24.21 个百分点，差距较大。

表 5 – 3　2010～2017 年西北地区小康社会综合指标实现程度

单位：%

年份	2010	2011	2012	2013	2014	2015	2016	2017
经济发展	63.39	68.21	73.08	78.50	81.52	86.26	88.52	90.86
民主法制	73.47	74.93	76.18	78.48	79.97	81.43	82.58	85.45
文化建设	87.98	88.79	89.86	90.28	90.85	91.43	90.18	87.45
人民生活	76.70	79.35	81.88	83.84	86.20	87.49	88.44	91.89
资源环境	53.48	53.29	55.41	58.88	60.61	62.67	73.80	75.79
小康实现程度	68.85	71.01	73.70	76.75	78.80	81.12	84.57	86.47

（二）西北各省区小康社会实现程度分析

2017 年西北各省区小康社会实现程度及排名情况如表 5 – 4 所示。

2017 年西北地区小康社会实现程度为 86.47%（见表 5 – 4）。西北地区各省区中唯有陕西省小康社会实现程度超过了西北地区平均水平。小康社会实现程度在 80%～90% 之间的省区有 4 个，实现程度从高到低分别是陕西、宁夏、青海、新疆；仅甘肃小康社会实现程度低于 80%，为 77.67%。西北地区 5 个省区小康社会实现程度极差达到 17.11 个百分点。各二级指标实现程度的标准差从小到大依次为：人民生活（4.56 个百分点）、文化建设（5.70%）、民主法制（8.57%）、经济发展（9.16%）、资源环境（12.77%）。由此可见，西北地区各省区人民生活实现程度最为均衡，资源环境实现程度差异较大。

表 5 – 4　2017 年西北各省区小康社会实现程度及排名情况

单位：%

地区	经济发展	排名	民主法制	排名	文化建设	排名	人民生活	排名	资源环境	排名	总体小康	排名
陕西	94.47	1	94.21	1	97.32	1	90.78	3	98.34	1	94.78	1
甘肃	70.31	5	73.60	5	83.55	5	83.22	5	78.69	3	77.67	5

续表

地区	经济发展	排名	民主法制	排名	文化建设	排名	人民生活	排名	资源环境	排名	总体小康	排名
青海	84.08	3	76.49	4	84.14	4	90.72	4	83.20	2	84.62	3
宁夏	90.23	2	88.01	2	87.32	2	94.78	1	67.95	4	85.48	2
新疆	83.23	4	79.19	3	84.95	3	93.93	2	67.23	5	81.90	4
均值	84.45		82.29		87.46		90.69		79.08		86.47	
标准差	9.16		8.57		5.70		4.56		12.77		5.86	

宁夏和新疆发展结构相似，在人民生活方面拥有明显优势，但资源环境是限制建成全面小康社会的短板，阻碍全面建成小康社会进度；青海的资源环境优势显著，但在民主法制、文化建设、人民生活三方面的低水平综合作用，拖慢了建成小康社会进程，使小康社会建设不占优势；甘肃整体水平处于下游，在经济发展、民主法制、文化建设、人民生活方面均滞后于其他省区，总体小康实现程度排名垫底，全面建成小康社会阻力较大；陕西各项二级指标实现程度较为均衡，在西北各省区中最接近全面小康建设目标。

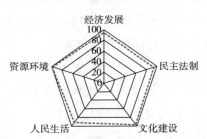

图 5 - 1　2017 年陕西小康各项指标实现程度雷达示意（单位：%）

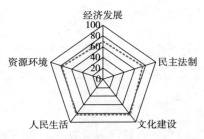

图 5 - 2　2017 年甘肃小康各项指标实现程度雷达示意（单位：%）

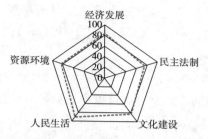

图 5 - 3　2017 年青海小康各项指标实现程度雷达示意（单位：%）

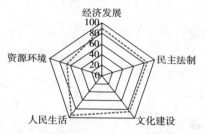

图 5 - 4　2017 年宁夏小康各项指标实现程度雷达示意（单位：%）

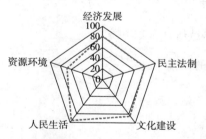

图 5 - 5　2017 年新疆小康各项指标实现程度雷达示意（单位：%）

三　西北地区全面建成小康社会进程预测及差距分析

（一）灰色预测模型

GM（1，1）是一阶一元灰色预测模型，该模型只运用时间序列自身的信息，而不需要对时间序列做任何限制，灰色预测就是关于要预测的系统拥有较少内部信息，即更适用于预测时间序列短、统计数据少的样本。因此本章预测方法选取 GM（1，1）灰色预测模型。模型计算过程如下：

假设原始时间序列，$x^{(0)}(1), x^{(0)}(2), \cdots, x^{(0)}(k), \cdots x^{(0)}(n), k = 1, 2, \cdots, n$

对原始时间序列进行一次累加生成累加时间序列，该时间序列具有递增性，$x^{(1)}(1),x^{(1)}(2),\cdots,x^{(1)}(k),\cdots x^{(1)}(n),k=1,2,\cdots,n$

其中，$x^{(1)}(k)=\sum_{i=1}^{k}x^{(0)}(i),i=1,2,\cdots,n$

显然通过累加时间序列差分就可以得到原始时间序列：

$x^{(0)}(k)=x^{(1)}(k)-x^{(1)}(k-1),k=1,2,\cdots,n$，规定：$x^{(1)}(0)=0$

记，$z^{(1)}(k)=\frac{1}{2}(x^{(1)}(k)+x^{(1)}(k-1)),k=2,3,\cdots,n$

设累加时间序列满足微分方程：$\frac{dx^{(1)}(t)}{dt}+ax^{(1)}(t)=u$，初始条件为：

$x^{(1)}(t)=x^{(1)}(t_0)$ (4)

微分方程（4）的解：$x^{(1)}(t)=\left(x^{(1)}(t_0)-\frac{u}{a}\right)e^{-a(t-t_0)}+\frac{u}{a}$

如果时间间隔是离散的，$t_0=1,t_1=2,\cdots t_k=k+1$，则上式为：

$$x^{(1)}(k+1)=\left(x^{(1)}(1)-\frac{u}{a}\right)e^{-ak}+\frac{u}{a},k=1,2,\cdots,n \tag{5}$$

灰色建模的关键是估计常数 a,u

微分方程（4）的离散形式 $\frac{\Delta x^{(1)}(t)}{\Delta t}+ax^{(1)}(t)=u$ (6)

$\Delta t=t_{k+1}-t_k=k-(k-1)=1,\Delta x^{(1)}=x^{(1)}(k)-x^{(1)}(k-1)=x^{(0)}(k)$

于是由（6）得到：

$$x^{(0)}(2)+ax^{(1)}(2)=u$$
$$x^{(0)}(3)+ax^{(1)}(3)=u$$
$$x^{(0)}(4)+ax^{(1)}(4)=u$$
$$\cdots$$
$$x^{(0)}(n)+ax^{(1)}(n)=u$$

由于差分方程涉及两个时间节点，所以在上面方程组中用 $z^{(1)}(k)$ 代替 $x^{(1)}(k)$，并移项成矩阵形式

$$\begin{pmatrix}x^{(0)}(2)\\x^{(0)}(3)\\\vdots\\x^{(0)}(n)\end{pmatrix}=\begin{pmatrix}-z^{(1)}(2)&1\\-z^{(1)}(3)&1\\\vdots\\-z^{(1)}(n)&1\end{pmatrix}\begin{pmatrix}a\\u\end{pmatrix}$$

其中记，
$$B = \begin{pmatrix} -z^{(1)}(2) & 1 \\ -z^{(1)}(3) & 1 \\ \vdots & \vdots \\ -z^{(1)}(n) & 1 \end{pmatrix} \qquad Y = \begin{pmatrix} x^{(0)}(2) \\ x^{(0)}(3) \\ \vdots \\ x^{(0)}(n) \end{pmatrix}$$

运用最小二乘法求解参数向量 a 和 u。计算方法为：$(\hat{a}, \hat{u})^T = (B^T B)^{-1} B^T Y$

把估计值带入方程（5）的时间响应方程：$\hat{x}^{(1)}(k+1) = \left[x^{(1)}(1) - \dfrac{\hat{u}}{\hat{a}} \right] e^{-\hat{a}k}$ $+ \dfrac{\hat{u}}{\hat{a}}$，当 $k = 1, 2, \cdots, n-1$ 时计算得到的 $\hat{x}^{(1)}(k+1)$ 是拟合值，当 $k > n$ 时计算得到的 $\hat{x}^{(1)}(k+1)$ 是预测值。再应用差分运算还原就可以得到原始时间序列的拟合值和预测值，当 $k = 1, 2, \cdots, n-1$ 时计算得到的 $\hat{x}^{(0)}(k+1)$ 是拟合值，当 $k > n$ 时计算得到的 $\hat{x}^{(0)}(k+1)$ 是预测值。

总结 GM（1，1）模型预测步骤：

1. 由原始时间序列得到累加时间序列；

2. 建立矩阵 B, Y；

3. 求逆矩阵 $(B^T B)^{-1}$；

4. 求估计值 $(\hat{a}, \hat{u})^T = (B^T B)^{-1} B^T Y$；

5. 将估计值带入时间响应方程，得到累加时间序列拟合值、预测值，还原得到原始时间序列拟合值、预测值；

6. 精度检验并预测。

（二）模型预测结果及差距分析

2018～2020 年西北地区全面小康建设各指标预测实现程度及 2020 年预测值与目标值之间的差距如表 5-5 所示。

从表 5-5 可知，2020 年西北地区小康社会预测实现程度将达到 95.42%，距离全面实现小康社会的目标值仍有 4.58 个百分点。从各一级指标预测实现程度来看，五个一级指标实现程度与目标值的差距由大到小依次为：文化建设、民主法制、人民生活、资源环境、经济发展，差距分别为：15.00 个、9.34 个、2.88 个、1.43 个、0.00 个百分点。

从单项指标预测结果来看，2020 年预计有 18 项指标实现程度将达到

100%，预期实现程度在 90%~99% 之间的有 5 项，预期实现程度在
80%~89% 的有 4 项，预期实现程度在 80% 以下的有 5 项。经济发展指标
中，R&D 经费支出占 GDP 比重预期实现程度最低，仅为 60.47%，与目标
值相差 39.53 个百分点。民主法制包括的 3 项单指标预期实现程度中仅有
每万人拥有律师数达到 100%，其中社会安全指数预期实现程度最低，为
87.13%，与目标值相差 12.87 个百分点。文化建设指标中，有线广播电视
入户率预期实现程度最低，为 47.34%，与目标值相差 52.66 个百分点；
这也是所有指标中预期实现程度最低的。人民生活指标中，平均受教育年
限预期实现程度最低，为 85.78%，与目标值相差 14.22 个百分点。资源
环境指标中，单位 GDP 能耗预期实现程度最低，为 49.59%，与目标值相
差 50.41 个百分点。

表 5 - 5　2018~2020 年西北地区全面小康建设各指标预测实现程度及
2020 年预测值与目标值差距

类别	2018 年实现程度（%）	2019 年实现程度（%）	2020 年实现程度（%）	与目标差距（个百分点）
小康社会实现程度	89.52	92.42	95.42	4.58
经济发展	94.58	97.92	100.00	0
1. 人均 GDP（2010 年不变价）（元）	80.03	85.33	90.99	9.01
2. 第三产业增加值占 GDP 比重（%）	100.00	100.00	100.00	0
3. 居民消费支出占 GDP 比重（%）	100.00	100.00	100.00	0
4. R&D 经费支出占 GDP 比重（%）	58.80	59.63	60.47	39.53
5. 每万人发明专利拥有量（件）	100.00	100.00	100.00	0
6. 工业劳动生产率（万元/人）	100.00	100.00	100.00	0
7. 互联网普及率（%）	100.00	100.00	100.00	0
8. 城镇人口比重（%）	90.00	93.33	96.67	3.33
9. 农业劳动生产率（万元/人）	100.00	100.00	100.00	0
民主法制	86.86	88.74	90.66	9.34
1. 基层民主参选率（%）	87.99	88.12	88.25	11.75
2. 社会安全指数	86.09	86.61	87.13	12.87
3. 每万人拥有律师数（名）	87.34	94.05	100.00	0
文化建设	87.17	86.08	85.00	15.00

续表

类别	2018 年实现程度（%）	2019 年实现程度（%）	2020 年实现程度（%）	与目标差距（个百分点）
1. 人均公共文化财政支出（元）	100.00	100.00	100.00	0
2. 有线广播电视入户率（%）	53.79	50.46	47.34	52.66
3. 每万人拥有"三馆一站"公共文化设施建筑面积（平方米）	100.00	100.00	100.00	0
4. 城乡居民文化娱乐服务支出占家庭消费支出比重（%）	100.00	100.00	100.00	0
人民生活	93.22	95.15	97.12	2.88
1. 城乡居民人均收入（2010 年不变价）（元）	84.76	96.28	100.00	0
2. 失业率（%）	100.00	100.00	100.00	0
3. 恩格尔系数	100.00	100.00	100.00	0
4. 城乡居民收入比（以乡为1）	92.70	92.64	92.59	7.41
5. 公共交通服务指数	94.43	95.93	97.46	2.54
6. 平均预期寿命（岁）	96.00	96.00	96.00	4.00
7. 平均受教育年限（年）	84.65	85.21	85.78	14.22
8. 每千人口拥有执业医师数（人）	100.00	100.00	100.00	0
9. 农村自来水普及率（%）	100.00	100.00	100.00	0
10. 农村卫生厕所普及率（%）	97.42	100.00	100.00	0
资源环境	83.51	90.73	98.57	1.43
1. 单位 GDP 能耗（2010 年不变价）（吨标准煤/万元）	46.00	47.76	49.59	50.41
2. 单位 GDP 水耗（2010 年不变价）（立方米/万元）	58.33	63.87	69.95	30.05
3. 单位 GDP 建设用地占用面积（2010 年不变价）（公顷/万元）	63.94	66.14	68.42	31.58
4. 环境质量指数	85.22	85.61	85.99	14.01
5. 主要污染物排放强度指数	100.00	100.00	100.00	0
6. 城市生活垃圾无害化处理率（%）	100.00	100.00	100.00	0

四 新时代西北地区全面建成小康社会的对策建议

由前文分析可知，2020年西北地区小康社会预期实现程度与全面建成小康社会目标间仍存在一定差距。因此，为确保2020年西北地区能完成全面建成小康社会的宏伟目标，本章针对关键差距指标，提出以下对策建议。

（一）加大科研经费投入，推动创新驱动发展

R&D经费支出占GDP比重是西北地区2020年经济发展二级指标中预期实现程度最低的二级指标。经测算，2020年R&D经费支出须达到921.75亿元才能实现目标，2017年西北地区R&D经费支出为663.14亿元，2018～2020年需增加258.61亿元，可见西北地区应不断加大研发经费投入力度。首先，加大R&D经费投入应建立以政府投入为导向、企业投入为主体，高校及科研院所参与的多元化投入体系。在加大西北地区政府、企业、高校及科研院所R&D经费支出的同时，需要完善相关资金划拨使用的监管制度，健全激励约束机制，使科研人员按一定比例参与科技成果转化收益分配，促使高校与政企深度融合，建设企业主动、市场引导、政产学研用相结合的科技创新体系，有效提升科研创新能力。其次，应重视如两院院士、"长江学者"和国家杰出青年等中高端人才引进，形成科研创新引领力量。另外，要持续实施东部城市对口支援西北地区人才开发工程，通过提高东西部人才资源流动性扩大西北地区科技创新人才储备，深化各项激励机制和奖评办法改革，充分调动科研人才创新积极性，为西北地区经济社会可持续发展提供强大内生增长动力。此外，西北地区各级政府应明确自身定位，持续推动简政放权，深入推进"放管服"改革，落实各项创新政策法规，为高新技术及创新型企业、高校、科研院所等创新主体营造良好创新环境。

（二）深化社会法治建设，完善社会治安预警机制

民主法制一级指标中，社会安全指数指标是所有二级指标中预期实现程度最低的一项。西北地区社会安全指数如果按5.34%的年平均增长率发展，才能在2020年实现100%的目标值。西北地区社会不安定因素较多且较复杂，社会安全水平较低，社会稳定问题较突出。因此，应深入推进西北地区社会治理制度建设，将权责统一落到实处。健全公共安全体系，完

善安全生产责任制，将问责追责、失责必问落实到位。另外，应持续改善西北地区社会稳定与安全预警机制，加快社会治安防控体系建设，做到预防在先，提升处理突发事件和防灾减灾救灾能力。

（三）增加文化基础设施建设投入，提高文化服务能力

文化建设一级指标包括 4 个二级指标，其中有线广播电视入户率指标预期实现程度最低。如果西北地区有线广播电视入户率年均增长率达到22.8%，方可完成目标，可见任重道远。西北地区文化传播基础设施供给不足，服务能力不强。因此，首先，应加大财政资金向文化硬件基础设施建设的倾斜力度，搭建公共文化设施网络，加大农村电视维修服务网点建设力度，加快推进中央广播电视节目无线数字化覆盖，增强少数民族语言节目制作、译制和传播能力。到 2020 年实现高质量广播电视户户通。继续实施少数民族新闻出版"东风工程"。加快建设或更新改造一批如文化馆、博物馆、图书馆等基本文化设施，通过移动网络、自媒体等当下互联网渠道宣传推广文化设施，鼓励居民前往参观阅览，增长见识。其次，各级政府要建立健全文化知识产权相关法律法规，保护知识产权不受侵害，严厉打击侵权行为，营造文化产业发展良好环境和文化创新风气。再次，要加快组建文化人才队伍，增强文化产业核心竞争力，除从其他地区引进人才外，西北地区也要强化自身"造血"能力，大力支持文化机构培育当地人才。最后，应结合西北各省区不同特点及优势，加强文化产业和其他产业间合作，形成完整文化产业链，打造当地特色文化品牌，通过时下热门媒介宣传，提高其全国乃至全世界知名度，带动当地经济发展。

（四）加大基础教育和高等教育投入力度，提升教育质量

人民生活二级指标中，平均受教育年限指标的预期实现程度最低。根据预测结果，2020 年西北地区平均受教育年限将达到 9 年，与 10.5 年的目标值相差 1.5 年。如果年平均增长率达到 5.98%，方可在 2020 年实现目标。西北地区人均受教育年限较低，受教育程度不高。因此，应着力提高和扩大西北地区中小学教育水平与覆盖面，在进一步普及和巩固九年制义务教育的基础上加快推行十二年义务教育，扩大中小学受教育人数。此外，更加重视发展西北地区高等教育，加大高等教育经费投入力度，提高

高校教职工待遇，吸引更多优秀人才进入西北发展教育事业，提升西北地区高校办学水平和综合实力，提高西北地区人民群众受教育程度，使西北地区能吸引人才，能用好人才，能培育人才，能留住人才，最终从人力资本投资中受益，自我"造血"能力和自我可持续发展能力得到提升。

（五）坚持科技创新，转变经济发展方式，实现绿色发展

资源环境二级指标中，单位 GDP 能耗指标预期实现程度最低，单位 GDP 建设用地占用面积、单位 GDP 水耗和环境质量指数次之，但同样同预期目标间差距悬殊。为达成 2020 年单位 GDP 能耗 0.6 吨标准煤/万元、单位 GDP 水耗 110 立方米/万元、单位 GDP 建设用地占用面积 60 公顷/万元的目标，年均需降低 0.25 吨标准煤/万元、32.32 立方米/万元、12.60 公顷/万元，可见任务非常艰巨。同西北地区经济社会发展相伴随的高耗能高排放问题非常严峻，新能源开发利用水平低。对此，首先，应加大节能减排方面资金、技术和人力等资源的投入力度，依据西北地区生态环境承载能力，合理开发利用资源，通过各种途径提高能源加工水平和综合利用水平，推行资源节约集约循环利用，通过补贴等方式鼓励企业淘汰高耗能、高污染设备和生产方式，更换低功耗、清洁生产设备，推行清洁生产。其次，因地制宜，根据西北不同地区地理环境条件，制定税收优惠或税收返还等优惠政策，鼓励企业开发利用风能、水能和太阳能等新能源进行绿色清洁生产活动，替代传统能源，增强西北地区能源消费可持续发展能力。最后，建立健全生态环保法律体系，明确各主体权责，依法严厉惩处破坏生态环境的行为，形成生态环保高压态势，保证经济绿色可持续发展。

参考文献

邓小平：《邓小平文选》（第 3 卷），人民出版社，1993。

江泽民：《全面建设小康社会开创中国特色社会主义事业新局面：在中国共产党第十六次全国代表大会上的报告》，人民出版社，2002。

胡锦涛：《坚定不移沿着中国特色社会主义道路前进 为全面建成小康社会而奋斗——在中国共产党第十八次全国代表大会上的报告》，人民出版社，2012。

习近平：《决胜全面建成小康社会 夺取新时代中国特色社会主义伟大胜利——在

中国共产党第十九次全国代表大会上的报告》，人民出版社，2017。

习近平：《在党的十八届五中全会第二次全体会议中的讲话》，2015 年 10 月。

陈仁安：《西部地区全面建成小康社会面临的挑战与对策》，《经济研究导刊》2013 年第 18 期。

姜英华、王维平：《破解西部欠发达地区全面建成小康社会制约因素的现实路径分析》，《贵州社会科学》2014 年第 8 期。

和军、樊寒伟：《2004～2014 年全国四大区域全面小康建设比较研究》，《中国特色社会主义研究》2016 年第 1 期。

赵振全、刘淼、于震：《小康社会独立指标评价体系及评价标准》，《吉林大学社会科学学报》2004 年第 1 期。

国家统计局统计科学研究所：《全面建设小康社会统计监测方案》，社会科学文献出版社，2011。

任海平、李峰：《全面建成小康社会进程评估》，中国经济出版社，2017。

刘生胜、宋林、郭玉晶：《陕西全面建成小康社会的现状评价及进程预测》，《西安交通大学学报》（社会科学版）2016 年第 6 期。

谢乃明、刘思峰：《离散 GM（1，1）模型与灰色预测模型建模机理》，《系统工程理论与实践》2005 年第 1 期。

第六章
西北地区高质量发展中实现共同富裕
程度的评价

一 引言

"共同富裕"是中国特色社会主义的本质特征,也是最终目标。邓小平提出"让一部分人先富起来,然后带动其他所有人共同富裕"的两步走路径,习近平总书记提出消除贫困,改善民生,逐步实现共同富裕的整体推进路径,十九大报告指出这个时代是逐步实现全体人民共同富裕的时代,并明确制定了时间表,到 2020 年实现全面建成小康社会,2035 年共同富裕迈出坚实的步伐,2050 年全体人民共同富裕基本实现。实现共同富裕目标明确,时间紧迫,但是从共同富裕的实践和理论上看都面临许多挑战,区域之间、城乡之间贫富差距仍然很大,公共品供给不均衡,享受公共服务机会不均等,生态环境问题严重,特别是西北地区总体经济发展水平仍然较低,人均收入和全国平均水平相比有较大差距,生态资源脆弱,基础设施建设依然不完善,教育、卫生等公共服务和全国相比仍然落后,西北地区已经成为我国走向共同富裕的瓶颈地区。因此,探索新时代西北地区高质量发展中实现共同富裕的目标与路径成为亟待解决的问题。

二 共同富裕的内涵

自从改革开放初期邓小平对共同富裕的内涵论述以来,理论界围绕共同富裕的内涵进行了全方位、多角度的研究，但目前尚未形成统一的结论。王红艳（2016）认为共同富裕是社会主义的本质，也是社会主义的奋斗目标。共同富裕在当今时代条件下被赋予了新的内涵，即共同富裕除了传统意义上物质的富裕，更重要的是达到物质与精神的共同富裕；不仅要实现个人的富裕，更重要的是实现全体人民的共同富裕。韩文龙和祝顺莲（2018）指出共同富裕既是社会主义的本质要求，也是新时代中国特色社会主义的价值目标和实践追求。新时代的共同富裕是在继承和发展经典马克思主义理论基础上，结合中国实践发展的阶段性特征而创新和发展的。刘世敏（2018）认为共同富裕是全国人民过上美好生活的体现与追求，在新的时代背景下，从内涵到外延都发生新的变化。李民圣（2019）通过对新时代我国社会主要矛盾的分析指出，制约新时代我国经济社会发展最关键的两大问题是创新问题和共同富裕问题，其从马克思主义政治经济学角度对这两个问题进行阐释，认为新时代应该是实现"做好蛋糕"与"分好蛋糕"相统一的时代。部分学者讨论了共同富裕范畴和理论的现实意义。陈伯庚（2017）提出，共同富裕范畴可以作为中国特色社会主义政治经济学理论体系基本经济范畴，共同富裕范畴和理论是构筑中国特色社会主义政治经济学科学体系的核心。部分学者讨论了共同富裕与共享发展间的关系。陆自荣和张颖（2017）认为"共享发展"作为新理念，是对"共同富裕"的全面继承与创新，其超越了"共同富裕"的制度理念，拓展了"共同富裕"的内涵，创新了"共同富裕"的人际关系，落实了"共同富裕"的途径。

本章从经济学基本理论出发，将共同富裕的内涵概括为以下几方向。

（1）共同富裕的主体是全体人民，而不是少数人。一部分人富裕不符合特色中国社会主义的建设目标，一部分人先富起来是暂时的、是手段，其目的是带动全体人民富裕，使全体人民分享经济发展成果，从简单的经济指标看，就是全国居民人均可支配收入基尼系数要小于0.4的国际警戒线，居民收入分配结构高、中、低三个层级人群数符合正态分布，而且中等收入人群比例相对较高，财富分配要关注全体人民中的贫困群体。而且共同富裕的主体不仅包括当代人，还包括子孙后代，要延续到未来。

（2）共同富裕的内容是全面的，共同富裕不仅体现在城乡居民共同分享经济发展成果，缩小收入差距，还应该包括政治、文化、社会、生态等方面发展成果的共享，共同富裕并不仅仅追求在物质方面达到共同富裕这个初级的、基本的要求，更应该包含精神层面的富足和生态方面的共享，这是更高层次人与人的和谐关系，是人与自然的关系，也是人人在自我实现和尊严上的平等。具体讲，城乡居民接受教育，享有医疗卫生条件、就业机会、养老保障等应该具有平等的机会，因此，共同富裕的内容是全面的。

（3）共同富裕的实现路径是一种动态的帕累托改进过程。改革开放初期，我国生产力水平低下，邓小平提出了效率优先的分配制度，发挥先富地区和群体的示范带动作用，实际上这就是帕累托改进的过程。但随着帕累托改进，社会贫富差距扩大，当先富群体的福利持续增加要以其他人的福利减少为代价时，就达到了"帕累托最优"。要将"帕累托最优"状态推向另一个更高级最优状态，就要通过影响共同富裕的外生变量打破均衡，进而推动帕累托最优状态向更高层次发展，共同富裕在帕累托改进和均衡的交替过程中，实现从低层次向更高层次迈进，因此共同富裕的实现路径是一种动态的帕累托改进过程。

（4）共同富裕的理论难题是解决生产力和生产关系、公平和效率的辩证统一问题。共同富裕的理论难题正像习近平总书记所说，归结起来就是两个方面：一是将"蛋糕"努力做大；二是分好"蛋糕"。生产力就是生产效率也就是社会财富的创造能力，提高生产力就是提高生产效率，就是把"蛋糕"做大。生产关系就是在财富的分配中人与人的关系，就是社会财富分配的公平性，就是分好"蛋糕"问题。在生产力中关注人与人的能力差距，鼓励按照边际贡献分配财富，在公平性中要关注资源、市场的公共属性，强调统计意义上的社会公平性，但是绝对不是平均主义，因此，必须在实现共同富裕的过程中，将生产力和生产关系、公平和效率的难题解决好。

三　西北地区共同富裕程度的评价分析

本章在共同富裕内涵界定的基础上，构建共同富裕的评价指标体系，建立经济发展、公共服务、精神文明建设、生态环境四个一级指标，并在此基础上延伸出对应的二级指标，对西北地区共同富裕状况进行测度评价。

（一）西北地区共同富裕评价指标体系的构建

1. 经济发展指标

物质方面共同富裕目标的实现通过经济发展指标体现，主要反映西北省区之间、城乡之间的经济发展差距，尤其是居民收入分配差距，主要包括经济发展总量、居民人均可支配收入、城乡居民人均可支配收入比、恩格尔系数。

（1）GDP。通过西北区域 GDP 总量反映西北区域整体经济社会发展水平。

（2）居民人均可支配收入。反映西北区域居民可支配收入情况。

（3）城乡居民人均可支配收入比。城镇居民人均可支配收入与农村居民人均可支配收入之比，反映西北省区城乡居民人均可支配收入差距，揭示西北省区城乡二元经济结构的差异程度。

（4）恩格尔系数，即食物支出在个人消费支出中的占比，反映西北省区居民消费结构和生活质量。

2. 公共服务指标

公共服务指标主要反映社会为促进人的全面发展而为社会成员提供的公平合理的发展机会，主要包括住房保障、教育、医疗卫生在财政支出中的比重以及城乡居民享受最低生活保障及农村特困人数占比等具体指标。

（1）财政支出中住房保障支出占比。住房作为特殊消费品，在居民消费支出中占比较大，是衡量贫富差距的重要指标，该指标一定程度上反映西北省区社会发展水平。

（2）财政支出中教育支出占比。反映西北省区居民享有的公共教育资源和条件。

（3）财政支出中医疗卫生与计划生育支出占比。反映西北省区居民享有的公共医疗资源和条件。

（4）城乡居民享受最低生活保障及农村特困人数占比。反映西北省区贫富差距和社会保障情况。

3. 精神文明建设指标

精神文明通过文化建设指标体现，主要反映西北省区人民群众精神文化状况，具体包括居民平均受教育年限、人均消费支出中教育文化娱乐支出占比等具体指标。

（1）居民平均受教育年限。反映区域居民受教育水平，受教育水平一般与居民精神文化满意度呈正相关关系。

（2）人均消费支出中教育文化娱乐支出占比。反映西北省区居民享有精神文化生活的需求和能力。

4. 生态环境指标

生态环境指标主要反映西北省区在推进共同富裕的过程中，人与自然的和谐发展程度，包括单位 GDP 能耗、环境污染治理投资占 GDP 比重、森林覆盖率等指标。

（1）单位 GDP 能耗。反映西北省区经济发展过程中对资源的利用效率。

（2）环境污染治理投资占 GDP 的比重。反映西北省区社会对环境污染的重视程度和治理能力。

（3）森林覆盖率。反映西北省区经济社会发展的基础生态环境和生态环境保护情况。

表 6 - 1　共同富裕评价指标体系

一级指标	二级指标	指标属性
经济发展	GDP 总量	正向
	地区居民人均可支配收入	正向
	城乡居民人均可支配收入比	逆向
	恩格尔系数	逆向
公共服务	财政支出中住房保障支出占比	正向
	财政支出中教育支出占比	正向
	财政支出中医疗卫生与计划生育支出占比	正向
	城乡居民享受最低生活保障及农村特困人数占比	逆向
精神文明建设	居民平均受教育年限	正向
	人均消费支出中教育文化娱乐支出占比	正向
生态环境	单位 GDP 能耗	逆向
	环境污染治理投资占 GDP 比重	正向
	森林覆盖率	正向

（二）西北地区共同富裕指标评价分析

1. 经济发展指标评价

（1）西北地区经济总量较小，经济发展相对落后，与其他区域尤其是东部地区差距较大。如图 6-1 所示，2018 年西北地区国内生产总值51453.88 亿元，仅占全国国内生产总值的 5.72%，而西北地区人口占全国人口的 7.36%，国土面积占全国的 30%，可见西北地区经济总量规模较小，全国占比较低，与东、中部等富裕地区的差距较大。其中，甘肃、宁夏、青海 3 个省级单位 GDP 均不到 10000 亿元。

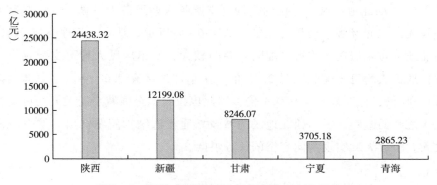

图 6-1　2018 年西北地区各省区地区生产总值

资料来源：西北地区各省区 2018 年统计公报。

（2）西北地区居民人均可支配收入较低，且省级之间发展不平衡，居民物质生活质量普遍不高。如表 6-2 所示，2018 年西北地区人均可支配收入 20934.91 元，在全国处于较低水平，与全国人均可支配收入相差7293.09 元，与东部富裕地区差距更大。可见，西北地区是全国人均可支配收入的"洼地"，拉低了全国人均可支配收入水平，说明西北地区居民的物质生活质量不高，尚有较大提升空间，是缩小贫富差距、推进共同富裕的重点发展地区。

从西北地区内部来看，各省级单位人均可支配收入普遍较低，西北地区五省区均低于全国平均水平（28228 元）。省际居民人均可支配收入差距也较大，最低的甘肃居民人均可支配收入 17488.39 元，与最高的陕西相差5039.87 元，约为陕西居民人均可支配收入的 77.63%，可见西北地区各省级单位之间也存在较大的贫富差距。

表 6 - 2　2018 年全国及西北地区各省区居民人均可支配收入

单位：元,%

地　区	居民人均可支配收入	地区人均可支配收入与全国人均可支配收入比
全　国	28228.00	—
西北地区	20934.91	74.16
陕　西	22528.26	79.81
宁　夏	22400.42	79.36
新　疆	21500.24	76.17
青　海	20757.26	73.53
甘　肃	17488.39	61.95

资料来源：全国及西北地区各省区 2018 年统计公报。

（3）西北地区城乡居民的人均可支配收入差距最为明显，城乡贫富差距较大，二元经济结构最为突出。如图 6 - 2 所示，从全国四个区域来看，西北地区城乡居民人均可支配收入差距较大，城镇居民人均可支配收入是农村居民人均可支配收入的 2.95 倍，比东部地区高 0.66 倍，比中部地区低 0.08 倍，比西部地区高 0.1 倍，因此也拉大了全国城乡居民人均可支配收入之间的差距，说明西北地区的城乡二元经济结构问题突出，城乡居民收入差距较大，实现共同富裕的任务艰巨。

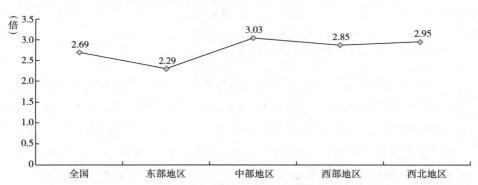

图 6 - 2　2018 年全国及各区域城镇居民与农村居民人均可支配收入之比
资料来源：《2018 年国民经济和社会发展统计公报》。

如图 6 - 3 所示，2018 年西北地区各省级单位城镇与农村居民人均可支配收入差距均较大，城镇居民人均可支配收入与农村居民人均可支配收入之比均在 2.7 以上，各省区均高于全国平均水平，其中甘肃高达 3.40，有 2 个地区在 3 以上，说明西北地区城乡二元经济结构较为突出，统筹城乡发展任务艰巨。

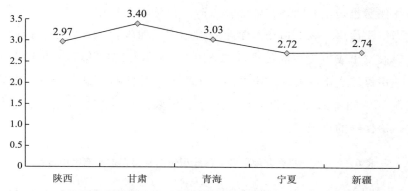

图 6-3 2018 年西北地区各省区城镇居民与农村居民人均可支配收入之比
资料来源：全国及西北地区各省区 2018 年统计公报。

（4）西北地区恩格尔系数普遍较高，其中部分人均消费支出较低的省区恩格尔系数也较低，主要是人均食品烟酒支出较低，说明其受收入消费水平较低的限制，对食物的要求不高。如表 6-3 所示，2017 年全国居民恩格尔系数为 29.33%（居民用于食品烟酒的支出占个人消费支出的比重），标志着我国进入联合国划分的 20%～30% 的富足区间。除甘肃省以外，西北地区其他 4 个省区的恩格尔系数普遍低于全国平均水平，但人均食品烟酒支出均低于全国平均水平，说明西北地区受收入消费水平的制约，对食物的要求不高，食品方面的生活质量偏低。

表 6-3 2017 年全国及西北地区各省区居民人均消费支出、
人均食品烟酒支出及恩格尔系数

单位：元,%

地　区	人均消费支出	人均食品烟酒支出	恩格尔系数
全　国	18322	5374	29.33
甘　肃	13120	3887	29.63
新　疆	15087	4338	28.76
青　海	15503	4453	28.72
陕　西	14900	4124	27.68
宁　夏	15350	3796	24.73

资料来源：《中国统计年鉴 2018》。

2. 公共服务指标评价

（1）近年来房价不断攀升，即使对于处于西北地区三四线城市的居民而言，住房也是重要问题，中低收入阶层仅依赖于家庭收入，大多没有足够能力解决住房问题，迫切需要政府财政支出建设保障性住房，因此住房保障财政支出成为关注的焦点。如表 6 - 4 所示，2017 年西北地区各省级单位住房保障支出在财政支出中的占比较低，最低的甘肃 4.05% 与最高的新疆 5.06% 相差 1.01 个百分点，虽存在区域特点，但基本反映了当地政府对住房保障的重视程度。

表 6 - 4   2017 年西北地区各省区住房保障支出在财政支出中占比

单位：亿元，%

地区	地方一般公共预算支出	住房保障支出	占比
新　疆	4637	234	5.06
青　海	1530	67	4.40
宁　夏	1373	60	4.39
陕　西	4833	199	4.12
甘　肃	3304	134	4.05

资料来源：《中国统计年鉴 2018》。

（2）西北地区教育支出在财政支出中占比偏低，教育支出规模较小，区域居民享有的教育资源和条件有限。教育通过推动人的全面发展，对地区经济社会发展，尤其是缩小贫富差距具有深远影响。如表 6 - 5 所示，2017 年西北地区 3 个地区的教育支出占财政支出的比重均低于全国平均水平，说明西北地区教育投入占比整体偏低，人均占有的教育资源有限，不利于经济社会的长远发展，缩小区域贫富差距面临的挑战较大。

表 6 - 5   2017 年西北地区各省区教育支出在财政支出中占比

单位：亿元，%

地　区	地方一般公共预算支出	教育支出	占比
全　国	173228	28605	16.51
甘　肃	3304	567	17.17
陕　西	4833	828	17.14
新　疆	4637	723	15.58
宁　夏	1373	171	12.43
青　海	1530	188	12.25

资料来源：《中国统计年鉴 2018》。

（3）2017年西北地区有两个地区医疗卫生与计划生育支出在财政支出中占比高于全国平均水平，但支出金额较低。且两极分化严重，陕西、甘肃、青海占比超过8%，新疆不到6%，省际差距较大，占比最高的甘肃（8.75%）与占比最低的新疆（5.75%）相差3个百分点（见图6-4）。

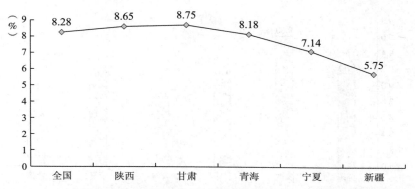

图6-4　2017年全国及西北地区各省区医疗卫生与计划生育支出占财政支出比重

（4）西北地区城乡居民最低生活保障及特困人数多、占比高，脱贫攻坚的任务艰巨。如表6-6所示，2017年西北地区城乡居民最低生活保障及农村特困人员共893.9万人，约占全国的15.48%，而西北地区人口仅占全国的7.36%，贫困面较大，甘肃、新疆、青海、宁夏等四省区城乡居民最低生活保障及农村特困人员占比远高于全国平均水平。

表6-6　2017年全国及西北地区各省区城乡居民最低生活保障及
农村特困人员人数及占比

单位：万人，%

地　区	城乡居民最低生活保障及农村特困人数	占比
全　国	5773.0	4.15
陕　西	130.1	3.39
甘　肃	375.5	14.30
青　海	58.0	9.70
宁　夏	49.9	7.32
新　疆	280.4	11.47

资料来源：《中国统计年鉴2018》。

3. 文化发展指标评价

（1）西北地区大部分省区居民平均受教育年限普遍低于全国平均水

平，说明西北地区居民整体文化程度偏低。如图 6 – 5 所示，2018 年全国
居民平均受教育年限为 9.15 年，西北地区仅陕西省高于全国平均水平，其
他省区均低于全国平均水平，尤其是青海、新疆 2 个省区居民平均受教育
年限均未达到义务教育年限。

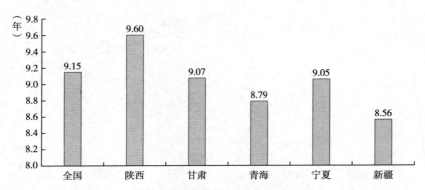

图 6 – 5　2018 年全国及西北地区各省区居民平均受教育年限
资料来源：全国及西北地区各省区 2018 年统计公报。

（2）西北地区居民人均教育文化娱乐支出普遍低于全国平均水平，
且省际差距较大，如表 6 – 7 所示，2017 年西北地区各省区居民人均教
育文化娱乐支出均低于全国平均水平（2086 元）。此外，仅陕西、甘肃、
宁夏 3 省区居民人均教育文化娱乐支出在个人消费中占比高于全国平均
水平（11.39%），其余 2 个省区的占比与全国平均水平差异不明显，说
明西北地区对文化教育较为重视。

表 6 – 7　2017 年全国及西北地区居民人均教育文化娱乐消费支出及占比

单位：元,%

地　区	居民人均消费支出	居民人均教育文化娱乐消费支出	占比
全　国	18322	2086	11.39
陕　西	14900	1858	12.47
甘　肃	13120	1537	11.72
青　海	15503	1687	10.88
宁　夏	15350	1956	12.74
新　疆	15087	1599	10.60

资料来源：《中国统计年鉴 2018》。

4. 生态环境指标评价

（1）西北地区单位 GDP 能耗普遍较高，说明经济发展过程中对能源的利用效率较低。如图 6-6 所示，全国单位 GDP 能耗为 0.55 吨标准煤/万元，西北地区只有陕西能源利用效率与全国平均水平差异不明显，其余四省区单位 GDP 能耗均超过 1 吨标准煤/万元，说明这些省区能源利用效率和绿色发展水平偏低。

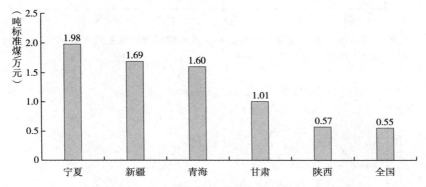

图 6-6　2017 年全国及西北地区各省区单位 GDP 能耗

资料来源：《中国统计年鉴 2018》、各省区市统计年鉴及统计公报。

（2）西北地区环境污染治理投资占 GDP 比重普遍较高，但受地区 GDP 总量限制环境污染治理投资较少。如图 6-7 所示，西北地区各省区环境污染治理投资占 GDP 比例均高于全国平均水平，但受地区 GDP 总量限制环境污染治理投资较少，且西北地区疆域辽阔，生态环境本就脆弱，如果对环境污染治理不及时、不到位，势必会影响居民的身体健康和生产生活，对共同富裕要求的人与自然和谐相处构成严重威胁。

（3）森林对生态环境改善具有重要作用，能够发挥净化空气、自然防疫、降低噪音、除尘、污水过滤、保持生物多样性等系统功能，为经济社会发展提供基础保障。如图 6-8 所示，西北地区的森林覆盖率省际差异较大，陕西的森林覆盖率在 40% 以上且高于全国平均水平，而新疆、青海、甘肃、宁夏等省区低于全国平均水平，尤其是新疆、青海森林覆盖率仅为 4.87%、7.26%。

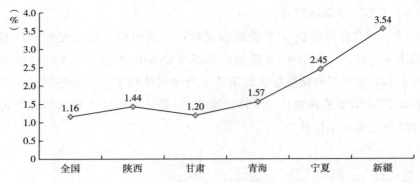

图 6 - 7　2017 年全国及西北地区各省区环境污染治理投资占 GDP 比重
资料来源:《中国环境统计年鉴 (2018)》。

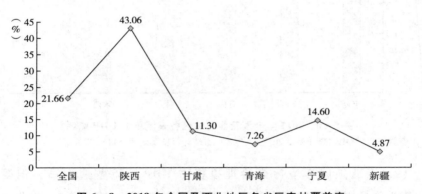

图 6 - 8　2018 年全国及西北地区各省区森林覆盖率
资料来源:全国及西北地区省区 2018 年政府工作报告。

四　西北地区实现共同富裕面临的挑战

(一) 经济发展落后, 实现共同富裕的物质基础薄弱

受历史、政策、自然环境等综合因素影响, 目前西北地区经济发展依然较为落后, 与其他区域存在较大差距, 经济总量小, GDP 全国占比低于人口占比, 大部分省区人均可支配收入低于全国平均水平, 城乡二元经济结构明显, 城乡差距较大, 恩格尔系数普遍较高, 区域居民的物质生活质量不高, 整体来看西北地区的生产力水平偏低。生产力水平低下致使西北地区实现共同富裕的物质基础较为薄弱, 限制了共同富裕向更高层次发展。

（二）公共服务能力和水平有限，难以为社会成员提供公平合理的发展机会

提供公共服务并进行均等分配，是社会调控收入分配差距、保障社会公平和正义、维护社会和谐稳定、增进人民福祉的一种制度化手段和机制。西北地区住房保障、教育、医疗卫生在财政支出中占比不高，且支出水平较低，贫困人口占比高规模大，导致教育、医疗、养老等基本公共服务能力和水平较低，教育落后导致居民受教育程度低，医疗卫生条件匮乏导致身体素质差，养老、失业等缺乏社会保障，社会成员就业致富和抵御社会风险的能力较弱，不利于促进人的全面发展，坚持"以人为本"、从根本上消除不合理差别的难度较大。

（三）文化建设发展滞后，精神力量凝聚力不强

文化是一个国家、一个民族的灵魂，能够凝聚社会的精神力量，树立社会主义核心价值观，坚持社会主义核心文化，是推动经济社会发展、实现共同富裕的精神支柱。而西北地区各省区居民受教育程度大部分低于全国平均水平且未达到义务教育年限，人均教育文化娱乐支出在消费支出中占比不高，说明西北地区文化建设较为落后，与全国平均水平存在较大差距，整体来看西北地区精神文化生活层次不高，促进经济社会发展的精神力量凝聚力不强。

（四）生态环境脆弱，保护意识不强且能力有限

西北地区属于我国的生态保障区，是许多大江大河的源头，属于限制开发区域，自然保护区面积占全国比重较大，生态环境较为脆弱。而西北地区正处于工业化加速发展的过程中，一些重化工项目依然是西北地区投资发展的重点，给节能减排和生态环境带来巨大的压力，西北地区面临环境污染、生态退化的严峻形势。但囿于经济基础、发展阶段和路径依赖等综合因素，西北地区单位 GDP 能耗较高，环境污染治理投资少、占比低，经济发展和环境保护的矛盾较为突出，不利于生产生活环境的改善，制约经济社会的可持续发展。

五 西北地区实现共同富裕的路径选择

（一）扎实落实高质量发展理念，大力发展生产力

第一，深化高质量发展改革，激发效率变革。通过制度改革释放"效率红利"是推动经济社会高质量发展的重要着力点，是新动能培育的重要方面。实现共同富裕，一是要推进户籍、就业、教育、财税、养老等基础性、关键性制度改革，为全体人民尤其是后富者提供均等的发展机会，促进人的全面发展，提高其致富的能力。二是要完善收入分配制度，确保居民收入随着经济社会的发展同步增长，劳动报酬的增长与劳动生产率的提高相适应，增加居民收入在国民收入分配中的占比，在征税、社会保障等方面改进再分配机制，增加居民收入来源。

第二，提高自主创新能力。政府要通过税收减免、加强知识产权保护、研发资金投入等政策，加大对高新技术企业的扶持力度，聚合更多科技人才力量，引导激励企业加大研发投入，着重营造良好的科技创新环境。企业要坚持创新驱动，不断夯实企业发展的科技支撑，加快企业创新驱动步伐，推动科技成果转化，不断增强企业竞争力。技术创新过程中，西北地区要充分发挥后发优势，强化已有科学技术的应用推广，加大相关产业、领域的科技研发投入，提高自主创新能力，在发展生产力、提高生产力的过程中，缩小与中东部地区及城乡之间的经济社会发展差距。

（二）提高基本公共服务能力和水平，为全体居民提供均等的发展机会

第一，建立基本公共服务体系。西北地区要通过自身发展和国家的政策倾斜，建立完善的基本公共服务体系。一是增加基本公共服务支出，提高其在 GDP 中的比重，提高地区提供公共服务的能力和水平。二是加强公共服务标准体系建设，实现公共服务内容的多样性，扩大覆盖面，逐步提高教育、医疗、养老等基本公共服务分配的均等化。三是完善与公共服务分配相关的制度。公共服务要实现公平合理的分配，必须建立完善相应的规章制度，做到有法可依、有章可循，防止公共服务缺位或浪费。

第二，西北地区经济发展落后，提供基本公共服务的能力有限，需要

国家加大资金投入，进行政策倾斜，使西北地区的教育、医疗、就业、养老等基本公共服务能力快速提升，同时加快道路、通信、电力等基础设施建设，为西北地区发展营造一个良好的环境。对生态脆弱、不适宜居住、投资建设难度大的地区实施移民搬迁政策，匹配相应的公共服务资源。

（三）加强文化建设，凝聚新时代精神力量

第一，加大文化教育投入，加强硬件设施建设。积极推进社会主义核心价值观研究工程，运用信息技术打造文化宣传平台，加强宣传思想文化的人才队伍建设，奠定思想文化宣传的硬件基础。

第二，构建西北地区公共文化服务体系，健全文化管理和生产经营体制，建设满足人民需要的现代文化市场，为实现文化大发展大繁荣提供体制机制基础。

第三，积极开展弘扬社会主义核心价值观文化活动，为文化建设创造有利的社会氛围，扩大社会主义文化形态的影响力和感召力。

（四）倡导绿色发展理念，加大环境污染治理投入

第一，增强生态环境保护意识，加大环境污染治理力度。西北地区经济发展落后，生态环境脆弱，经济发展与环境保护的矛盾突出，在经济建设过程中更要树立生态环境保护意识，正确处理经济发展与环境保护的关系。针对经济建设过程中产生的生态环境破坏问题，要加大环境污染治理和生态恢复投入，提高其在 GDP 中的比重，并积极争取国家政策支持，提高西北地区环境污染治理能力。

第二，加大科技运用，实现绿色发展。在经济发展过程中倡导绿色发展理念，在资源利用和环境污染治理过程中，积极运用国内外先进生产和环保方面的技术，提高能源利用效率，减少环境污染，实现节能减排。同时，重视治污和生态恢复技术的使用，提高污染治理和生态环境恢复能力。

参考文献

《中国共产党第十九次全国代表大会报告》，人民出版社，2017。

刘家旗、茹少峰：《新时代西北地区全面建成小康社会的现状、差距和对策》，

《中国西部发展报告（2018）》（西部蓝皮书），社会科学文献出版社，2018。

韩海燕：《新时代西部地区共享发展》，《中国西部发展报告（2018）》（西部蓝皮书），社会科学文献出版社，2018。

王红艳：《新时代共同富裕思想新发展》，《改革与开放》2018年第11期。

韩文龙、祝顺莲：《新时代共同富裕的理论发展与实现路径》，《马克思主义与现实》2018年第5期。

刘世敏：《新时代共同富裕的内涵解读》，《法制博览》2018年第32期。

李民圣：《新时代中国经济的两大主题：创新与共同富裕》，《马克思主义与现实》2019年第1期。

陈伯庚：《共同富裕论》，《上海经济研究》2017年第11期。

陆自荣、张颖：《从"共同富裕"到"共享发展"：理念的继承与创新》，《湖南科技大学学报》（社会科学版）2017年第5期。

《决胜全面建成小康社会 夺取新时代中国特色社会主义伟大胜利》，新华网，2017年10月18日。

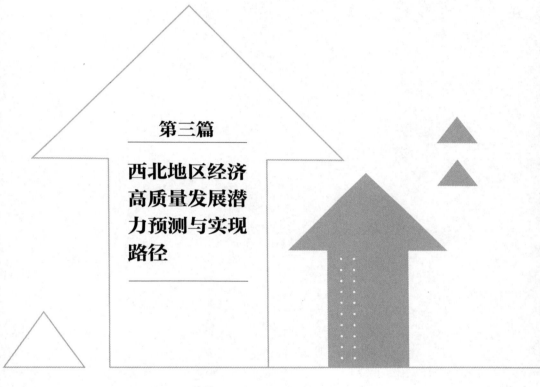

第三篇

西北地区经济
高质量发展潜
力预测与实现
路径

CHAPTER 3

第七章
西北地区经济高质量发展潜在增长率变化

一 引言

党的十九大报告指出我国经济发展进入新时代，基本特征就是我国经济由高速增长阶段转向高质量发展阶段，在这个阶段我国经济将形成"质量、效率和动力"三大变革。其中效率变革强调在物质资本和劳动力投入保持不变的情况下社会经济产出的增加，效率变革就是通过全要素生产率促进经济增长，效率变革是经济增长方式、经济结构的变革。之所以做出这样的判断是由于 2013 ~ 2016 年我国 GDP 增长率分别为 7.8%、7.3%、6.9%、6.7%，经济增速逐年下降。中国经济增速的下降引发了学界对中国经济未来走势的广泛关注，林毅夫、李稻葵（2015）等学者认为经济增速的下降是受周期性因素的影响，是一种投资型的短期性趋势；而刘世锦（2011）、蔡昉（2013）、白重恩（2016）等学者认为这一变化是受潜在经济增长率下降影响所致，是一种效率型的长期性趋势。那么，当前经济增速的下降究竟是由于短期周期性结构因素的影响还是长期潜在增长趋势下降的影响？即对中国经济下降的原因和趋势判断就成为经济学领域的核心研究问题，其意义在于可以判断经济增长的源泉是投资型增长还是效率型增长，从而确定经济政策是以提高总需求为主还是以经济结构调整、实行效率提升为主。这就引起关于潜在经济增长率的估算和影响因素分析。由于潜在产出是指一个经济体在各种资源得到最优和充分配置时所能达到的最大产出，并不可观测，因此潜在经济增长率的估算无法直接通过统计方法获取，而需采用科学合理的方法进行估算。潜在经济增长率的估算方法主要有三类，分别为生产函数法、滤波法和菲利普斯曲线法。郭豫媚、陈彦斌（2015）采用生产函数法估算了1979~2020年的潜在经济增长率，并预测2015~2020年中国潜在经济增长率将进一步下降至6.3%。张桂文、孙亚南（2015）利用HP滤波法计算出"十三五"期间中国潜在经济增长率在7%~9%之间波动。黄显林（2015）采用菲利普斯曲线法计算得出2014年我国潜在经济增长率已下降至7.4%，未来将进一步降至7%左右。

在对潜在经济增长率估算的基础上，国内外学界对中国潜在经济增长率下降的原因进行了进一步研究。宏观经济增长理论表明潜在经济增长率来源于人力资本增长率、物质资本增长率和全要素生产率增长率的提升，因此，更多学者是从这三个方面的变化分析其对潜在经济增长率的影响。白重恩认为近年来我国经济增长率下降是受潜在经济增长率下降的影响，潜在经济增长率下降主要是由于人力资本增长率和全要素生产率增长率双重下降。郭晗和任保平（2014）采用结构变动、要素产出弹性的生产函数法，测算了我国1997~2012年潜在经济增长率的变化，研究得出潜在经济增长率下降是由于资本存量增速下降。陆旸和蔡昉认为人口结构变化导致潜在经济增长率下降，中国应着手放松人口生育政策而非经济刺激政策，以提升潜在经济增长率。管晓明（2014）认为近年来中国潜在增长率的下降，主要是由于全要素生产率持续下降。陈亮等（2012）通过HP滤波法估算出中国潜在经济增长率的历史变化趋势，全要素生产率在进入2000年后对经济增长率的贡献率明显下降。张健华和王鹏（2012）认为1979~2010年全要素生产率对经济增长的平均贡献为24.9%，其中技术进步的贡献最高，技术效率的贡献次之，而规模效率对经济增长有抑制作用。

上述研究主要针对中国整体而言，而本章将主要专注于研究西北地区的发展状况，对潜在经济增长率进行估算并对其下降原因进行分析。关于潜在经济增长率的估算研究的学者较多，而对潜在经济增长率下降的影响因素研究的学者较少。本章企图从供给角度，特别是从全要素生产率及其分解方法来分析西北地区潜在经济增长率下降的原因。本章的贡献在于得出了西北地区潜在经济增长率下降是全要素生产率增长率下降引起，而全要素生产率增长率下降是由技术效率增长率不断下降导致的这一结论。其次笔者认为对于潜在经济增长率的趋势只有短期预测才有准确性，长期预测由于受到不确定因素影响具有极大偏差，所以本章仅仅预测了 2016 ~ 2020 年潜在经济增长率。本章结构为：首先选取生产函数法利用西北地区 1991 ~ 2017 年的省级面板数据测算了潜在经济增长率，然后从劳动力增长率、物质资本增长率、全要素生产率增长率三个方面分析潜在经济增长率下降的原因，并将全要素生产率增长率分解为技术进步增长率、技术效率增长率、规模效率增长率三个方面，以此研究全要素生产率增长率对潜在经济增长率的影响趋势。最后，对未来短期潜在经济增长率变化进行了预测。

二 西北地区潜在经济增长率测算

潜在经济增长率的测算方法主要有以下三种：生产函数法、滤波法、菲利普斯曲线法等。与其他几种方法相比，生产函数法有明确的经济学理论解释，充分考虑了物质资本、劳动力和全要素生产率的影响。所以，本章采用生产函数法估算西北地区 1991 ~ 2017 年的潜在产出和潜在经济增长率，所采用的生产函数形式为柯布 - 道格拉斯生产函数：

$$Y_t = A_t K_t{}^\alpha L_t{}^\beta \tag{1}$$

其中 Y 是产出，K 是物质资本存量，L 是劳动力存量，A 代表除物质资本和劳动力外所有对产出有影响的因素（全要素生产率 TFP），α 和 β 分别为物质资本产出弹性和劳动力产出弹性。对生产函数两边取对数可得：

$$\ln Y_t = \ln A_t + \alpha \ln K_t + \beta \ln L_t \tag{2}$$

对于物质资本存量 K_t，本文采用永续盘存法来测算，基本公式为：$K_t = I_t/p_i + (1 - \delta_t)K_{t-1}$，其中，$K_t$ 为 t 年的实际物质资本存量，p_i 为固定资产投资价格指数，I_t 为 t 年的名义投资，δ_t 为固定资产折旧率。对于固定资产折旧率，本文采用张军等（2004）的研究成果，为 9.6%。为了计算潜在产出，需要估算潜在就业人数 L_t^*，估算方法参照郭庆旺和贾俊雪（2004）的研究成果，其计算公式为：$L_t^* = L_{St} \cdot Tr_{p,t} \cdot (1 - NAWRU_t)$。其中 L_{St} 为达到工作年龄的人数，$Tr_{p,t}$ 为趋势参与率，$NAWRU_t$ 为非工资引致失业率。

对式（2）进行 OLS 回归，可估算出物质资本和劳动产出弹性，将估算结果代入式（1）可得全要素生产率序列 A_t，对全要素生产率序列进行 HP 滤波得到趋势全要素生产率 A_t^*。将资本存量 K_t、趋势全要素生产率 A_t^* 和潜在就业人数 L_t^* 代入式（1），计算出西北地区 1991～2017 年的潜在经济增长率，计算结果如表 7－1 所示。

表 7－1 1991～2017 年西北地区实际经济增长率与潜在经济增长率

单位：%

年份	实际经济增长率	潜在经济增长率	年份	实际经济增长率	潜在经济增长率
1991	8.54	10.8	2005	11.89	11.8
1992	9.89	7.5	2006	12.03	14.0
1993	11.20	12.2	2007	13.26	13.7
1994	9.96	9.7	2008	12.90	14.1
1995	9.83	10.0	2009	11.28	16.0
1996	9.81	9.5	2010	13.06	12.3
1997	9.45	10.5	2011	13.05	12.1
1998	9.76	10.4	2012	12.52	14.1
1999	9.06	10.0	2013	10.88	13.5
2000	9.71	9.1	2014	9.47	9.8
2001	9.62	10.1	2015	8.14	8.0
2002	10.10	10.6	2016	7.65	8.24
2003	11.46	11.3	2017	6.89	8.57
2004	12.07	11.2			

根据表 7－1，1991～2012 年西北地区实际经济增长率围绕潜在经济增长率上下波动，二者之间并未表现出明显的同步变化特征，符合经济增长周期理论。这表明，这一时期的实际经济增长率在受潜在经济增长率等长期性因素影响的同时，还更多受投资、消费、出口等短期性因素的影响。而自 2013 年以来，实际经济增长率与潜在经济增长率变化趋势相同，均呈

现出同步下降状态。基本可以判定，这一阶段西北地区实际经济增长率的下降主要是潜在经济增长率下降所致。

三　TFP 增长率测算的模型选择及分解方法

（一）随机前沿生产函数（SFA）模型

本章研究的目的不仅是测算 TFP 的变化，而且要研究 TFP 变化的原因，随机前沿分析法在测算 TFP 时，能够将 TFP 增长率分解为技术进步增长率、技术效率增长率和规模效率增长率三部分以研究 TFP 的变化，尽管 DEA 分析也能够做到这一点，但是只有 SFA 模型能将技术无效率的影响因素区分为主观因素和客观因素，因此，本章选择 SFA 模型来测算并分解 TFP 增长率。随机前沿模型基本形式为：

$$y_{it} = f(x_{it}, t) \exp(v_{it} - u_{it}) \tag{3}$$

其中 y_{it} 表示第 i 个地区第 t 年的实际产出；x_{it} 表示要素投入的组合；$f(x_{it}, t)$ 是随机前沿生产函数中的确定性部分；v_{it} 表示第 i 个地区第 t 年生产过程的观测误差和其他随机因素，服从于标准正态分布 $N(0, \sigma_v^2)$；u_{it} 是与技术无效有关的非负随机变量，表示第 i 个地区第 t 年的技术无效率效应，假设其服从非负的截断正态分布 $u_{it} \sim N^+(u, \sigma_\mu^2)$，并且 v_{it} 和 u_{it} 相互独立。

根据 Battese&Coelli 的研究，u_{it} 表达式为：$u_{it} = u_i \exp[-\eta(t - T)]$，其中 η 测量技术效率的变化率，$\eta > 0$ 表示技术无效率随时间递减，$\eta < 0$ 表示技术无效率随时间递增。另外，令 $\sigma^2 = \sigma_u^2 + \sigma_v^2$，可定义 $\gamma = \dfrac{\sigma_u^2}{\sigma^2}$，$\gamma$ 反映随机扰动项中技术无效率项所占比重。若 $\gamma = 0$，则所有相对前沿的偏离是统计误差造成的，此时没必要采取随机前沿模型，直接采用 OLS 法即可；若 $\gamma = 1$，则所有的偏离由技术无效率引起。γ 越趋近于 1，表明误差主要来源于技术无效率，采用随机前沿模型更合适。

对于生产函数的选择，由于超越对数生产函数是任意生产函数的二阶近似形式，具有约束性少、形式灵活、估计结果准确等优势。因此本章采用 Battese&Coelli 所提出的超越对数生产函数作为前沿生产函数，其具体形式为：

$$\ln Y_{it} = \beta_0 + \beta_K \ln K_{it} + \beta_L \ln L_{it} + \beta_t t + \frac{1}{2}\beta_{KK}(\ln K_{it})^2 + \frac{1}{2}\beta_{LL}(\ln L_{it})^2 +$$

$$\frac{1}{2}\beta_{tt}t^2 + \beta_{KL}\ln K_{it}\ln L_{it} + \beta_{tK}t\ln K_{it} + \beta_{tL}t\ln L_{it} + \nu_{it} - u_{it} \tag{4}$$

$$i = 1,2,\cdots,I; t = 1,2,\cdots,T$$

其中，Y_{it} 为 i 地区 t 年的实际产出；K_{it} 为 i 地区 t 年的物质资本投入；L_{it} 为 i 地区 t 年的劳动投入；β 表示待估参数。

(二) TFP 增长率分解方法

根据 Kumbhakar 对 *TFP* 增长率的计算与分解方法，全要素生产率的增长率 (*TFPC*) 可分解为以下 4 部分：技术进步增长率 (*TC*)、技术效率增长率 (*TEC*)、规模效率增长率 (*SEC*) 和配置效率增长率 (*AEC*)。但由于要素价格信息不易获取且误差较大，配置效率增长率不易计算，本章主要考虑前三种变化。

其中，技术进步增长率定义为：

$$TC_{it} = \frac{\partial \ln f(x_{it},t)}{\partial t} = \beta_t + \beta_t t + \beta_{tK}(\ln K_{it}) + \beta_{tL}(\ln L_{it}) \tag{5}$$

技术效率增长率定义为：

$$TEC_{it} = \frac{\partial \ln TE_{it}}{\partial t} = \frac{TE_{it} - TE_{it-1}}{TE_{it-1}} \tag{6}$$

其中，$TE_{it} = \exp(-u_{it})$

规模效率增长率定义为：

$$SEC_{it} = (RTS_{it} - 1)\sum_j \lambda_j \frac{\partial \ln x_j}{\partial t} = (RTS_{it} - 1)\left(\lambda_K \frac{\partial \ln K_{it}}{\partial t} + \lambda_L \frac{\partial \ln L_{it}}{\partial t}\right) \tag{7}$$

其中，

$$RTS_{it} = \sum_j \varepsilon_j = \sum_j \frac{\partial \ln f(x_j,t)}{\partial \ln x_j}$$

$$= (\beta_K + \beta_{KK}\ln K_{it} + \beta_{KL}\ln L_{it} + \beta_{tK}t) + (\beta_L + \beta_{LL}\ln L_{it} + \beta_{KL}\ln K_{it} + \beta_{tL}t) \tag{8}$$

$\lambda_j = \dfrac{\varepsilon_j}{RTS_j}$ 为要素 j 的相对产出弹性；$\dfrac{\partial \ln x_j}{\partial t}$ 为生产要素 j 的投入增长率。

全要素生产率增长率的定义如下：

$$TFPC_{it} = TC_{it} + TEC_{it} + SEC_{it} \tag{9}$$

四 实证分析

（一）变量选取和数据说明

依据上述模型和相关研究，本章选择的解释变量有：物质资本存量（K_t）、劳动力投入（L_t）。控制变量有：国有经济比重、政府支出规模、贸易开放度、初始的人力资本、初始的物质资本存量，具体变量说明如表7-2所示。变量数据为 1991~2017 年西北地区 5 个省区的面板数据，主要来源于历年《中国统计年鉴》《中国劳动统计年鉴》《中国工业统计年鉴》等统计资料。

表 7 - 2 变量说明

类别	变量名称	定义
被解释变量	潜在产出 Y_t	采用生产函数法估算出的各省区潜在产出
解释变量	物质资本存量 K_t	采用永续盘存法测算
	劳动力投入 L_t	各地区当年年末就业人员数
控制变量	国有经济比重	各地区国有工业总产值占工业总产值的比重
	政府支出规模	各地区财政支出占 GDP 比重
	贸易开放度	各地区出口贸易总额占 GDP 比重
	初始的人力资本	各地区 1991 年具有小学以上文化程度的人口比例
	初始的物质资本存量	各地区 1991 年的物质资本存量

（二）SFA 模型估计、TFP 增长率测算及分解

基于西北地区 1991~2017 年的省级面板数据，使用 Frontier4.1 软件对随机前沿生产函数模型进行参数估计，结果如表 7-3 所示。

表 7-3 中解释变量参数估计结果表明，除 $(\ln K)^2$ 和 $(\ln K) \times (\ln L)$ 项的回归系数不显著外，其他系数均在 5% 或 1% 的水平上显著，表明模型具有解释力。t 的系数是 0.0550，表明每年技术进步效率平均为 5.5%。而 t^2 的系数为负值，表明技术变化增长率随时间的变化呈下降的趋势，但是该值仅为 -0.29%，表明这种下降趋势较弱。$t\ln K$ 的系数为

正值，表明资本的边际产出随时间推移而增加。$t\ln L$ 的系数为负值，表明劳动力的边际产出随时间推移而下降。$(\ln K)^2$ 和 $(\ln L)^2$ 的系数均为负值，表明产出增长率随着物质资本投入和劳动力投入的增加而减少。γ 的估计值是 0.9999，表明西北地区的实际产出对确定性生产前沿的偏离有99.99% 是由技术无效率引起的，该模型适合采用随机前沿分析。根据似然率（LR 检验）结果，可判断在 1% 的显著性水平下使用 SFA 估计结果是有效的。

由表 7 - 3 中对技术无效率方程的估计可知，国有经济比重和政府支出规模对技术效率产生负向影响。其中，国有工业产值的比重提高 1 个百分点，技术效率将会降低大约 10.05 个百分点。国有工业企业由于内部管理的原因管理效率低下，对现有技术的利用效率不高，并且生产成本过大、资源浪费严重。姚洋和章奇（2011）通过对我国工业企业进行研究得出，国有企业与非国有企业相比技术效率更低。因此国有工业产值比重的提高会抑制技术效率的提升。财政支出占 GDP 的比重增加 1 个百分点，技术效率将会降低 52.53 个百分点。政府财政支出比重过高可能会使有限的资源无法配置到生产效率更高的行业或企业中，从而导致技术效率的损失。

表 7 - 3　随机前沿生产函数参数估计结果

超越对数生产函数估计			
解释变量	估计系数	标准差	t 检验值
$\ln K$	0.3173	0.1162	2.7293 ***
$\ln L$	0.7658	0.1282	5.9717 ***
$(\ln K)^2$	- 0.0406	0.0300	- 1.3523
$(\ln L)^2$	- 0.0552	0.0276	- 2.0013 **
$(\ln K) \times (\ln L)$	0.0245	0.0209	1.1697
$t\ln K$	0.0127	0.0042	3.0021 ***
$t\ln L$	- 0.0090	0.0030	- 3.0323 ***
t	0.0550	0.0157	3.5114 **
t^2	- 0.0029	0.0007	- 4.0019 ***
技术无效率方程估计			
控制变量	估计系数	标准差	t 检验值
国有经济比重	0.1005	0.0239	4.2039 ***
政府支出规模	0.5253	0.1321	3.9747 ***

续表

技术无效率方程估计			
解释变量	估计系数	标准差	t 检验值
贸易开放度	− 0.2268	0.0320	− 7.0923 ***
初始人力资本存量	− 0.5309	0.1175	− 4.5184 ***
初始物质资本存量	− 0.2472	0.0184	− 13.4441 ***
γ	0.9999	0.0414	24.1547 ***
极大似然函数值	591.9481		
LR 值	873.7892		

说明：* 、** 、*** 分别表示在 10%、5% 和 1% 的水平上显著。

贸易开放度、物质资本存量和人力资本存量会提升技术效率。出口占比增加 1 个百分点，技术效率会提高 22.68 个百分点，因为贸易开放水平的提高有利于充分发挥西北地区的比较优势，通过与发达国家和地区进行贸易往来有助于西北地区引入先进的技术和管理经验，从而提高技术效率。初始物质资本存量增加 1 个百分点，技术效率将会增加 24.72 个百分点。初始具有小学以上文化程度的人口比例增加 1 个百分点，技术效率会提高 53.09 个百分点。初始人力资本的提高代表着劳动者自身素质的提高，而劳动者自身素质的提高有助于提升自身的生产效率，使其更加高效地从事社会生产活动，从而对技术效率的提升做出贡献。这些结果与王志刚等（2006）的估计结果基本一致，符合中国现实情况。

在对超越对数生产函数参数估计的基础上，根据 Kumbhakar（2009）对全要素生产率增长率的分解方法，估算出西北地区全要素生产率增长率及其各部分的变化，其中技术进步增长率、技术效率增长率和规模效率增长率是西北地区 5 个省区按照 GDP 的加权平均值进行估算的，全要素生产率的增长率是各年数据的算术平均值。所有计算结果如表 7 - 4 所示。

表 7 - 4　1991 ~ 2017 年西北地区全要素生产率增长率测算及其分解

单位 :%

年份	TC	TEC	SEC	TFPC
1991	6.12	− 0.33	− 1.79	4.00
1992	6.01	− 0.97	− 1.35	3.69
1993	5.87	− 1.29	− 1.68	2.90

续表

年份	TC	TEC	SEC	TFPC
1994	5.74	- 0.54	- 1.24	3.97
1995	5.59	- 1.52	- 1.37	2.70
1996	5.42	- 1.42	- 1.22	2.78
1997	5.25	- 1.16	- 1.28	2.81
1998	5.12	1.03	- 0.97	5.18
1999	4.98	- 0.13	- 1.17	3.67
2000	4.84	0.47	- 0.98	4.33
2001	4.69	0.24	- 1.14	3.80
2002	4.53	- 0.74	- 1.52	2.27
2003	4.40	0.55	- 1.59	3.37
2004	4.27	0.71	- 1.60	3.38
2005	4.16	1.08	- 1.53	3.71
2006	4.05	0.62	- 1.80	2.87
2007	3.96	0.94	- 1.99	2.91
2008	3.87	0.36	- 2.05	2.18
2009	3.83	1.01	- 2.35	2.49
2010	3.78	- 0.01	- 2.46	1.31
2011	3.72	- 1.04	- 2.28	0.40
2012	3.68	- 1.23	- 2.45	- 0.01
2013	3.63	- 2.01	- 2.55	- 0.93
2014	3.58	- 3.00	- 2.42	- 1.84
2015	3.50	- 3.37	- 2.17	- 2.05
2016	3.46	- 3.50	- 1.98	- 2.02
2017	3.39	- 3.87	- 1.65	- 2.13
平均	4.50	- 0.71	- 1.73	2.06

对表 7 - 4 中计算结果分析给出结论：（1）1991 ~ 2017 年，技术进步增长率平均为 4.50%，且逐年下降。这可能是由于西北地区在选择技术进步的方式上具有后发优势，通过购买设备和技术专利内嵌在资本投入中以实现技术进步，随着后发优势的减弱，投资效率的边际递减，技术进步效

率也呈现出边际递减规律，因此，技术进步增长率逐年缓慢下降。

（2）1991～2017 年，技术效率增长率平均为 - 0.71%。特别是 2009 年以后，技术效率呈现明显的下降趋势，这说明实际产出不断远离生产前沿面，其原因是劳动生产效率和资本投资效率降低、新技术利用效率降低。

（3）规模效率变化为负向，表明这些年来西北地区总体处于规模报酬递减状态，应控制生产规模，从数量型增长向效率型增长转变。

（三）TFP 增长率、物质资本投入和劳动力投入对潜在经济增长率的贡献率

对于 TFP 增长率、物质资本投入和劳动力投入对潜在经济增长率的贡献率的计算结果如表 7 - 5 所示。

表 7 - 5　物质资本投入、劳动力投入和 TFP 增长率对潜在经济增长率贡献率

单位：%

年份	物质资本投入贡献率	劳动力投入贡献率	全要素生产率增长率贡献率				潜在经济增长率
			技术进步增长率贡献率	技术效率增长率贡献率	规模效率增长率贡献率	总和	
1991	48.66	14.25	56.73	- 3.07	- 16.56	37.10	10.79
1992	43.69	7.14	80.07	- 12.96	- 17.95	49.16	7.5
1993	52.63	23.60	48.12	- 10.60	- 13.75	23.77	12.2
1994	52.78	6.34	59.22	- 5.57	- 12.77	40.88	9.7
1995	56.16	16.87	55.87	- 15.21	- 13.70	26.96	10.0
1996	57.00	13.73	57.02	- 14.90	- 12.85	29.27	9.5
1997	61.38	11.83	50.04	- 11.07	- 12.19	26.78	10.5
1998	53.65	- 3.43	49.28	9.86	- 9.36	49.78	10.4
1999	62.60	0.70	49.77	- 1.34	- 11.73	36.70	10.0
2000	55.21	- 2.82	53.15	5.21	- 10.75	47.61	9.1
2001	61.84	0.57	46.48	2.37	- 11.26	37.59	10.1
2002	62.80	15.81	42.75	- 7.02	- 14.34	21.39	10.6
2003	61.77	8.45	38.95	4.90	- 14.07	29.78	11.3
2004	62.83	7.00	38.16	6.34	- 14.33	30.17	11.2

续表

| 年份 | 物质资本投入贡献率 | 劳动力投入贡献率 | 全要素生产率增长率贡献率 | | | | 潜在经济增长率 |
			技术进步增长率贡献率	技术效率增长率贡献率	规模效率增长率贡献率	总和	
2005	73.42	-4.85	35.28	9.13	-12.98	31.43	11.8
2006	71.64	7.87	28.93	4.41	-12.85	20.49	14.0
2007	72.48	6.26	28.90	6.89	-14.53	21.26	13.7
2008	77.91	6.65	27.47	2.53	-14.56	15.44	14.1
2009	81.05	3.38	23.92	6.31	-14.66	15.57	16.0
2010	84.20	5.17	30.74	-0.08	-20.03	10.63	12.3
2011	91.92	4.75	30.77	-8.57	-18.87	3.33	12.1
2012	95.80	4.24	26.09	-8.74	-17.40	-0.05	14.1
2013	100.25	6.61	26.92	-14.88	-18.89	-6.85	13.5
2014	111.74	7.06	36.50	-30.64	-24.66	-18.80	9.8
2015	116.94	8.69	43.70	-42.17	-27.16	-25.63	8.0
2016	114.47	10.00	41.97	-42.44	-24.00	-24.47	8.24
2017	114.36	10.46	39.57	-45.17	-19.22	-24.82	8.57
平均	74.04	7.27	42.46	-8.02	-15.76	18.69	11.08

由表7-5分析可得，1991～2017年物质资本投入贡献率平均为74.04%，劳动力投入贡献率为7.27%。由此可以看出物质资本投入是潜在经济增长率提升的主要因素。自2003年以来，物质资本投入贡献率开始逐年攀升。尤其自2009年起，在政府实施一系列加大投资并扩大内需的刺激政策的影响下，物质资本投入贡献率加速上升，由81.05%升至2017年的114.36%。劳动力投入的贡献率整体变化不大，近年来基本在10%上下波动。

1991～2017年全要素生产率增长率对潜在经济增长率的贡献率为18.69%，仅次于物质资本投入的贡献率。从2005年开始，全要素生产率的贡献率一直处于下降状态且下降趋势较为明显，由31.43%下滑到2017年的-24.82%。物质资本投入贡献率在2008年之后不断上升，劳动力投入贡献率基本保持不变，全要素生产率增长率贡献率明显下降，三者共同作用引起潜在经济增长率的下降，这一研究结论与白重恩和张琼（2014）的研究结论一致。

（四）潜在经济增长率的短期预测及物质资本投入、劳动力投入和 TFP 增长率的分布

根据潜在增长率的预测公式：$dY_t/Y_t = dA_t/A_t + \alpha_t dK_t/K_t + \beta_t dL_t^*/L_t^*$，将预测模型及相关参数进行如下调整：物质资本产出弹性和劳动力产出弹性延续当前的变化趋势，分别取值 0.44 和 0.36；而物质资本投入和潜在劳动力投入的增长速度均延续近些年的下滑趋势，分别下降至 17% 和 0.1%。另外根据郭豫媚和陈彦斌对当前经济形势的分析，将 2016～2020 年的全要素生产率增速调整至 1.01%。由此可计算出 2016～2020 年潜在经济增长率，如表 7-6 所示，预测结果表明，2016～2020 年的西北地区潜在经济增长率为 8.53%。

表 7-6 1991～2020 年西北地区潜在经济增长率、物质资本投入增长率、
潜在劳动力投入增长率的预测及 TFP 预测

单位：%

年份	1991～ 1995 年	1996～ 2000 年	2001～ 2005 年	2006～ 2010 年	2011～ 2015 年	2016～ 2020 年
潜在经济增长率	10.04	9.90	11.00	14.02	11.5	8.53
物质资本投入增长率	5.10	5.74	7.10	10.86	11.88	7.48
潜在劳动力投入增长率	1.41	0.40	0.59	0.82	0.72	0.04
TFP 增长率	3.53	3.76	3.31	2.34	-1.10	1.01

五　结论

本章通过基于构建超越对数生产函数的随机前沿模型，对西北地区潜在经济增长率进行测算，描述了潜在经济增长率的历史变化过程并对其未来的短期变化趋势进行预测。同时将全要素生产率增长率分解为技术进步增长率、技术效率增长率和规模效率增长率三个方面，并计算了物质资本投入和劳动力投入对潜在经济增长的贡献，试图找出提升西北地区潜在经济增长率的关键因素。根据估算结果，有以下主要结论。

第一，近年来西北地区经济增速下降主要是由潜在经济增长率下降引起。1991～2011 年，西北地区实际经济增长率总是围绕潜在经济增长率上下波动，符合经济周期理论。但 2011～2015 年，实际经济增长率与潜在经济增长率呈现出同步下降趋势，表明这一阶段实际经济增长率变化主要是由潜在经济增长率变化引起，因此实际经济增长率下降不是周期性的，而是一种长期趋势。

第二，潜在经济增长率可以分为全要素生产率和要素投入两大部分，计算结果表明西北地区的经济增长主要依赖于要素投入的驱动，尤其是物质资本投入。而潜在经济增长率下降的主要原因是全要素生产率增长率的下降，未来西北地区经济增长应努力向效率提升转变。

第三，全要素生产率增长率由技术进步增长率、技术效率增长率、规模效率增长率三部分组成。2009 年以来，虽然技术进步增长率的贡献呈上升趋势，但是技术效率增长率和规模效率增长率的贡献双重下降，而且二者下降幅度的总和远远大于技术进步增长率下降幅度，从而使得全要素生产率持续恶化并出现对经济增长的负影响。尤其是技术效率增长率的贡献率由 6.31% 下降到 -45.17%，下降幅度巨大，可见技术效率增长率的下降是导致经济增长速度下降的主要原因，未来西北地区应着重于提高技术效率。

第四，根据预测，西北地区 2016～2020 年潜在经济增长率的均值为8.53%，表明未来西北地区经济将进入中高速增长阶段，而且提高劳动生产率和全要素生产率是西北地区未来经济高质量发展的路径选择。

从以上研究可看出未来西北地区经济要实现高质量发展，就必须提升潜在经济增长率，要提升潜在经济增长率就要提高全要素生产率，而提高全要素生产率的重点在于技术效率的提升，即生产率提升。因此，在具体对策上应不断深化国企改革，促进国有企业效率提升；提高政府投资效率；坚持对外开放政策，提高对外开放程度；努力发展教育，加大对人力资本的投入力度，推动产业结构不断优化升级，提升资本的使用效率，从而促使技术效率不断提升，实现经济高质量发展。

参考文献

林毅夫：《新常态下中国经济的转型和升级：新结构经济学的视角》，《新金融》

2015 年第 6 期。

李稻葵、石锦建、金星晔：《"十三五"时期中国经济增长潜力和前景分析》，《投资研究》2015 年第 12 期。

刘世锦：《增长速度下台阶与发展方式转变》，《经济学动态》2011 年第 5 期。

蔡昉、陆旸：《中国经济的潜在增长率》，《经济研究参考》2013 年第 24 期。

白重恩、张琼：《中国经济增长潜力研究》，《新金融评论》2016 年第 5 期。

郭豫媚、陈彦斌：《中国潜在经济增长率的估算及其政策含义：1979—2020》，《经济学动态》2015 年第 2 期。

张桂文、孙亚南：《二元经济转型视角下中国潜在经济增长率分析》，《当代经济研究》2015 年第 12 期。

黄显林：《中国充分就业与经济增长关系研究》，《金融发展评论》2015 年第 5 期。

郭晗、任保平：《结构变动、要素产出弹性与中国潜在经济增长率》，《数量经济技术经济研究》2014 年第 12 期。

陆旸、蔡昉：《人口结构变化对潜在增长率的影响：中国和日本的比较》，《世界经济》2014 年第 1 期。

管晓明：《结构转型与中国潜在增长率变动分析》，《金融理论与实践》2014 年第 4 期。

陈亮、陈霞、吴慧：《中国经济潜在增长率的变动分析——基于日韩及金砖四国等典型国家 1961～2010 年的经验比较》，《经济理论与经济管理》2012 年第 6 期。

张健华、王鹏：《中国全要素生产率：基于分省份资本折旧率的再估计》，《管理世界》2012 年第 10 期。

张军、吴桂英、张吉鹏：《中国省际物质资本存量估算：1952～2000》，《经济研究》2004 年第 10 期。

郭庆旺、贾俊雪：《中国潜在产出与产出缺口的估算》，《经济研究》2004 年第 5 期。

Battese G. E, Coelli T. J. Frontier Production Functions, Technical Efficiency and Panel Data：With Application to Paddy Farmers in India. *Journal of Productivity Analysis*, 1992, 3 (1 - 2).

Kumbhakar, Subal C. Estimation and Decomposition of Productivity Change When Production is not Efficient：A Paneldata Approach. *Econometric Reviews*, 2000, 19 (4).

姚洋、章奇：《中国工业企业技术效率分析》，《经济研究》2001 年第 10 期。

王志刚、龚六堂、陈玉宇：《地区间生产效率与全要素生产率增长率分解（1978—2003）》，《中国社会科学》2006 年第 2 期。

白重恩、张琼：《中国的资本回报率及其影响因素分析》，《世界经济》2014 年第 10 期。

第八章
西北地区经济高质量发展的效率变革

党的十九大报告做出我国经济发展进入新时代的重要判断：基本特征就是经济由高速增长阶段转向高质量发展阶段，在这个阶段经济将形成"质量、效率和动力"三大变革。从这个判断可以看出我国经济发展的目标是经济发展质量提升，而不再是单纯追求数量的增长，也就是经济增长目标发生了变化。从狭义看经济增长质量采用全要素生产率（TFP）来衡量，TFP 是判断一国经济增长质量和经济可持续性的核心指标（卡马耶夫，1983；刘亚建，2002；刘海英等，2004；康梅，2006）。从广义看，经济增长质量关注人民生活水平的提升、生活环境的友好、贫富差距的缩小等。经济效率高是指经济系统达到帕累托最优状态，强调在总生产要素投入保持不变的情况下社会、经济产出的提升，经济效率包括宏观经济层面上的生产要素配置效率、规模效率、全要素生产率，微观层面上的劳动效率、投资效率、能源使用效率等。动力变革主要是驱动经济增长的动力源泉从需求侧向供给侧转变的变革，以创新驱动为核心。因此，三大变革实质就是转变经济发展方式，优化经济结构，转换增长动力，另外也可以看出无论是刻画经济增长质量的全要素生产率、经济运行的帕累托最优状态，还是推升生产前沿面的创新活动，皆与效率变革高度相关，因此本章从经济学原理角度分析效率变革的科学内涵及经济高质量发展效率变革估算方法的演进，提出西北地区经济高质量发展变化的效率特征，影响效率变革的因素，效率变革的路径选择和政策建议。

一　经济高质量发展效率变革理论内涵的演进

效率反映经济系统中产出与投入的关系。20 世纪初意大利经济学家

Pareto 在其著作《政治经济学讲义》中给出效率的定义："对某种资源的配置，若不存在其他生产可能的配置来使经济体中所有人至少和他们的初始情况一样好且至少有一个人比初始时更好，那么资源配置就是最优的，这一状态称为帕累托有效"；美国制度经济学家康芒斯对效率的定义为："效率是使用价值出量与劳动工时入量的比例"。这一观点仅重视人的单位时间劳动投入，而不考虑例如机器损耗等其他投入因素；萨缪尔森认为效率就是不存在浪费，即在一定投入和技术条件下，如果对经济资源进行了能带来最大可能满足的利用，那么就称经济运行是"有效率的"；我国经济学家樊纲在《公有制宏观经济理论大纲》一书中将经济效率定义为："社会利用现有资源进行生产所提供的效用满足程度，是资源的利用效率"。它是需要的满足程度与所耗费成本的对比关系，是效用概念或社会福利概念，而不是单纯地生产多少产品的简单物量概念。将经济效率概念用于企业时，"高效率"指的是企业在投入一定生产要素条件下使产出最大，或者在产出一定时成本最小，也就是"微观效率"；当效率被用于经济系统时，"高效率"指各种资源在不同生产领域得到合理的配置，能最大限度地满足社会和人们的需求，是"宏观效率"。

可以看出效率概念涉及两个层面，一个是宏观层面或经济总量层面，经济效率强调经济系统的全局最优；另一个是微观层面，效率是投入和产出能力的度量，是描述资源利用的最大程度。"有效率"意味着产出一定前提下的成本最小化，或支出一定条件下产出能力最大。

生产效率估算是经济学中一个重要研究问题，古希腊时期，柏拉图的劳动分工理论和亚里士多德关于使用价值和交换价值理论都是对劳动生产率的讨论，经济学界认为在 18 世纪后期，魁奈（Quesney）首先提出劳动生产率概念，但是认为魁奈的"劳动"概念仅限于农业生产领域；亚当·斯密（Adam）将劳动生产率中的"劳动"从局部拓展到整个生产领域。他在《国富论》中指出劳动生产率的提高是由劳动分工引起的，劳动生产率提高是国民财富增长的主要源泉。到了 20世纪 30 年代边际理论诞生，美国经济学家克拉克（J. B. Clark）建立了要素边际生产率分配理论，认为按照要素边际生产率确定收入及其变化的原因，英国经济学家弗雷德·马歇尔（Alfred. Marshall）也开展了这一方面研究。

　　第三次工业革命（大约在 1950 年）后，计算机新技术广泛应用，科学技术和新技能等无形生产要素促进世界各国经济快速增长，劳动生产率、资本生产率等单因素生产率的提高对经济增长的贡献难以解释经济增长率，而且从理论上讲经济学家更加一致认为对经济增长起促进作用的是所有生产要素量的积累和相互作用的共同结果。于是经济学家转向对全要素生产率（total factor productivity，TFP）的研究，20 世纪 20 年代道格拉斯（Douglas，1899）和柯布（Cobb 1922）在研究美国制造业中劳动力与物质资本的边际生产率产出时，建立了美国制造业的产出量和劳动力及物质资本之间的关系，即柯布 - 道格拉斯生产函数。这一函数为 TFP 的经济学理论和如何计算 TFP 提供了分析工具，基于此生产函数，荷兰诺贝尔经济学家 Tinbergen 在 1942 年提出了"全要素生产率"一词，并且将时间因素引入其中。之后斯蒂格勒（Stigler，1947）、阿布拉莫维茨（Abramovitz，1956）、索洛（Solow，1957）等人对全要素生产率理论和计算都做出过创新性贡献，最具经济学理论意义的是索洛新古典增长模型及著名的"索洛余值"。索洛（Solow）于 1957 年在柯布 - 道格拉斯生产函数基础上提出新古典增长理论，其模型为：$\dfrac{dY_t}{Y_t} = \dfrac{dA}{A} + \alpha \dfrac{dK_t}{K_t} + \beta \dfrac{dL_t}{L_t}$。

　　根据索洛模型，经济增长率可被分解为资本增长率、劳动增长率和其他因素（索洛余值）增长率三部分，其中其他因素增长率就是 TFP 增长率，主要体现为科学知识、工程技术、先进管理组织等无形生产要素的增长率。索洛认为经济增长率的来源由两部分组成，即投入要素增长率和全要素增长率，而且由于生产要素的稀缺性，投入要素增长率是有限的且趋于零，因此全要素生产率是经济增长率持续提升的唯一来源。显然索洛的全要素生产率理论有模糊之处，就是没有论述清楚 TFP 的产生机理，即 TFP 是如何实现的？缺乏对全要素生产率的结构分解，科学知识、工程技术、先进管理组织不能独立作用于经济增长率，只能通过物质资本和劳动力作为载体，实现物质资本生产率和劳动力生产率的提高，从而实现经济系统效率提升，促进经济增长，所以 TFP 不仅体现了投入要素的单要素生产率的变化，也体现了通过科学知识、工程技术、先进管理组织影响投入要素的效率来提升生产效率的一个综合指标。因此，西北地区经济高质量发展的宏观效率变革就是提高总量全要素生产率，应该加强科技创新投入、人力资本投入，以提高劳动生产率；应该加强物资资本的科学配置，以提高物质资本生产率，最终达到全要素生产率提升。

二 经济高质量发展效率变革估算方法的演进

索洛提出全要素生产率理论后，经济学界关于如何准确计算全要素生产率开展了大量研究，代表人物乔根森（Dale W. Jogenson）和格瑞里奇斯（Zvi Griliches）等先后将经济理论与指数理论相结合计算 TFP 增长率，最终形成了一套完善严谨的增长核算框架。乔根森增长核算框架将宏观增长来源分解与国民统计核算体系有效对接。对全要素生产率的估算方法主要有两种：（1）参数方法，潜在产出法、索洛残差法、代数指数法、随机前沿分析法、隐藏变量法等；（2）非参数方法，DEA 数据包络分析法、Malmquist 指数法、Malmquist 指数和数据包络分析结合的方法等。

微观层面 TFP 增长率估算主要遵循以生产前沿面为基准的相对效率测算思路，它最早源于 Farrell 的创新性工作。Farrell 从厂商"多投入、多产出"特点出发，利用生产前沿面衡量不同厂商相对投入的生产效率。全要素生产率（Total Factor Productivity，TFP）定义为投入与产出之比，技术效率是指一个行业中的厂商在给定技术条件和投入约束下，生产过程逼近生产前沿面的程度。如果位于生产边界上，那么厂商技术有效，如图 8-1 中 B 点所示；如果位于生产前沿面之下，那么厂商技术是无效的，如图 8-1 中 A 点所示；如果一个厂商从点 A 移动到点 B，那么就说明厂商通过技术效率改进提高 TFP。点 C 是全要素生产率的最大点，是技术有效又是规模最优的点。如果从点 B 移动到点 C，这是由规模效率变化引起的全要素生产率的提升，如果时期 1 的生产边界 F_1 上升到时期 2 的生产边界 F_2，那么所有厂商的全要素生产率有所提升，此提升为技术进步所导致。如果知道生产要素的价格信息，则产出一定条件下的最低成本投入要素组合就是配置效率。所以从微观层面进行的效率变革，即提高全要素生产率就是探寻技术进步，提高企业技术效率或者生产向更有效率的企业转移，寻求生产中的成本节约（配置效率和规模效率）。

由以上分析可以看出，无论是单要素生产率还是全要素生产率都是

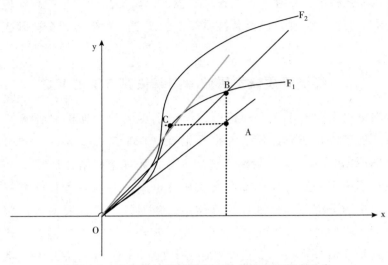

图 8 – 1　生产率、规模效率、技术效率和技术进步

从供给端出发关于工业生产能力的度量。然而我们正在经历网络经济，网络经济引起了经济结构、经济运行机制、经济主体的协同作用等一系列变化，它已成为新经济形态，人们普遍认为网络技术对于经济系统的革命作用在某种程度上可以与蒸汽机和电力发动机对于经济系统的革命作用相提并论。但是"索洛悖论"提出"我们到处都能看见计算机，唯独在生产率统计方面看不见它"。乔根森（Jorgenson）教授在实证研究中，也发现 2005～2010 年美国经济增长中的 TFP 对产出增长的贡献比较之前呈现出大幅下降。从此在 20 世纪 90 年代开展了对"索洛悖论"的热烈讨论，即网络经济下的全要素生产率的讨论，讨论的观点主要有两种，一种观点认为通过以工业生产为特征的方法来解释服务业的生产效率，忽视了服务业经济活动中衡量定量附加价值是非常困难的，即将"TFP"这个工业概念原原本本地套用到服务业经济活动中是不可行的。因为"全要素生产率"这个概念被用来描述投入与产出的关系，而服务业的产出难以度量，例如教育的产出难以度量，因此很难将这一概念运用到服务业中，但是提高"全要素生产率"的政策文件却是越来越多。第二种观点认为，采用不同的数据和计算公式，得到的结果也非常不同，如"在 2002 年到 2004 年之间，如果根据工资成本指数来计算定量的附加价值，在计算机服务领域的生产力年均降低 0.5%；相反地，若是根据新收集的价格指数来计算，生产力则年均增长 4%"（Okham，2007）。在服务业占 GDP 比重不断增大的情况下，需要我们不断探索全要素生产率的概念、理论和估算方法。

三　西北地区经济高质量发展中要素生产率变化的特征分析

1978～2008 年，西北地区经济以年均大约 15.68% 的增长速度经历了 30 年的高速发展，之后经济增速开始下降，目前经济增长速度处于 10.61% 的水平。1978～2018 年，这 40 年间关于经济高速增长的源泉和经济增速下降的原因引起了国内外学者的广泛关注，许多大学经济管理学院的教授关于这一问题进行过研究，例如清华大学白重恩教授、北京大学中国经济发展研究院林毅夫教授、中国人民大学郭庆旺教授与陈彦斌教授、南京大学洪银兴教授、社会科学院数量经济与技术经济研究所郑玉歆教授、西北大学任保平教授；国外的经济学家如英国诺贝尔经济学奖得主罗纳德·哈里·科斯等也开展这一问题的研究。经济增长速度的持续下降的原因和趋势引起学者、研究机构的深入研究，虽然研究的角度、方法和理论丰富多样，但是研究结果归纳起来有两种观点：一种认为经济增速的下降是受周期性因素的影响，是一种投资型的短期趋势；另一种多数学者认为这一变化是受潜在经济增长率下降影响，是一种效率型的长期性趋势。经济增速下降更引起了各级政府的高度关注，甚至引起经济增速虚报的社会问题，基于经济增长速度和特征的变化，中央政府在 2018 年经济工作会议中做出了正确判断和具体的部署："质量、效率和动力"三大变革才是推动经济高质量发展的新时代路径。

关于经济增长速度下降的分析核心是对经济增长源泉的认识，按照新古典经济增长理论中的观点，卡尔多认为人口增长和技术进步两个因素是决定经济增长的关键因素，索洛认为全要素生产率提高（技术进步）是经济增长的唯一因素。诺尔多还提出单纯的经济因素或技术因素难以解释经济增长，经济结构、制度安排、企业家精神、产权制度等也是影响经济增长的因素。若斯提出了著名的观点："有效率的组织是经济增长的关键；有效率的经济组织是西方经济兴起的原因"。因此，分析 TFP 增长速度变化的原因是了解西北地区经济增速下降原因的关键。

（一）西北地区经济高质量增长中的劳动力及其生产率变化
分析

从劳动力数量角度来看，2008～2017 年西北地区劳动力数量总体
呈上升趋势，2008～2011 年上升幅度较大，在 2013 年后缓慢上升。
从劳动力人口数量占总人口数量比重来看，总体呈倒 U 形，2011 年比
重最大，占 74.83%，自 2011 年后劳动力人口比重急剧下降，人口红
利逐渐消失。

图 8-2　2008～2017 年西北地区劳动力人口总量及劳动力人口占总人口比重
资料来源：《中国统计年鉴》（2009～2018 年）。

从人口结构角度来看，西北地区已迈入老龄化社会。2008～2017 年西
北地区 15 周岁及以上到 64 周岁以下人口数一直占总人口数的 72%～
75%，且 2011～2017 年比重不断下降；15 周岁以下（不含 15 岁）人口数
占地区总人口数的 17%～20%；65 周岁及以上人口占地区总人口数的
7%～10%，2010～2017 年比重不断上升。表明西北地区老年人口比重持
续加大，老龄化程度加剧。

抚养比缓慢上升，"人口红利"逐渐消失。2010～2017 年，西北
地区少儿抚养比从 23.76% 上升至 25.40%，增加了 1.64 个百分点；
老年抚养比从 10.35% 增加到 13.35%，上升了 3 个百分点；人口总抚
养比从 34.11% 持续上升至 38.75%，增加了 4.64 个百分点，具体如
图 8-4 所示。

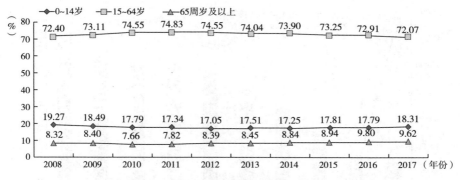

图 8 - 3　2008～2017 年西北地区人口年龄结构

资料来源:《中国统计年鉴》(2009～2018 年)。

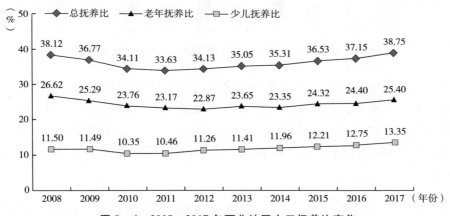

图 8 - 4　2008～2017 年西北地区人口抚养比变化

资料来源:《中国统计年鉴》(2009～2019 年)。

从劳动生产率角度来看,2017 年全国全员劳动生产率为 101231 元,西北地区为 82161 元/人,仅为全国的 81.16%。就劳动生产率的增长率指标而言,2010～2015 年,西北地区劳动生产率的增长率呈现持续下滑趋势,2015 年更是降至 -0.54%。2015 年之后,劳动生产率的增长率开始上升,2017 年增至 9.04%(见图 8-5)。

西北地区正面临劳动力数量不断减少、人口结构老龄化、劳动生产率的增长率持续下降的现状,导致"人口红利"迅速消失,劳动力成本不断攀升,人力资本改善速度放慢,资本报酬开始递减。推动经济增长的传统动力正逐步消失,结果必然是潜在增长能力降低。未来西北地区经济高质量发展的关键在于提高劳动生产率,提高劳动生产率有三条路径:

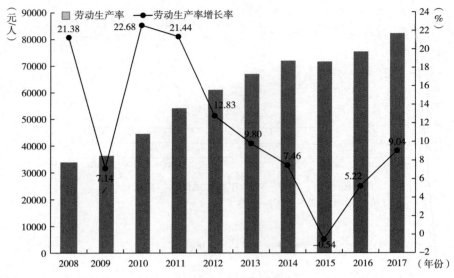

图 8 – 5　2008～2017 西北地区劳动生产率及劳动生产的增长率

一是提高资本劳动比，但这种方式会受到资本报酬递减规律的制约；二是改善人力资本，人力资本教育水平的提高需要长期积累，并非一朝一夕能达成；三是提高全要素生产率，在劳动力无限供给阶段结束后，通过资源重新配置和技术进步实现全要素生产率的提高才是未来经济高质量发展的可持续源泉。

（二）西北地区经济高质量发展中的物质资本投入及其生产率变化分析

过去 30 多年物质资本高投资推动了西北地区经济的高速增长，但高投资往往对应着资本深化。张军（2002）认为资本深化会因为资本的边际报酬递减，要素驱动型经济增速放缓，其结果是降低整体经济效率，透支经济增长的潜力。以 1978 年为基期，计算 1992～2017 年西北地区固定资本存量及其增长率，结果如图 8 – 6 所示。从图 8 – 6 中可以看出，虽然西北地区固定资本存量值从 1992 年到 2017 年不断上升，2017 年达到了 9000 亿元，但是固定资本存量的增长率自 1994 年后不断降低，2017 年固定资本存量增长率下降至 3%。从图 8 – 7 中可以看出，从 1998 年的 57% 持续下降到 2017 年的 38%。随着物质资本存量的不断增加，物质资本生产率却日益下降。这意味着，西北地区资本配置效率的改善空间已经不大，要促进西北地区经济的进一步增长，更需要着重于动态效率的提升，也就是全要素生产率的增长。

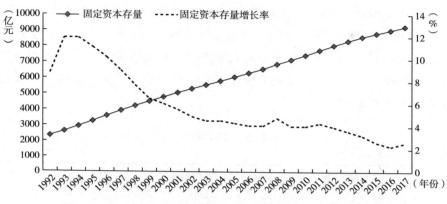

图 8 - 6　1992 ~ 2017 年西北地区固定资本存量及其增长率变化

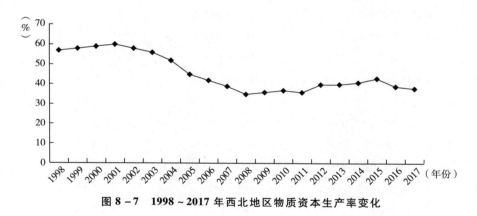

图 8 - 7　1998 ~ 2017 年西北地区物质资本生产率变化

（三）西北地区经济高质量发展中的全要素生产率变化分析

众多学者采用不同方法对 TFP 及其增长率进行测算，测算结果如表 8 - 1 和图 8 - 8 所示。管晓明（2014）认为近年来潜在经济增长率的下降，主要是由于全要素生产率持续下降；白重恩（2016）研究认为近年来经济增长率下降是受潜在经济增长率下降的影响，潜在经济增长率下降导致了人力资本增长率和全要素生产率增长率双重下降。从图 8 - 8 整体上可以看出，学者们的测算结果尽管或多或少地存在差异，但是总的变化趋势基本

一致。即全要素生产率的增长率从 1990 年至 1992 年保持上升态势，1992
年上升到最高点。1992～1999 年全要素生产率的增长率持续下降，2000 年
开始不断攀升，一直持续到 2008 年。自 2008 年起，TFP 增速又开始呈现
下降趋势。2007 年 TFP 增长率约为 5%，2008 年 TFP 增长率下降为负值，
2012～2014 年 TFP 增长率下降在零值附近并逐渐趋于稳定。结合经济增长
实际情况和表 8-1、图 8-8 所展示的研究结果可以发现，TFP 增长速度
的下降是导致经济增速下降的关键。因此，西北地区未来经济发展主要在
于提升全要素生产率。

表 8-1   西北地区 TFP 的不同测算结果

单位:%

研究者	时间段	TFP 年均增长率
张军 (2002)	1978～1998 年	2.81
张军 (2003)	1980～2000 年	3.70
颜鹏飞等 (2004)	1992～2002 年	0.79
郭庆旺等 (2005)	1979～2004 年	0.89
孙琳琳等 (2005)	1980～2002 年	3.15
张宇 (2007)	1980～2002 年	5.00
徐家杰 (2007)	1978～2002 年	3.06
吴延瑞 (2008)	1992～2004 年	2.94
章祥苏和贵斌威 (2008)	1991～2002 年	1.58
李斌等 (2009)	1979～1991 年	-0.65
任若恩等 (2009)	1980～2000 年	3.31
尹向飞 (2010)	1986～2005 年	1.84
周燕等 (2011)	1996～2007 年	6.70
赵志耘等 (2011)	1979～2009 年	1.39
张健华等 (2012)	1979～2010 年	2.48
董敏杰和梁泳梅 (2013)	1991～2002 年	3.94
张少华 (2014)	1986～2009 年	3.49
王芳和李健 (2015)	1993～2012 年	5.10
高帆 (2015)	1978～2012 年	2.20
吕连菊和阚大学 (2017)	1987～2015 年	0.80

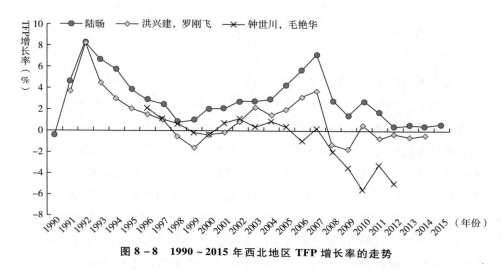

图 8 - 8　1990 ~ 2015 年西北地区 TFP 增长率的走势

通过以上分析可以看出，西北地区人口数量增长率下降，人口结构呈现老龄化分布，劳动力成本不断升高，劳动力生产率不断降低，物质资本投资增长率下降，物质资本生产率降低，全要素生产率持续下降，潜在经济增长率下降，传统经济增长动力衰退，经济增长处于中低速发展，以全要素生产率提升经济增长为显著特点。

四　影响西北地区经济高质量发展效率变革的因素分析

本节以理论分析和文献分析相结合的方法，分析影响西北地区全要素生产率提升的因素，只有找到导致全要素生产率下降的源头才能"对症下药"，找到提升西北地区全要素生产率的路径。关于影响西北地区全要素生产率提升的因素归纳有：金融发展、国际贸易、要素配置、R&D、基础设施、人力资本、产业结构、直接对外投资、教育水平、收入水平等。国内有影响力的研究当属白重恩，其研究认为：对外开放程度、收入水平、存贷规模、劳动力数量、政府投资规模和投资率下降是导致全要素生产率下降的主要因素；蔡昉研究认为：要素配置、人力资本、投资率、产业结构等是影响全要素生产率的重要因素；李平研究认为研发经费投入（R&D）、人力资本积累、产业结构、要素配置、金融体系成熟程度等是影响全要素生产率提升的重要因素。本文采用归纳方法指出影响西北地区全要素生产率提升的主要因素有以下五方面。

（一）要素配置效率是影响西北地区全要素生产率提升的关键因素

改革开放以来，要素配置效率的改善是全要素生产率提高的重要原因之一（易纲等，2003）。随着政府不断放宽对于劳动力流动的限制以及对于资本市场的管制，市场逐渐成为要素配置的主要方式，大大降低了劳动力和资本要素投入的扭曲程度，使得劳动力流动性增加，资金使用效率提高，从而推动全要素生产率提升。对于要素配置和全要素生产率之间的关系，国内学者进行了详细的实证分析。钱雪亚和缪仁余运用随机前沿模型对 2003~2011年 TFP 进行研究发现，要素配置效率低是全要素生产率提升的最大约束，在"要素配置有效"的假设下全要素生产率增长率将提高 3.06%。简泽通过对制造业进行研究后发现，市场不完全引起的产业内要素配置扭曲使得全要素生产率年损失达到 40% 以上。因此，可以得出要素配置扭曲是制约西北地区全要素生产率进一步提升的重要因素。

（二）产业结构优化升级是影响西北地区全要素生产率提升的核心因素

产业结构优化升级指的是经济发展重心从第一产业转移到第二、第三产业的过程，产业结构标志着经济发展的方向。从劳动力流动情况看，劳动力从生产效率较低的产业向较高的产业流动，从而促进全社会全要素生产率水平的提高，维持了经济的持续增长。国内学界关于产业结构优化升级对 TFP 提升的影响进行了实证研究，毛丰付和潘加顺（2012）通过将产业结构变量引入城市 TFP 函数来分析产业结构对城市劳动生产率的影响。该研究认为产业结构对城市劳动生产率的提升有正向影响。同时，中部区域的工业化水平提高能显著促进城市劳动生产率提升，而东部和西部区域由于"工业化"水平已经相对较高，对城市劳动生产率的提升作用已经不太明显。余永泽等（2016）以三次产业结构、工业结构和服务业结构为变量，研究产业结构升级对 TFP 的影响。发现三次产业结构升级和工业结构升级对 TFP 的提升起促进作用，但工业结构升级的影响存在时滞，而生产性服务业的发展在一定水平上抑制了 TFP 的提高。尤济红和高志刚（2013）采用随机前沿模型研究了西北地区 1990~2010 年的生产效率变化及其影响因素，研究发现由于西北地区的工业发展模式仍然较为粗放，过于依赖能源消耗与资本投入，技术效率较低，从而抑制了整体经济发展效率的进一步提高。从理论分析和实证研究结果可看出，产业结构优化升级能显著提升西北地区的全要素生产率。

（三）全面对外开放是提升西北地区全要素生产率的重要因素

经济开放水平的提高会通过增加西北地区的国际贸易份额、吸引外商来华进行投资，且通过后发优势来影响全要素生产率水平。随着全球化水平的不断提升，国际进出口贸易的增加会促使知识外溢，有助于西北地区学习先进的技术和管理经验，促进全要素生产率水平的不断提升。同时，外商直接投资（FDI）的增加可能带来技术溢出效应，增大国内企业的竞争压力，迫使其加大科技创新投资力度，产生产业集群效应，促进相关配套企业发展，从而影响全要素生产率水平。李小平等（2008）采用 DEA 方法对西北地区 1998～2003 年工业行业的 TFP 增长率进行估算并分解，在此基础上研究进、出口对 TFP 的影响，发现出口对于工业行业 TFP 的影响并不明显，而进口却对 TFP 的提升起到了正向的促进作用，这可能是进、出口商品结构差异所致。西北地区出口商品大多为劳动密集型商品且技术含量不高，而进口商品大部分为资本密集型商品，工业行业可从中学习先进的技术从而促使 TFP 提升。许和连等（2006）分析了西北地区 1981～2004 年的贸易开放水平和人力资本水平对 TFP 的影响，发现提高贸易开放水平会使 TFP 显著提高。因为贸易开放有利于充分发挥比较优势，通过与发达地区进行贸易往来，西北地区企业学习先进的技术和管理经验，进而提升 TFP。更重要的是，贸易开放水平的提高将迫使企业加大对人力资本的投资，提高人力资本的积累水平，并且促进人才流动，使要素配置更加合理，从而提升 TFP。何元庆（2007）采用 DEA 方法测算并分解了 1986～2003 年的 TFP，然后分析进出口和 FDI 对 TFP、技术进步和技术效率的影响。得出结论：进口和出口分别对技术效率的提升产生负向和正向的影响，而 FDI 对技术效率的影响则不显著。另外，出口在一定程度上抑制了技术进步和 TFP 的提升，但影响程度较轻，而进口和 FDI 则对技术进步和 TFP 产生正向的促进作用。根据理论分析和实证研究结果可看出，经济开放是推动西北地区全要素生产率提升的重要因素。

（四）从宏观层面看 R&D 投入是影响西北地区全要素生产率提升的基础因素

根据 Romer（1990）的内生经济增长模型，知识和技术研发产生科技创新，科技创新产生知识溢出效应，推动生产前沿面前移，可以促使全要素生产率提升，拉动经济增长。同时，微观层面的制度创新，激发劳动者的创造性和积极性，推动技术效率提升，同样可以提升全要素生产率。关于 R&D 投入和全要素生产率的关系，国内众多学者从实证角度进行了研究。董桂才和朱晨（2013）使用增长核算法测算出各工业行业 2003～2012 年的 TFP 增长率，在此基础上分析得出 R&D 投资与 TFP 之间存在显著正相关关系。徐圆（2009）运用基于 Romer 的知识驱动型 R&D 模型分析了国内和国际 R&D 投资对工业行业 TFP 的影响。发现虽然总体 R&D 投资拉动了 TFP 的提升，但是行业之间 R&D 投资的影响却大于行业内部 R&D 投资的影响，并且国外 R&D 投资对 TFP 产生的正向溢出效应也高于国内 R&D 投资的正向溢出效应。通过以上理论分析和实证研究可以得出，加大科技投入对西北地区全要素生产率有显著的正向促进作用。

（五）教育和人力资本投资是影响西北地区全要素生产率提升的长期因素

人力资本是指劳动者通过教育、培训等形式所获得的知识和技能。卢卡斯认为人力资本积累是使经济持续增长的决定性因素。他将知识和技术看作经济增长的内生变量，并认为通过教育和培训获得特殊知识和专业化的人力资本也能促进经济增长。人力资本的积累可以提高劳动力质量，同时具有外部溢出效应，不光能提升劳动者自身的生产效率，也能促使全行业生产效率提高。刘智勇和胡永远（2009）采用索洛余值法估算了各省区的全要素生产率，并对全要素生产率的决定因素进行了分析，发现人力资本对全要素生产率的提升具有显著的促进作用，同时与东部地区相比，中西部地区人力资本对全要素生产率的贡献十分突出，远高于其他影响因素。然而，部分学者却认为二者之间并不存在正相关关系，如颜鹏飞和王兵（2004）通过研究发现人力资本对于全要素生产率的增长和技术进步具有负向的影响。彭国华（2007）考虑到人力资本结构的异质性，采用动态面板一阶差分 GMM 估计方法分析了不同人力资本类型对 TFP 的影响。结果表明，总体人力资本与 TFP 呈现负相关关系。其中，高等教育程度的人力资本对 TFP 有显著的正向影响，而中学教育程度和基础教育程度的人力资本对 TFP 的提升存在明显的抑制作用。结合以上理论分析和实证研究可以得出人力资本积累，尤其是高等教育程度的人力资本积累可以提升西北地区全要素生产率。

五　以效率变革推进西北地区经济高质量发展的路径与政策建议

在经济发展进入新时代之后，随着西北地区劳动力供给减少，人口红利逐渐消失，要素投入的生产率下降，导致潜在经济增长率下降。未来西北地区经济要实现高质量、可持续的发展，提高全要素生产率是唯一的选择。从宏观层面看提高全要素生产率就是提高生产要素配置效率和产业生产率，从微观层面看效率变革就是促进企业技术进步、提高技术效率和规模效率。本节从影响全要素生产率提升的主要因素和全要素生产率的实现机理出发，提出提升全要素生产率的路径与政策建议。

（一）发挥市场机制作用，提高生产要素配置效率

提高全要素生产率首先必须通过单要素生产率的提升路径来实现，即通过劳动生产率提升和物质资本生产率提升的路径来实现。因此，必须通过市场机制作用发挥对劳动力生产要素和资本生产要素的配置作用，而要素配置结构的转变主要通过要素价格体系的转变来实现，具体是建立劳动力、物质资本、土地及资源等要素价格的市场化配置机制。同时消除生产要素流动中的制度性障碍，例如从第一产业到第二产业、第三产业的劳动力流动，实际上就是从农村向城市的流动，要清除户籍差异等制度性障碍以防止出现"逆库兹涅茨"现象。其次在同一个行业内部形成生产要素的优化配置，加大对落后地区的政策扶持。通过税收、金融等政策改革，推动创新要素向落后区域转移集聚，为落后区域的经济发展提供有力支持。

（二）深化企业改革，提高生产要素技术效率和规模效率

在提高全要素生产率过程中，要发挥实体经济作用，就是要深化企业改革，充分发挥市场竞争机制的作用，通过部门内部进入、退出等改革，

将生产效率低的僵尸企业淘汰，使生产效率较高的企业不断发展。2017 年世界 500 强企业中，我国大陆有 109 家，其中民营企业 25 家，另有 54% 是国有及国有控股企业，营业收入 9.63 万亿美元，企业主要是金融和能源类企业。美国有 132 家，营业收入 12 万亿美元，企业主要是电子、通信和装备制造类。对比可以看出要深化企业改革，生产要素必须向电子、通信和装备制造类企业配置，才能激发民营企业活力。具体在激活民营企业的政策建议上，就是要拓宽企业融资渠道和开辟融资手段，鼓励企业通过 IPO 等方式上市，降低企业的融资成本；开展税收优惠，降低企业税收，通过税收鼓励创业和创新性地扩大经营。

（三）加大 R&D 投入，提高技术创新水平促进技术进步

R&D 投入是支持科技活动开展的投入。地区 R&D 占 GDP 比重可以衡量地区对科技的重视程度，因此，西北地区要通过科技创新促进全要素生产率提升，实现经济高质量就要持续加大 R&D 投入。

从宏观层面看，R&D 投入更多地着眼于新领域、新产业、新产品、新业态；通过技术创新、制度创新、产业升级扩大生产前沿面边界，形成新的生产能力和高质量的产品供给，具体看就是加强对网络经济 R&D 投入，网络经济就是创新经济，网络经济能诱发各种创新，能提升劳动生产率，能促进产业结构升级，能够实现农业时代、工业时代无法实现的生产组织方式的升级，因此网络经济能提高生产效率和生产组织效率，降低生产成本。在一些基础性的、关键性的互联网技术领域要发挥政府的组织作用，集中优势人力、财力开展研究，抢占互联网技术高地，形成网络经济核心竞争力。

从技术创新主体上要明确企业是技术创新的主体，企业是创新体系中最活跃的一环。目前国有企业或研发组织对研发人员的激励强度较弱，激励制度缺乏足够的灵活性。因此，深化国有企业改革是提高企业整体技术创新能力的关键之举。

从自主创新平台上看，强化高等院校、科研院所对企业创新的源头支持，建立三者深度融合的创新平台，改变传统意义上的高校、研究所和企业的项目合作制，形成高等院校、科研院所和企业组成的研发—投资—上市的新型创新创业平台机制。

（四）提高教育水平与人力资本质量，为提高全要素生产率提供根本保障

教育能够为经济社会发展提供人才根本保障，虽然西北地区教育发展成果显著，但是西北地区的高等教育无论是数量，还是质量与发达地区相比都存在差距，要有一流的高等教育才能为提高全要素生产率提供人才保障。

人力资本是人类拥有知识和有效运用知识的能力，人力资本水平直接决定了西北地区技术创新能力，虽然西北地区人力资本从改革开放后取得巨大进步，但是和经济发达地区相比仍有差距，而且随着西北地区老龄化社会的到来，人力资本更显得重要，从以 TFP 提升促进经济高质量发展的要求看，提高人口的素质和人力资本质量就成为提升 TFP 的根本保障。

充分发挥政府在人力资本投资中的主体作用，加大教育投入，提高财政性教育经费占 GDP 的比重；创造条件培育包括社会、企业、个人等的多元化人力资本投资体系；优化教育投资结构，合理配置教育资源，推广网络教育，促进地区间教育协调发展；在继续普及和巩固九年制义务教育的基础上加快推行十二年义务教育的步伐，完善职业教育和培训体系，加大对技能人才的培养力度，加快一流教学和一流学科建设，提高人力资本质量。

加快培养高层次创新型人才。坚持自然科学与社会科学、基础研究与应用研究并重，加快在信息科学、航空航天等领域培养一批具有国际领先水平的领军人物；在全球范围内实施人才引进战略规划，重点引进高新技术产业、新兴产业等需要的高质量人才。鼓励企事业单位以在境内外人才密集区建立研发机构等方式引进人才，加大人才激励制度建设。深化以技术入股等方式激发人才技术创新的积极性。

（五）建立以全要素生产率为核心的绩效考核体系，为提高全要素生产率提供制度保障

习近平在 2018 年第十三届全国人民代表大会召开时强调"功成不必在我"，意思是各级政府既要做显功，也要做潜功。因此，要提高全要素生产率就必须改变各级政府的政绩观，改变过去单纯以 GDP 增长率考核地方政府经济发展成绩的做法，取而代之以全要素生产率为核心的各级政府绩效考核体系。因此，应大力开展对经济运行系统中各细分行业全要素生

产率的统计和核算工作；改变以 GDP 为核心考核经济发展的传统方法，建立健全以全要素生产率为核心的考核和评价体系。同时将城镇就业率、人均收入水平、生态环境、社会治安秩序等反映人民生活质量的指标纳入考核体系中，从而在发展目标上更加注重经济发展的效率以及可持续性。

（六）全面对外开放，不断推进"一带一路"建设，持续发挥后发优势

开放是西北地区的长久战略，历史上西北地区经济社会鼎盛的时期一定是全面开放的时期，目前西北地区在许多高科技产业方面仍然与发达地区存在较大差距，后发优势依然存在，应继续加强对外开放。特别要大力推进"一带一路"建设，提高中西部地区和东部沿海地区的开放程度，激发其经济发展活力；要不断拓展对外开放的广度和深度，优化投资环境，提高外商直接投资的质量和效率；在充分利用后发优势的同时，不断加强自主创新能力，提升西北地区在高科技产业的核心竞争力。

一是以建立"人类命运共同体"为目标，充分利用西北地区在金融、工业、农业、科教人才、旅游资源、交通运输、文化产业、平台构建等方面的优势，与丝路沿线国家和地区在经济、科技、文化和教育等领域开展深入的交流合作，在开放的过程中不断培育竞争优势。二是建设具有国际水准的自由贸易试验区，充分发挥自贸区的优势，为投资提供便利，促进高端产业聚集。三是发挥比较优势，以互联互通为桥梁，通过贸易、技术交流、货币流通方式提高沿线国家和地区产业集聚度并促进产业转型。实现全要素生产率的提升，推动经济繁荣发展，对于西北地区来讲就是要支持旅游业、服务业等优势领域的企业"走出去"，大力发展对外加工、服务外包等外向型产业，努力形成以服务、质量、品牌为核心的出口竞争新优势。鼓励和支持具备条件的农业企业、地区政府与"一带一路"沿线国家和地区及城市建立合作关系，推动优势农业企业、优势品牌和优势特色农产品"走出去"。

参考文献

钞小静、任保平：《中国经济增长质量的时序变化与地区差异分析》，《经济研究》2011 年第 4 期。

樊纲：《公有制宏观经济理论大纲》，经济管理出版社，2007。

尹向飞：《中国全要素生产率增长的源泉及其影响因素研究》，西安交通大学出版社，2016。

OECD.《生产率测算手册——基于总量层次和产业层次生产率增长的测算》，科学技术文献出版社，2008。

孙旭：《人力资本约束下区域全要素生产率的增长差异研究》，科学出版社，2016。

林毅夫：《新常态下中国经济的转型和升级：新结构经济学的视角》，《新金融》2015年第6期。

李稻葵、金梦媛：《有质量的牛市——中国经济的新增长点》，《大众理财顾问》2014年第10期。

刘世锦：《从增长阶段理解发展方式转型》，《经济研究》2011年第10期。

蔡昉：《导致我国全要素生产率增长减速的四个趋势》，《经济研究参考》2016年第13期。

白重恩、张琼：《中国经济增长潜力研究》，《新金融评论》2016年第5期。

张军：《资本形成、工业化与经济增长：中国的转轨特征》，《经济研究》2002年第6期。

管晓明：《结构转型与中国潜在增长率变动分析》，《金融理论与实践》2014年第4期。

李平：《提升全要素生产率的路径及影响因素——增长核算与前沿面分解视角的梳理分析》，《管理世界》2016年第9期。

钱雪亚、缪仁余：《人力资本、要素价格与配置效率》，《统计研究》2014年第8期。

简泽：《市场扭曲、跨企业的资源配置与制造业部门的生产率》，《中国工业经济》2011年第1期。

毛丰付、潘加顺：《资本深化、产业结构与中国城市劳动生产率》，《中国工业经济》2012年第10期。

余泳泽、刘冉、杨晓章：《我国产业结构升级对全要素生产率的影响研究》，《产经评论》2016年第4期。

尤济红、高志刚：《1990—2010年西北地区经济增长效率及其影响因素的实证研究》，《兰州商学院学报》2013年第4期。

李小平、卢现祥、朱钟棣：《国际贸易、技术进步和中国工业行业的生产率增长》，《经济学》（季刊）2008年第2期。

许和连、亓朋、祝树金：《贸易开放度、人力资本与全要素生产率：基于中国省际面板数据的经验分析》，《世界经济》2006年第12期。

何元庆:《对外开放与 TFP 增长:基于中国省际面板数据的经验研究》,《经济学》(季刊)2007 年第 4 期。

董桂才、朱晨:《中国工业全要素生产率增长行业差异及其影响因素研究——基于增长核算法 2 位数编码工业行业面板数据的实证分析》,《中央财经大学学报》2013 年第 11 期。

徐圆:《国际 R&D 溢出、产业间贸易流与中国制造业生产率》,《经济科学》2009 年第 3 期。

刘智勇、胡永远:《人力资本、要素边际生产率与地区差异——基于全要素生产率视角的研究》,《中国人口科学》2009 年第 3 期。

颜鹏飞、王兵:《技术效率、技术进步与生产率增长:基于 DEA 的实证分析》,《经济研究》2004 年第 12 期。

彭国华:《我国地区全要素生产率与人力资本构成》,《中国工业经济》2007 年第 2 期。

第九章
西北地区经济高质量发展的全要素
生产率测算

党的十九大报告指出，中国经济已由高速增长阶段转向高质量发展阶段。这一关键节点意味着，实现更高质量、更有效率、更加公平、更可持续的发展是中国经济突破 30 多年高速增长后产生的结构性矛盾和资源环境瓶颈的必然要求。高质量发展的目标已经转变为经济发展质量的提升，而不再单纯是数量的增长。根据索洛经济增长模型，经济增长有两种方式：一种是投入型经济增长，即通过增加资本、劳动力等生产要素的投入扩大生产规模，提高产出，实现经济增长；另一种是内涵型经济增长，是通过提升全要素生产率促进物质资本生产率和劳动力生产率提高的增长方式，由于生产要素的稀缺性，投入要素增长是有限的且有趋于零的趋势，全要素生产率是经济增长率持续增加的唯一来源。因此，在资本、劳动力等要素投入约束日益增强的背景下，实现经济高质量增长必须依靠提高全要素生产率。测算并分析西北地区全要素生产率的变化特征及其对经济增长的贡献率兼具理论意义和现实意义。本章结构安排如下：第一部分阐释全要素生产率的内涵、意义、形成机制及提升路径；第二部分测算西北地区整体、分省区及三次产业全要素生产率，并考察其变化特征；第三部分将西北地区和全国、华东地区进行对比评价分析，此外测算分析西北地区资本投入、劳动投入和全要素生产率对经济增长的贡献；第四部分给出提升西北地区全要素生产率的对策建议。

一 引言

（一）全要素生产率的内涵

全要素生产率是经济学中一个重要概念，实际上经济学家最初开始研究的是劳动生产率和资本生产率等单要素生产率，认为有形的劳动生产率和资本生产率的提高是经济增长的主要源泉。第三次工业革命（大约在1950年）后，计算机新技术的广泛应用，科学技术和新技能等无形生产要素促进世界各国经济快速增长，而且劳动生产率、资本生产率等单因素生产率的提高对经济增长的贡献难以解释经济增长的现象，经济学家一致认为对经济增长起促进作用的是有形的、具体的生产要素量的积累和无形的、非具体的科学技术和新技能等相互作用的共同结果。无形的、非具体的科学技术和新技能等对经济增长的促进作用就称为全要素生产率（Total Factor Productivity，TFP）。因此，全要素生产率是指在各要素（如资本和劳动）投入水平既定的条件下，由投入之外的技术进步、组织创新、专业化和生产创新等产生的额外的生产效率。在计算时，全要素生产率表现为剔除劳动、资本、土地等要素投入贡献后所得到的残差。要特别说明一点，全要素生产率不是所有要素的生产率，而是经济增长中不能分别归因于有形生产要素的增长部分，因而全要素生产率只能用来衡量除去所有有形生产要素以外的纯技术进步的生产率。

（二）测算全要素生产率的意义

（1）全要素生产率是分析经济增长源泉的重要工具，即分析投入要素增长、技术进步和技术效率对经济增长的贡献，依据经济增长理论，一切经济增长都是要素增长和技术进步的结果，只要生产要素不断积累就会促进经济增长，技术不断提升经济就能持续增长，因此，通过全要素生产率中的技术进步率可以判断经济是投入型增长还是效率型增长，以确定经济增长的可持续性。

（2）全要素生产率是制定和评价经济政策的重要依据。具体来说，通过全要素生产率增长对经济增长的贡献与要素投入对经济增长的贡献的比较，就可以确定经济政策是应以增加总需求为主还是应以调整经济结构、促进技术进步的总供给为主。

党的十九大报告做出了对我国经济发展进入新时代的重要判断：我国经济基本特征是由高速增长阶段转向高质量发展阶段，我国经济将形成"质量、效率和动力"三大变革。这也就意味着我国经济增长的目标由过去单纯追求经济数量的增长变为经济发展质量的提升。核心是经济增长模式从投入驱动型向创新驱动型转变。经济增长模式是创新驱动型的，还是要素投入型的可以通过全要素生产率来衡量。因此，测算西北地区全要素生产率变化可以清楚识别西北地区当前的经济发展模式的转变进程，据此提出相应的经济对策。

（三）全要素生产率的形成机制

按照全要素生产率定义，在一个行业中在给定技术条件和投入约束下，生产过程逼近生产前沿面的程度称为技术效率。要素边际产出递增和边际产出递减的分界点称为规模效率最优点，生产前沿面的推移提升称为技术进步。由此可知，构成全要素生产率有三个来源，分别是：技术进步、技术效率改善以及规模效率。具体情况如图 9－1 所示。其中，"技术进步"来源于新技术与新发明应用于生产领域的技术创新，表现为，各种科学技术的运用和新工艺的采用；"技术效率改善"主要来自制度、税收和专业化水平等的优化，微观上是企业组织管理的创新，激发管理层及员工的积极性等；"规模效率"来源于管理能力和生产经验、要素配置。

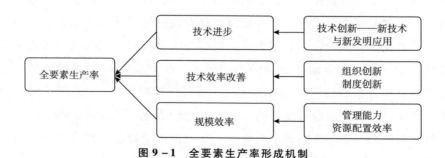

图 9－1　全要素生产率形成机制

（四）全要素生产率的提升路径

按照全要素生产率的形成机制来看，提升全要素生产率的路径总体上可分为三类：一是通过技术进步实现生产效率的提高；二是通过组织创新和制度创新等提高技术效率，主要表现为在生产要素投入之外，通过体制优化、组织管理改善等无形要素提高全要素生产率；三是通过提高管理能力，优化生产要素的重新组合实现配置效率的提高。从微观层面上讲，企业采用了新技术、新工艺，开拓了新市场，开发了新产品，改善了管理，体制改革激发了人的积极性，都可以提高全要素生产率。从宏观层面上讲，通过资源重新配置，比如劳动力从生产率较低的农业部门转向生产率较高的非农部门，就可以提高全要素生产率。

1. 以创新驱动提高全要素生产率

创新包含科技创新、体制机制创新、管理创新、制度创新等。根据罗默（Romer）的内生经济增长模型，知识和技术研发产生科技创新，科技创新产生知识溢出效应，推动生产前沿面前移，可以促使全要素生产率提升，拉动经济增长。同时，微观层面的制度创新，会激发劳动者的创造性和积极性，推动技术效率提升，同样可以提升全要素生产率。两个创新有机结合起来，才能推动全要素生产率提高。因此要提高全要素生产率，一方面要以科技创新推动产业结构优化升级，另一方面要以体制创新消除制度性障碍，完善制度环境。这样不仅可以挖掘劳动力供给潜力，促进资源重新配置，延长传统的人口红利，而且可以加快技术创新速度，赢得新的增长动力。

2. 依靠转方式和调结构提高全要素生产率

转方式就是指要把过去过度依赖自然资源的发展方式，转向更多依靠人力资本的发展方式。人力资本是指劳动者通过接受教育、培训等所获得的知识和技能。人力资本的积累可以提高劳动力质量，同时具有外部溢出效应，不仅能提升劳动者自身的生产效率，也能促使全行业生产效率提高。调结构是指将经济发展重心从第一产业转移到第二、第三产业的过程，产业结构标志着经济发展的方向。从劳动力流动情况看，劳动力从生产效率较低的产业向较高的产业流动，从而促进全社会全要素生产率水平的提高，维持经济的持续增长。

3. 改善要素配置效率提高全要素生产率

要素配置效率就是以投入要素的最佳组合来生产出"最优的"产品数量组合，即在投入不变的条件下，通过资源的优化组合和有效配置，提高效率，增加产出。改善要素配置效率应该充分发挥市场的主体作用，降低劳动力和资本要素投入的扭曲程度，优化要素增量和存量结构，使得劳动力流动性增加，资金使用效率提高，将要素使用达到边际收益最高的配置状态，从而有效提升规模效率，进而推动全要素生产率提升。

二　西北地区全要素生产率的变化特征

（一）变量选取和数据说明

1. 实际产出水平（Y）

测算西北地区全要素生产率时，根据西北各省区统计年鉴及国家统计局网站公布的生产总值指数（上年＝100）计算出 GDP 平减指数，进一步通过当年的名义 GDP 除以 GDP 平减指数（以 1990 年为基期）得到当年实际 GDP，作为衡量产出水平的变量。测算西北地区三次产业全要素生产率时，根据西北各省区统计年鉴及国家统计局网站公布的生产总值指数（上年＝100）计算出 GDP 平减指数，进一步通过当年的名义 GDP 除以 GDP 平减指数（以 2005 年为基期）得到当年实际 GDP，作为衡量产出水平的变量。

2. 实际资本存量（K）

选择目前普遍采用的永续盘存法来计算西北地区的物质资本存量，资本存量的估算公式为：$K_{it} = K_{it-1}(1 - \delta_{it}) + I_{it}$。其中 i 指 i 地区，t 指第 t 年。一共涉及 4 个变量。当年投资 I、投资品价格指数、经济折旧率 δ 以及基年资本存量 K。近期研究一般采用资本形成总额或固定资本形成总额来度量当年投资，本研究选择固定资本形成总额。对于固定资本价格指数，本研究直接采用西北各省区统计年鉴以及国家统计局网站公布的数据，在此基础上求得以 1990 年为基期的不变价格表示的真实固定资本形成总额和以 2005 年为基期的不变价格表示的真实固定资本形成总额，分别用以计算西北地区整体、西北各省区以及西北地区三次产业实际固定资产投资形成总额。基期的资本存量我们按照国际常用方法计算：$K_0 = I_0 / (g + \delta)$。其中，K_0 是基期资本存量，I_0 是基期投资额，g 是样本期真实投资的年平均增长率，经济折旧率采用张军等（2004）的研究成果，取值 9.6%。

3. 劳动投入（L）

考虑现有统计数据，分别选用西北各省区年末常住人口和西北地区三次产业就业人数作为劳动投入的指标。

（二）西北地区整体及各省区全要素生产率测算及分析

本节计算了 1991～2017 年 27 年间西北地区整体及各省区全要素生产率，并对该期间全要素生产率变化特征进行了分析。表 9－1 列出了西北地区整体及各省区全要素生产率变化趋势。

表 9－1　1990～2017 年西北地区整体及各省区 TFP 变化趋势

年份	西北地区	陕西	甘肃	青海	宁夏	新疆
1991	1.041	1.002	0.981	0.991	0.987	1.059
1992	1.046	0.986	1.008	0.994	0.995	1.037
1993	1.044	0.980	0.987	0.971	0.986	0.972
1994	1.032	1.022	1.037	1.030	1.005	1.049
1995	1.034	1.058	1.042	1.045	1.038	1.049
1996	1.040	1.064	1.087	1.061	1.061	1.028
1997	1.042	1.075	1.071	1.066	1.059	1.058
1998	1.052	1.102	1.090	1.090	1.068	1.056
1999	1.052	1.093	1.080	1.073	1.087	1.071
2000	1.060	1.081	1.085	1.074	1.067	1.046
2001	1.063	1.077	1.085	1.108	1.084	1.065
2002	1.071	1.099	1.096	1.098	1.090	1.073
2003	1.087	1.107	1.097	1.102	1.106	1.085
2004	1.093	1.103	1.085	1.102	1.078	1.082
2005	1.091	1.104	1.105	1.106	1.090	1.081
2006	1.094	1.112	1.092	1.104	1.112	1.087
2007	1.106	1.122	1.107	1.098	1.104	1.086
2008	1.099	1.103	1.066	1.070	1.068	1.044
2009	1.088	1.139	1.094	1.093	1.112	1.085

年份	西北地区	陕西	甘肃	青海	宁夏	新疆
2010	1.105	1.125	1.098	1.126	1.105	1.075
2011	1.104	1.106	1.099	1.095	1.076	1.076
2012	1.100	1.113	1.111	1.106	1.100	1.111
2013	1.086	1.097	1.105	1.095	1.093	1.100
2014	1.074	1.089	1.087	1.082	1.069	1.090
2015	1.062	1.082	1.092	1.087	1.089	1.083
2016	1.060	1.074	1.081	1.078	1.077	1.068
2017	1.050	1.049	1.003	1.037	1.042	1.047
平均值	1.069	1.079	1.072	1.073	1.068	1.065

由表 9 - 1 可以看出，1991 ~ 2010 年西北地区及其各省区全要素生产率变化率（如无特殊说明，后文均称 TFP 变化率）基本呈现增长态势，但 2010 ~ 2017 年各地区 TFP 变化率整体下滑。1991 ~ 2010 年，西北地区 TFP 变化率整体呈稳定增长趋势，年均增幅 0.31%。而 2011 ~ 2017 年，西北地区 TFP 变化率持续明显下滑，年均下降 0.73%。具体从西北各省区来看，1991 ~ 2017 年西北五省区 TFP 变化特征基本类似，在某些年份有微小差异。

1991 ~ 2010 年陕西 TFP 变化率呈上升趋势，年均增长 0.71%。在 2009 年达到最高值 1.139，2011 ~ 2017 年，陕西 TFP 变化率持续下滑，年均下降 0.99%。1993 年陕西 TFP 变化率降至最低值，为 0.98，1991 ~ 2017 年陕西平均 TFP 值为 1.079，排名西北五省区首位。

青海 TFP 变化率在 1991 ~ 2009 年间呈上升趋势，年均增长 0.67%，最高值在 2010 年实现，为 1.126。2010 ~ 2017 年，青海 TFP 变化率下滑趋势较为显著，年均降低 1.17%。青海 TFP 变化率最低值出现在 1993 年，为 0.971，1991 ~ 2017 年青海 TFP 平均值为 1.073，在西北五省区中排名第二。

1991 ~ 2012 年甘肃 TFP 变化率呈上升趋势，年均增长 0.59%。2013 ~ 2017 年，甘肃 TFP 变化率出现大幅度下降，年均降幅 2.02%。甘肃 TFP

变化率最低值出现在 1991 年，为 0.981，最高值在 2012 年实现，为
1.111，平均值为 1.072，在西北五省区中排名第三。

宁夏 TFP 变化率在 1991～2003 年呈较明显增长趋势，年均增幅达
0.95%。2003～2009 年，宁夏 TFP 变化率呈现波动震荡态势，有 0.08% 的
小幅增长。但 2009～2017 年，宁夏 TFP 变化率开始持续下降，年均降低
0.84%。宁夏 TFP 最低值出现在 1993 年，为 0.986，最高值出现在 2006
年和 2009 年，为 1.112，平均值为 1.068，在西北五省区中排名第四。

1991～1993 年新疆 TFP 变化率显著下滑，年均降低 4.2%，1993 年
TFP 变化率为最低值，仅有 0.972。1994～2012 年新疆 TFP 变化率稳定提
高，年均增长 0.71%，2012 年 TFP 值达到最大值，为 1.111，TFP 增长率
超过 10%。但 2013～2017 年，新疆 TFP 变化率开始持续下降，年均降低
1.18%。1991～2017 年新疆 TFP 平均值为 1.065，排名西北五省区末位。

1991～2017 年，西北五省区 TFP 变化率均值均大于 1，陕西最高，青
海其次，甘肃第三，均高于西北地区整体 TFP 变化率均值，而宁夏和新疆
低于均值，其中新疆最低。

（三）西北地区三次产业全要素生产率测算分析

本节通过基于 DEA 的 Malmquist 指数法测度了西北地区 2006～2017 年
间第一产业、第二产业和第三产业的全要素生产率变化情况，如表 9－2
所示。

表 9－2　2006～2017 年西北地区三次产业全要素生产率变化情况

年份	第一产业	第二产业	第三产业
2006	1.05	1.106	1.098
2007	1.046	1.114	1.106
2008	1.051	1.107	1.094
2009	1.035	1.045	1.097
2010	1.032	1.115	1.099
"十一五"均值	1.043	1.097	1.099
2011	1.043	1.108	1.096
2012	1.052	1.282	1.157
2013	1.043	1.084	1.054

续表

年份	第一产业	第二产业	第三产业
2014	1.042	1.074	1.040
2015	1.040	1.058	1.040
"十二五"均值	1.044	1.121	1.077
2016	1.039	1.055	1.049
2017	1.038	1.040	1.045
"十三五"均值	1.039	1.048	1.047

从表9-2可以看出：西北地区第一产业 TFP 变化率在"十一五""十二五""十三五"三个时期均基本保持在 1.043 左右小幅变化，较为平稳，2010 年出现最小值 1.032，2012 年上升至最高值 1.052，2013～2017 年呈现下降趋势，2017 年降至 1.038；第二产业 TFP 变化率在"十一五"前期不断增长，2009 年有显著下降，"十一五"后期到"十二五"前期不断攀升，2012 年达到最高值，为 1.282，2013 年下降至 1.084，"十二五"后期到"十三五"现阶段呈小幅下降趋势，2017 年降至最小值 1.04；"十一五"期间，第三产业 TFP 变化率在 1.099 附近波动，2012 年增长至1.157。"十二五"中期，第三产业 TFP 变化率呈现递减趋势，2013 年下降至 1.054，"十二五"后期到"十三五"现阶段呈平稳小幅波动趋势，2014 年、2015 年出现最小值 1.04。从三个时期平均值来看，第一产业的 TFP 数值在三个时期平均值均为最低，第二产业和第三产业 TFP 数值在"十一五"和"十三五"时期接近，均高于第一产业，第二产业 TFP 数据在"十二五"时期明显高于第一产业和第三产业。从 2006～2017年整体均值来看，第二产业和第三产业 TFP 数值接近，均略高于第一产业 TFP 数值。

西北地区"十二五"和"十三五"时期第一产业全要素生产率的下降主要是由于农业投资的减少，农业机械方面投资的缩减限制了农业技术的进步。没有规模化地使用农业机械大范围种植，使得农业规模经济效应没有得到有效释放，使得第一产业全要素生产率逐步下滑。两年（2016 年、2017 年）来，第二产业 TFP 变化率的平稳走势体现了供给侧结构性改革的效果。供给侧结构性改革的实施首先促进了产业结构转型，生产要素从高耗能、高投资、低效率的能源化工业逐渐向高技术、高产值的装备制造业、汽车工业、电子信息产业转移。在行业内部，生产要素开始从销售初级产品的化工企业向精细化工企业流动，助推能源化工行业高端化发展。另外，供给侧结构性改革促进了工业企业的 R&D 投入，提高了西北地区的创新能力，进而促进技术进步，最终促进全要素生产率的提高。此外，投资的快速增长使得第三产业能够迅速扩张，但也导致了资本的边际生产率降低，在第三产业技术效率没有得到有效提升，引起了第三产业全要素生产率的降低。

三　西北地区全要素生产率的评价分析

（一）西北地区全要素生产率与全国的对比分析

表 9 - 3 列出了 1991 ~ 2017 年西北地区以及全国的全要素生产率变化值，从而可以具体分析西北地区和全国的全要素生产率变动情况。

表 9 - 3　1991 ~ 2017 年西北地区与全国全要素生产率对比

年份	西北地区	全国
1991	1.041	1.057
1992	1.046	1.097
1993	1.044	1.080
1994	1.032	1.070
1995	1.034	1.053
1996	1.040	1.050
1997	1.042	1.049
1998	1.052	1.041
1999	1.052	1.045
2000	1.060	1.056
2001	1.063	1.059
2002	1.071	1.069
2003	1.087	1.079
2004	1.093	1.078
2005	1.091	1.092
2006	1.094	1.106

年份	西北地区	全国
2007	1.106	1.120
2008	1.099	1.073
2009	1.088	1.075
2010	1.105	1.086
2011	1.104	1.073
2012	1.100	1.058
2013	1.086	1.060
2014	1.074	1.056
2015	1.062	1.053
2016	1.060	1.053
2017	1.050	1.051
平均值	1.069	1.068

从表9-3可以看出，1991~2017年西北地区与全国TFP变化趋势大致相同，西北地区TFP变化率开始时低于全国平均水平，后来实现了赶超。1991~1997年，全国和西北地区TFP变化率平均增长率分别为-0.22%和0.15%，二者相差0.37个百分点；1998~2007年，全国和西北地区TFP变化率均呈上升趋势，年均增幅分别为0.82%和0.56%，二者相差0.26个百分点；而从2008年开始，全国和西北地区TFP变化率开始下滑，差距也开始拉大，尤其在2008~2012年，全国TFP变化率显著下降，年均降幅为1.13%，西北地区年均降幅为0.12%，二者相差1.01个百分点；2012~2017年，全国TFP变化率下降趋势有所缓和，年均降低0.13%，而西北地区TFP变化率在这一时期下滑显著，年均下降0.93%，二者相差0.8个百分点，差距有所缩小。可以清楚看到，西北地区TFP变化率在这27年间实现了对全国TFP变化率水平的追赶超越，平均TFP变化率与全国水平基本相当。

（二）西北地区全要素生产率与华东地区的对比分析

表9-4列出了1991~2017年西北地区以及华东地区的全要素生产率变化值，从而具体分析西北地区和华东地区的全要素生产率变动情况。

表 9 – 4   1991～2017 年西北地区与华东地区全要素生产率对比

年份	西北地区	华东地区
1991	1.041	1.057
1992	1.046	1.147
1993	1.044	1.080
1994	1.032	1.070
1995	1.034	1.053
1996	1.040	1.740
1997	1.042	1.049
1998	1.052	1.041
1999	1.052	1.045
2000	1.060	1.056
2001	1.063	1.059
2002	1.071	1.069
2003	1.087	1.079
2004	1.093	1.078
2005	1.091	1.092
2006	1.094	1.106
2007	1.106	1.122
2008	1.099	1.073
2009	1.088	1.075
2010	1.105	1.086
2011	1.104	1.073
2012	1.100	1.058
2013	1.086	1.060
2014	1.074	1.056
2015	1.062	1.053
2016	1.060	1.053
2017	1.050	1.051
平均值	1.069	1.089

从表 9 – 4 可以看到，1991～2007 年，西北地区 TFP 变化率明显低于华东地区，而后西北地区不断追赶，两地区间 TFP 变化率差距不断缩小。华东地区 TFP 变化率呈波浪式震荡走势，先是在 1992 年激增到 1.147，而

后不断下降到 1999 年的 1. 045，直到 2000 年一直在该值附近微小波动，自 2001 年又开始回升，直到增长至 2007 年的 1. 122。而西北地区 TFP 变化率从 1991 年至 2007 年始终保持稳定增长，年均增幅 0. 41%，同期华东地区 TFP 变化率年均增幅同样为 0. 41%，与西北地区一致。华东地区 TFP 变化率自 2007 年后的走势和西北地区基本一致，两地区 TFP 变化率都出现持续下降，直到 2017 年，且年均降幅相当。虽然经过不断地追赶，西北地区 TFP 变化率不断向华东地区靠近，但从 1991 ~ 2017 年整体均值来看，西北地区仍与华东地区 TFP 变化率水平差 0. 02 个百分点，可见西北地区与华东地区在促进全要素生产率提升方面仍然存在一定差距。

（三）西北地区资本投入、劳动投入和全要素生产率对经济增长的贡献

本节采用索洛余值法测算了 1991 ~ 2017 年资本投入、劳动投入和全要素生产率对西北地区经济增长的贡献，具体结果如表 9 - 5 所示。

表 9 - 5　1991 ~ 2017 年西北地区资本投入、劳动投入和全要素生产率对经济增长的贡献

单位：%

年份	全要素生产率对经济增长的贡献	资本投入对经济增长的贡献	劳动投入对经济增长的贡献
1991	33. 07	62. 43	4. 50
1992	30. 18	66. 28	3. 54
1993	17. 89	79. 14	2. 97
1994	7. 50	88. 96	3. 54
1995	11. 92	83. 81	4. 27
1996	19. 78	77. 14	3. 08
1997	25. 85	71. 05	3. 10
1998	38. 36	58. 79	2. 85
1999	43. 68	53. 61	2. 71
2000	50. 86	46. 47	2. 67
2001	55. 30	42. 94	1. 76
2002	62. 12	36. 19	1. 69
2003	69. 07	29. 50	1. 43

年份	全要素生产率对 经济增长的贡献	资本投入对 经济增长的贡献	劳动投入对 经济增长的贡献
2004	70.68	28.05	1.27
2005	71.22	27.11	1.67
2006	73.11	25.43	1.46
2007	75.82	22.85	1.33
2008	71.19	27.57	1.24
2009	72.05	26.74	1.21
2010	75.92	23.00	1.08
2011	74.44	24.60	0.96
2012	75.07	23.64	1.29
2013	73.98	24.62	1.40
2014	72.83	25.32	1.85
2015	72.94	23.88	3.18
2016	75.35	21.95	2.70
2017	68.65	27.76	3.59
平均值	55.14	42.55	2.31

从表 9 - 5 中可以看出：

（1）1991～2017 年前期资本投入对西北地区经济增长的贡献增幅显著，但中后期呈持续下降趋势。1991～1994 年，资本投入对西北地区经济增长的贡献持续提高且增幅显著，1994 年达到最大值 88.96%，而后资本投入贡献率不断降低，特别是 2000 年被 TFP 贡献率超越，资本投入贡献率的下滑趋势一直持续至 2016 年，26 年间资本投入对西北地区经济增长的贡献整体表现出先升后降的走势。这说明，2000 年前，西北地区经济增长方式为投资拉动型，而自进入 21 世纪，即西部大开发战略实施以来，西北地区经济增长方式逐渐由投资拉动型增长转向内涵型增长，资本投入的经济带动效应逐渐减弱。

（2）1991～2017 年，劳动投入对西北地区经济增长的贡献较为稳定，仅有小幅波动。1991 年劳动投入对西北地区经济增长的贡献率最高，达到 4.5%，2011 年劳动投入对西北地区经济增长的贡献率最低，仅有 0.96%。1991～2017 年劳动投入对西北地区经济增长的平均贡献为 2.31%，26 年间始终围绕平均贡献率小幅波动。

（3）1991～1994年全要素生产率对西北地区经济增长的贡献逐年降低。1994年甚至降至7.5%，仅较劳动投入贡献率高3.97个百分点，而同时期资本投入贡献率达到88.96%。在1995～2000年，资本投入贡献率一度下滑，TFP贡献率不断提升，且在2000年超过资本投入贡献率，而后同样保持增长趋势，在2010年达到最大值75.92%。从这些测算结果可以发现，西北地区经济正在从要素投入型增长模式向效率型增长模式转变，经济增长动力结构正在逐渐改变。

四　西北地区全要素生产率提升的对策建议

经济发展进入新时代之后，随着西北地区劳动力供给减少，人口红利逐渐消失，劳动力要素投入生产率下降。未来西北地区经济要实现高质量、可持续的发展，提高全要素生产率是唯一的动力源泉。从宏观层面看提高全要素生产率就是提高生产要素配置效率和产业生产率，从微观层面看提高全要素生产率就是促进企业技术进步、提高技术效率和规模效率。依据以上分析，本研究提出提升西北地区全要素生产率的相关对策建议。

（一）从西北地区整体角度看提升全要素生产率的对策

1. 发挥市场机制作用，提高单要素生产率

提高全要素生产率，首先，应提升单要素的生产率，即提高劳动生产率和物质资本生产率。提升单要素生产率的关键是通过市场机制来决定劳动力和资本的配置，也就是说要通过"价格信号"来引导生产要素在各产业、各地区间的流动。具体就是：完善市场决定劳动力、资本、土地及其他生产要素价格的机制，消除阻碍生产要素流动的制度障碍。比如，在工业化过程中，劳动力是从第一产业向第二产业、第三产业流动，表现为农民的"城镇化"过程。但因户籍制度的限制，农民工难以获得与市民对等的社会保障、公共服务，造成了农民工"返乡"的现象，阻碍了产业结构转变和经济的发展。其次，要优化产业内部的生产要素配置，推动生产要素向高生产率的企业和行业流动，从而提高单要素的生产率。

2. 加大教育投入，提升全要素生产率

通过加大教育投入提高教育水平，从而增加人力资本，延缓物质资本

边际报酬递减，提高全要素生产率。人力资本是人类拥有知识和有效运用知识的能力，人力资本水平一方面决定了技术创新能力，另一方面也决定了企业运用新技术进行生产的能力。而创新能力决定了西北地区技术进步率，运用新技术的能力决定了西北地区技术效率，技术进步率和技术效率共同构成了全要素生产率。因此，加大教育投入，提高人力资本水平就成为提升全要素生产率的根本保障。

3. 深化企业改革，提升技术效率

提高西北地区全要素生产率，关键在于提高技术效率。技术效率可以分解为纯技术效率和规模技术效率。纯技术效率是指企业科学地管理、组织生产而带来的生产率的提高；规模技术效率是指企业合理的生产规模带来的生产率的提高。因此提高全要素生产率，要求企业科学合理地组织生产，即要求深化企业改革。深化企业改革首先要推进国企改革。要充分发挥市场竞争的作用，破除制度壁垒，使生产要素能自由地进入或退出企业，自动地淘汰生产效率低的"僵尸"企业；要建立国有资产监管机构的权力和责任清单，完善国有资本流动机制，建立覆盖全部国有企业和国有资本的经营预算制度。其次要优化民营企业经营环境，激发民营企业活力。要充分激发企业家精神，政府要着力营造更加公平规范的市场环境，让企业家能够集中精力研究市场需求，最大限度地发挥管理才能、创新才能，提高生产效率。要开辟、拓宽企业融资渠道和融资手段，鼓励企业通过 IPO 等方式上市，降低企业的融资成本；要开展税收优惠，降低企业税收，通过税收优惠鼓励企业创新和扩大经营。

4. 积极引进新技术，促进技术进步

技术进步是提高全要素生产率的关键，西北地区在选择技术进步的方式上具有后发优势。后发优势是指落后经济体可以通过购买国外先进设备和技术专利以实现技术快速进步，使得经济迅速增长。目前西北地区在许多高科技产业方面仍然与发达地区（如华东地区）存在较大差距，后发优势明显，应继续加强对外开放，享受知识外溢，促进全要素生产率水平的不断提升。要大力推进"一带一路"建设，提高地区的开放程度，使企业参与全球竞争，推动企业加大对人力资本的投资；学习先进的技术和管理经验，提高西北地区企业的生产效率。

5. 加大 R&D 投入，提高技术水平

R&D 投入是支持科技活动开展的投入，增加 R&D 投入可以提高企业科研成功概率，促进技术进步。从宏观层面看 R&D 投入更多地着眼于新领域、新产业、新产品、新业态；通过技术创新、制度创新、产业升级以扩大生产前沿面，形成新的生产能力和高质量的产品供给，具体说就是加强对网络经济的 R&D 投入。因为网络经济就是创新经济，网络经济能诱发各种创新，能提升劳动生产率，降低生产成本，能促进产业结构升级，能够实现农业时代、工业时代无法实现的生产组织方式的升级。"互联网＋"已成为我国的国家战略，因此在一些基础性的、关键性的互联网技术领域要发挥政府的组织作用，集中优势人力、财力开展研究，抢占互联网技术高地，形成网络经济核心竞争力。

（二）西北五省区提升全要素生产率的对策

1. 发挥市场机制作用，优化资源配置效率

2017 年，陕西省 GDP 占到西北地区总 GDP 的 47.29%。陕西作为西北地区经济最为发达、工业体系最完整的省，其提高全要素生产率的对策为：首先要破除制度壁垒，促进生产要素的流动。市场机制是决定资源配置最有效的机制，充分发挥市场机制作用，让生产要素在价格信号下自由流动，优化资源配置，提高生产要素的边际生产率。其次要鼓励企业创新，促进新生产技术的引入。应用新技术、新方法能够提高企业生产效率、管理效率，提高技术水平。但创新需要研发投入，这会提高企业的生产成本，降低企业创新的积极性，因此，政府要降低企业税负、适当进行研发补助。最后要加大教育投入，吸引人才落户就业。不管是技术发明，还是技术引进都需要人才支撑完成。因此需要加大教育投入，提高本地区教育水平；除此之外，还需要吸引省外、国外的高水平人才落户就业，为企业提供人力资本。

2. 摒弃落后生产技术，推进能源产业结构升级

青海和宁夏工业占三次产业比重高，但以能源化工业为主的产业结构单一，且能源化工企业多是以销售初级能源产品为主要收入来源，生产链短、产品附加值低。因此其全要素生产率的提高途径是：首先鼓励能源化工企业对产品进行深加工，提高产品附加值，推动能源化工业高端化，以

提高生产要素的边际报酬；要促进生产要素在能源行业内部流动。引导要素流动到具有新生产技术、高生产率的企业，淘汰生产技术落后的企业；其次要改变地区单一的产业结构，利用工业基础好的禀赋优势，发展资本密集、知识密集的装备制造业、电子信息产业。促进生产要素流入非能源化工业，加快产业结构转型，鼓励企业技术创新，生产具有竞争力的产品。

3. 依托生态资源优势，提升规模效率

甘肃和新疆投资增速快，但资本存量较少、基础设施较差；资源禀赋优势突出，但支柱产业不强、营商环境不佳；同时，甘肃和新疆经济发展具有后发优势，全要素生产率提升空间大。因此，甘肃和新疆首先应根据自身资源禀赋优势，选择具有自生能力的主导产业，如生态农业、休闲旅游；对具有自生能力的产业进行适当补助，具有自生能力的产业往往具有较高的单要素生产率，引导生产要素的流入可以提高全要素生产率；要帮助具有自生能力的企业拓展融资渠道，扩大生产规模，产生规模经济；要促进企业引进新技术，提高技术进步率。

（三）从三大产业角度看提升全要素生产率的对策

1. 加大科技创新，带动第一产业技术进步

第一产业全要素生产率的提高得益于农业投资的增加和农业生产技术的提高，因为大量投资用于农业机械的购买，促进了农业技术的进步。进一步提高农业的全要素生产率的关键还是大力发展现代农业。发展现代农业，要促进农业技术创新，促进农业技术进步。应持续发挥农业示范区引领带动作用，依靠相关科研院所的技术支持，攻克农业发展中的难题；提升农业机械化水平，推进现代农业发展；与农业机械化相配合，推进农村土地制度改革，实现农业经营的规模经济；要发展多种经营模式，推进农村集体产权制度改革；要促进人才在农村创业就业，让农村留住人才，提高农业的人力资本水平。

2. 加强产业结构转型升级，提升第二产业技术效率

供给侧结构性改革的实施促进了产业结构转型、提高了企业的 R&D 投入，提高了全要素生产率。所以，继续进行供给侧结构性改革是提高工业全要素生产率的途径。一是要加大新兴产业引入和培育力度，加快引进行业领军、技术领先的龙头企业生产团队、管理团队和研发团队，加大产业链与集群化招商力度，积极引进高技术产业新项目和高新企业，优先发展战略性新兴产业，围绕高端装备制造业、新一代信息技术产业、光伏产业、新材料产业等领域，做强、做大新兴支柱产业。二是加大产业融合发展引导服务。通过政府部门和行业协会牵头，积极引入企业战略咨询、旅游品牌策划、田园综合体项目策划等咨询服务机构。推进高技术产业与传统产业融合发展。加快各经济区高新技术产业园区的建设与发展，为高技术企业与传统企业在物质、信息、资本交换方面构筑平台，高新技术企业通过平台能够带动传统企业发展，加快传统产业技术改造创新。其次要围绕传统产业提升、产业链升级、智能和清洁安全发展等发展重点，注重把企业技术改造创新跟淘汰落后产能、兼并重组、组织结构调整、流程再造、品牌建设等有机结合起来，从而提高新产品的开发能力和品牌建设水平。

3. 发展新兴现代服务业，提高第三产业全要素生产率

投资的快速增加使得第三产业能够迅速扩张，但投资的增加也导致了资本的边际生产率降低，在生产技术没有改善的情况下，又引起了第三产业全要素生产率的降低。因此，提高第三产业全要素生产率的途径就是要发展现代服务业。现代服务业是和与居民生活密切相关的传统服务业相区别的，是知识、技术密集的服务业。主要包括金融服务业、信息咨询服务业、教育培训业和现代物流业。由于现代服务业广泛运用新兴技术，其要素的边际生产率远高于传统服务业。劳动力和资本流入现代服务业，可以明显提高服务业的单要素生产率，进而提高服务业的全要素生产率。具体来讲，发展现代服务业首先要推动现代服务业集聚发展。政府应按照经济发展规划和产业结构调整的需要，科学引导服务业空间布局，合理集聚文化、金融、物流和信息服务业等重点行业，积极发展新兴服务产业，着力培育一批具有自主品牌、技术水平高、影响力强的服务业企业。其次要发展金融业，现代服务业中的金融业是经济的命脉，提高全要素生产率，必须配有相对发达的金融市场作支撑。西北五省区应加快地方金融市场的发展，不断推进金融产品的创新。对于破除中小企业长期以来面临融资难的困局，政府应积极拓展融资渠道，充分调动民间资本，发展区域性的金融机构，从而提高资本的配置效率和使用效率。

参考文献

张军、施少华：《中国经济全要素生产率变动：1952—1998》，《世界经济文汇》
2003 年第 2 期。

易纲、樊纲、李岩：《关于中国经济增长与全要素生产率的理论思考》，《经济研
究》2003 年第 8 期。

王志刚、龚六堂、陈玉宇：《地区间生产效率与全要素生产率增长率分解（1978—
2003）》，《中国社会科学》2006 年第 2 期。

章祥荪、贵斌威：《中国全要素生产率分析：Malmquist 指数法评述与应用》，《数
量经济技术经济研究》2008 年第 6 期。

王永康、叶先宝：《福建省全要素生产率计算与分析：1952—2005 年》，《华东经
济管理》2007 年第 4 期。

王荧、郭碧銮：《全要素生产率测算方法解析》，《上海商学院学报》2010 年第
5 期。

张小盟、黄沙利、朱庆武等：《西部地区经济增长的全要素生产率测算及影响因素
研究——以宁夏为例》，《西部经济管理论坛》2018 年第 3 期。

鲁晓东、连玉君：《中国工业企业全要素生产率估计：1999—2007》，《经济学》
（季刊）2012 年第 2 期。

郑玉歆：《全要素生产率的再认识——用 TFP 分析经济增长质量存在的若干局
限》，《数量经济技术经济研究》2007 年第 9 期。

范剑勇：《产业集聚与地区间劳动生产率差异》，《中国经济学前沿》2007 年第
3 期。

涂正革、肖耿：《中国工业增长模式的转变——大中型企业劳动生产率的非参数生
产前沿动态分析》，《管理世界》2006 年第 10 期。

蒋长流：《中国经济高增长时期资本深化与资本生产率变动研究》，华中科技大学
博士学位论文，2007。

Tu Z. China's Industrial Productivity Revolution A Stochastic Frontier Production Function
Analysis of TFP Growth in China's Large and Medium Industrial Enterprises. *Economic Research
Journal*, 2005.

蒋萍、谷彬：《中国服务业 TFP 增长率分解与效率演进》，《数量经济技术经济研
究》2009 年第 8 期。

刘建翠：《提高 TFP 增长率，转变经济增长方式——基于中国制造业的实证分
析》，《工业技术经济》2009 年第 1 期。

吴军：《环境约束下中国经济增长绩效研究》，华中科技大学博士学位论文，2010。

沈利生：《我国潜在经济增长率变动趋势估计》，《数量经济技术经济研究》1999年第 12 期。

张连城、韩蓓：《中国潜在经济增长率分析——HP 滤波平滑参数的选择及应用》，《经济与管理研究》2009 年第 3 期。

盛朝迅：《如何推动质量变革、效率变革和动力变革》，《经济研究参考》2017 年第 63 期。

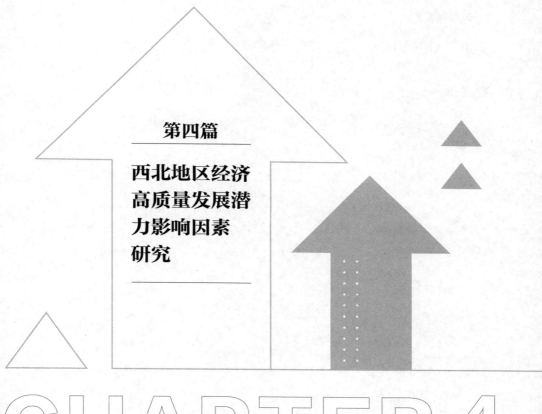

第四篇

西北地区经济
高质量发展潜
力影响因素
研究

CHAPTER 4

第十章
西北地区经济高质量发展潜力开发的
因素选择

一　引言

西北地区属于中国七大地理分区之一，包括陕西省、甘肃省、青海省、宁夏回族自治区和新疆维吾尔自治区五个省、自治区，位于欧亚大陆腹地中心，是我国经济建设"潜力巨大，尚待开发"的战略地区。一方面，受地理区位、区域非均衡发展战略、经济基础、创新能力等因素的影响，西北地区长期以来经济发展水平落后；另一方面，西北地区土地、能源、矿产等资源丰富，在全国占有重要的地位，也决定了西北地区作为我国重要的战略后备基地的地位，具备巨大的开发潜力和无可比拟的发展优势。

新时代下，西北地区面临着重大的发展机遇。2013 年，国家主席习近平在出访中亚国家时提出了共建"丝绸之路经济带"的倡议；党的十九大报告将区域协调发展战略上升到国家战略层面，并提出建立更加有效的区域协调发展新机制；而在迎来西部大开发实施二十年之际，中央全面深化改革委员会第七次会议审议通过了《关于新时代推进西部大开发形成新格局的指导意见》，力图推进西部大开发形成新格局。在推进西部大开发形成新格局、丝绸之路经济带全线建设、实施区域协调发展战略等多重战略叠加的背景下，西北地区应抓住发展机遇提升综合实力和区域竞争力，扎实推动经济高质量发展。

但同时，西北地区也面临着诸多挑战，例如西北地区经济下行压力较大、贫困人口较多、劳动力素质偏低、环境污染问题突出等。近年来,西北地区虽然经济快速发展,但与全国相比,特别是与东部发达地区仍有很大的差距,但是经济差距也是西北地区未来经济增长的潜力空间。鉴于此,需要探讨并明晰西北地区经济高质量发展潜力开发的制约因素,为西北地区经济高质量发展潜力开发找准着力点和突破口。

近年来,经济高质量发展潜力的影响因素也成为学界研究的热点,但是仍然聚焦于经济增长潜力的研究。国外相关文献中,Barber(2010)认为欧洲经济增长潜力开发的核心应该符合政治意愿,应重视加强对外开放、企业创新、教育投入和劳动力市场等方面。Cielik 和 Ryan(2004)通过研究 1990~2000 年日本经济与欧盟国家投资的流动情况,认为日本经济增长潜力对欧盟国家直接投资具有显著影响。Jorgenson(2010)在经济增长的框架下,研究分析信息技术对世界经济潜在增长的影响,结果认为信息技术对工业化经济体和亚洲发展中国家的经济增长影响显著。

国内学者比较注重对经济增长潜力的影响因素方面的研究,白重恩和张琼(2017)从供给侧角度出发预测和分析了中国未来经济增长潜力,估算了我国 2016~2050 年的潜在经济增长率,认为在将来较长一段时间内,中国将面临总人口增长缓慢和人口老龄化愈发严重的问题,从而造成劳动力规模减小,使我国经济增长潜力持续下降成必然趋势。从经济增长效率视角出发,任保平(2017)认为提高未来中国经济增长潜力的关键发力点在于提升地方经济增长的效率,他通过 Malmquist 指数法测算了中国 37 个重点城市 2000~2014 年经济增长的全要素生产率,发现我国地方全要素生产率普遍偏低,未来提升经济增长潜力的路径应在于提高全要素生产率和要素供给质量。从增长阶段转换视角出发,张军扩、吴镇宇(2018)认为自 2011 年以来这一轮经济增长速度下滑,应用中短期分析框架已经不能给出有效解释,需要从增长阶段转换的角度进行分析,需要从理论上综合考虑追赶规律、技术背景和具体国情、国际关系。郭晗和任保平(2014)认为自 2010 年以来我国的经济增长减缓是由潜在增长率下降所引起的,主要因为我国目前正处于由资本驱动型转向内生增长型阶段。从结构转换视角出发,袁富华(2012)认为在未来较短的历史时期里,中国将面临产业结构由第二产业为主向第三产业为主的演化，"结构性"减速将会对经济可持续增长带来巨大影响。周志龙（2016）研究了如何从结构转化的视角开发中国经济增长潜力，从产业结构、区域经济结构、城乡结构三个角度出发，研究了对中国经济增长潜力开发可能造成的制约，进而提出转化机制和机制构建路径。刘世锦（2018）通过对比国际发展和历史经验规律，从终端产品视角出发，认为中国经济增长潜力在于优化终端产品结构，可通过提升人力资本、促进服务业发展、促进基本需求从重数量到重质量的转变等方面来释放中国的经济增长潜力。陈彦斌和姚一旻（2012）从总供给和总需求两个方面研究中国经济增速放缓的原因，认为TFP增速显著下降的原因是出口和投资增速显著放缓，人口老龄化加速、资源环境承载力严重降低，制度红利的衰减和技术进步的放缓。

从以上文献可以看出经济增长潜力是诸多因素共同作用的结果，在研究经济高质量发展潜力的影响因素时，不能局限在单一变量对经济增长的影响。为此，需要从不同角度来分析经济增长潜力的源泉和动力。针对西北地区而言，经济高质量发展是多种因素相互作用下的结果，因此影响区域经济增长的要素都应纳入影响经济高质量增长的分析框架中。本章在梳理经典文献的基础上，从生产要素、创新驱动、结构转换和制度变迁等四个方面出发，选取了20个变量，对西北地区经济高质量增长潜力开发影响因素进行多角度、多方位、多层次地分析，试图为西北地区经济高质量增长潜力开发做一次综合探索。

二　西北地区经济高质量发展潜力开发的理论分析

（一）经济增长潜力的内涵

经济增长潜力作为一个较通俗的概念，一直以来在国内外文献中都难以找到权威的解释和定义，但经济增长潜力一直是经济增长理论研究的重要对象。一些学者将经济增长潜力理解为经济增长的空间，或者是要素充分有效利用下所能实现的经济增长的最大限度。Stewart（1947）最早涉及对经济增长潜力的研究探索，从经济地理学方面提出了经济增长潜力指数。在Stewart的研究基础上，众多学者将经济增长潜力指数用于分析人口分布和产业区位（Harris，1954；Clark，1966；Rich，1978）。Keeble

（1982）认为经济增长潜力包括自身的潜力和与附近其他临近地的经济活动产生的外力。Krugman（1992）认为经济潜力也可称为市场潜力，通过构建模型将工厂规模经济与运输成本相联系得到经济增长潜力指数。国内学界对经济增长潜力的研究较多侧重于判断一个国家或地区在未来能达到的最大产出规模和增长速度。例如，林毅夫（1999）预测中国经济将以 8% ~ 10% 的增速维持 30 年，有能力超过美国成为最大的经济体。白重恩和张琼（2017）从供给侧角度预测中国中长期的经济增长潜力，预测结果显示：2016 ~ 2020 年、2021 ~ 2025 年、2026 ~ 2030 年、2031 ~ 2035 年、2036 ~ 2040 年、2041 ~ 2045 年和 2046 ~ 2050 年的潜在经济增长率不断减小，分别为 6.28%、5.57%、4.82%、3.94%、3.40%、3.46% 和 2.98%，"后发赶超"优势不断减小，离"前沿"经济体越来越远。李稻葵等（2015）通过比较分析法和历史分析法分析了"十三五"时期中国经济的增长潜力和前景，认为中国在未来 10 ~ 15 年仍将具备 7% 以上的中高速增长潜力。以上研究针对中国未来经济增长的动力源泉进行了分析。综上所述，笔者认为经济增长潜力的内涵是指一个国家或地区在未来能达到的最大产出规模和增长速度。

（二）西北地区经济高质量增长潜力开发的影响因素分析

从经济增长的理论发展来看，经济增长是诸多因素共同作用的结果，不能单一地考察一种变量对经济增长的解释，因此要从不同角度来分析经济增长的源泉和动力。针对西北地区而言，经济增长是多种影响因素相互作用的结果，因此只要能促进区域经济增长的要素都应该纳入影响经济增长潜力的分析中。基于这样的思考，结合已有文献，笔者认为以下四个方面可能对西部地区经济高质量发展起着较为重要的作用，分别为生产要素、创新驱动、结构转换和制度变迁，并着力研究判断在这些复合因素影响作用下，哪些因素抑制了西北地区经济增长的潜力开发，按照主流的经济增长理论可以将这些影响因素分为以下四类。

1. 生产要素对经济高质量发展潜力开发的作用机理

一是劳动力要素。从古典经济学开始，劳动力就作为影响经济增长的传统投入要素，是经济增长的重要拉动力，体现在劳动力供给的变化将会直接决定社会生产的人数，影响劳动要素之间的结构变化，从而影响经济增长。二是资本要素。物质资本投入对经济增长的巨大影响，基本是所有经济学派所公认的。作为拉动经济发展的"三驾马车"之一，资本投入对中国经济高增长有显著的推动作用，随着劳动力对经济增长拉动作用不断减弱，资本投入对经济增长潜力的影响更为重要。三是人力资本。人力资本作为知识和技能的主要载体，具备知识外溢效应。在全球经济协作进一步深化的情况下，吸引外资、学习引进先进技术与管理经验是一国保持竞争力的重要手段。但是如何将引进的先进技术进一步学习、吸收并转化为本国所用的技术，就需要高层次人才。此外，人力资本所具有的循环机制，即初期积累的人力资本会成为后期积累的基础，产生知识的外溢效应，进而通过提高劳动力要素效率推动经济增长。四是自然资源。自然资源是构成经济增长的一个重要环节，理论上自然资源要素可以扩大生产的可能性边界。自然资源为经济发展提供物质基础，其中对能源的消费尤为重要，良好的能源资源禀赋促进一个地区的工业化起步，不仅推动了社会生产，还使经济规模得以扩大。自然资源中还包括土地、水资源等，都是经济高质量发展的必要因素。

2. 创新驱动对经济高质量增长潜力开发的作用机理

一是技术创新。技术创新是指新产品、新工艺、新组织管理方式从设想、研发设计到市场化应用的全部过程，其对经济高质量增长的作用机理体现在如下三个方面。第一，技术创新使社会生产的规模、过程、水平都发生了变化，在这个过程中生产技术与生产方式共同演进，将企业产出效率推向更高，实现经济高质量增长。第二，技术创新的扩散效应，使得技术先进国家通过转让技术大量获益，经济得到增长。第三，技术引进国通过学习模仿先进技术，补齐自身的短板，获得经济增长收益。二是产业创新。产业创新的核心在于在产业结构多元化基础上实现产业结构升级，一个经济体的产业结构决定了资源配置，如果生产要素配置违背了经济体自身发展的特征，将会造成效率损失，制约了经济的发展。三是文化创新。随着我国文化与经济的相互渗透、不断交融，在消费结构中，文化消费的地位也不断上升。创意产业作为文化创新的重要载体，利用文化产品的高附加值、低能耗等特点，增加文化产品在贸易中的竞争力，推动贸易结构优化升级，实现经济体的经济增长。四是制度创新。制度创新是经济高质量增长的制度保障，其促进经济高质量增长的作用机理主要体现在激励和保障两个功能，主要是依靠政府政策的支持和导向来实现。首先，在生产要素的流通过程中，合适的政策支持可以将其导向生产效率更高的部门，实现资源的最优配置，进而促进生产部门的成长、生产效率提升，实现经济高质量增长。其次，通过制度变迁完善了创新体系，可以提高创新产业每单位要素投入的最大产出能力，创新能力转化为经济效益和技术创新推进经济高质量增长，进而提升全社会的创新效率和生产效率，推动经济高质量增长。实际上看，管理创新也是新时代引领经济高质量发展的重要因素。如果说市场是配置资源的一种方式，那么管理创新就是资源配置的新一种形式而且是更高级的形式，且在面临生产效率、产品质量、服务质量的瓶颈，面临公共产品管理落后，面临政府治理能力低下和腐败问题时，如果没有创新管理，没有形成管理创新的市场机制，就难以实现经济高质量发展。

3. 结构转换对经济高质量增长潜力开发的作用机理

一是产业结构转换。产业结构转换是指产业多元化、产业结构高级化、技术与资本密集度提高。首先，初期资源在各产业间的配置不均衡，随着经济的发展资源将从低效率部门向高效率部门转移，产业发展差异将逐步显现，有潜力的产业规模得以不断扩大，而有一些传统产业或落后的产业逐渐被淘汰，从而实现产业结构的转换。在这一转换过程中，资源得到重新配置，生产率得以提高，从而提高了产出，促进经济的增长。其次，产业结构转换使劳动要素向高效率生产部门流动，提高了全要素生产率，也有利于经济从粗放型增长向集约型增长转变，促进经济高质量发展。再次，产业结构转换有助于优化产业间比例，当产业间关联水平较高时，投入一定的生产要素会带来更高质量的经济增长。当产业间关联水平较低时，需要投入更多的生产要素才能达到同等水平的经济增长，不利于经济的可持续发展。因此，产业结构转换可以优化产业比例、节约资源要素、保持经济稳定增长。最后，产业结构转换主导了产业的更替。一个经济体在不同发展时期，主导支柱产业往往不同，如从农业社会时期到工业社会时期，主导产业从农业转变为工业，过去农业在劳动、技术方面的优势已逐渐为工业所取代。在经济发展过程中，当主导产业的先进技术被应用于各有关产业时，就会出现新的产业使用新的技术来代替它成为主导产业，通过提供更高的生产力，推动经济更高质量地发展。二是城乡结构转换。城乡结构转换过程即是从城镇、乡村分割的二元经济体转换为一元经济体的过程，实质上是城镇化的实现过程。城乡结构转换具体表现为城镇人口比例的提升，其对经济高质量发展潜力的影响，正是体现在这个过程中，使分工不断得到细化，交易成本得以降低，市场范围得到扩大，从而实现生产的规模报酬与收益递增。杨小凯（1998）论述了城乡二元结构的转换对促进长期经济增长的机理，基于专业化和劳动分工视角，构建了城乡结构转换模型，将凯恩斯分工劳动思想模型化，论证了城乡结构转换的机制主要在于人口的聚集降低了交易成本。城乡结构转换提升交易效率，进而促进经济高质量发展的作用机制主要包括两方面。第一，有利于市场规模的扩大。在城乡结构转换过程中，随着城镇人口比例的提升，人口聚集和产业聚集逐渐在城市实现，整个社会的市场规模持续扩大。而劳动的分工化程度受到市场规模的约束，在市场规模不足的产业，企业的生产方式是企业内分工而不是社会分工，生产效率低下。因为当产业规模不足时，产业链上的每一个环节都将受影响，整体规模都较小，因此无法产生专业化生产。当城乡结构转换导致市场规模持续增加时，这些产业每个环节达到足够规模，就可能形成专业化生产，由企业内分工转为社会分工，从而促进了生产率的提高，使整个社会产出水平提高，促进经济高质量发展。第二，有利于形成协作的外部环境。随着城乡结构的转换，经济活动也持续向城镇聚集，得益于地理距离的拉近和分工协作的发展，企业间的关系网络逐渐稳定。综上所述，结构转换能从产业结构、城乡结构等方面促进西北地区的经济高质量发展。

4. 制度变迁对经济高质量增长潜力开发的作用机理

资源禀赋在经济增长中具有一些传统要素无法取代的作用。西北地区作为一个以自然资源为导向性的地区，在发展过程中难免会出现违背市场规律、产业结构失衡、经济发展水平低下等情况。新制度经济学认为制度的缺陷是资源型地区经济增长的主要制约原因，具体包括：资源收益分配上的寻租行为、资源错配、僵尸企业等。市场的扭曲，使得价格制度、人才制度、金融制度等无法发挥促进经济发展的内在动力，因此制度的缺陷成为西北地区经济高质量发展的主要障碍。对此可以通过完善产权制度、资源使用制度、产业间协调发展制度以及金融制度的改革，使西北地区突破以自然资源为主导的发展路径，逐渐过渡到多种产业发展。

制度变迁是西北地区实现主导生产要素转换的主要途径。以往西北地区在发展资源型产业的同时，传统生产要素——劳动、资本等过多地流入资源型产业，使得第一产业、第三产业、人力资本、技术创新等被挤出。在这种情况下，传统生产要素对经济增长的推动作用逐渐减弱，对转换主导生产要素、培育经济高质量发展新动力提出了客观需求。经济增长的动态在趋向新均衡的过程中，制度会做出相应的变迁，而这一变迁的过程就是经济发展的过程。制度变迁通过改变以往不公平的市场环境、改良生态环境、优化产业结构、提高资源利用率、提升要素配置效率、提升劳动力质量、提升资本的利用率、促进技术进步等，推动主导生产要素的转换，从而构建出西北地区新的经济高质量增长动力。

三　模型设计和变量选择

（一）模型设计

影响西北地区经济高质量发展的变量有许多，本章主要研究对西北地区经济高质量发展产生重要影响的变量。变量选择方法有最优子集变量选择法和基于系数收缩的变量选择法，但最优子集变量选择法有不足之处，Breiman（1996）指出采用最优子集变量选择方法计算的结果不稳定，数据集合微小的波动可能会使变量选择结果产生较大的变化。基于系数压缩的变量选择法，具有许多良好性质，较好地克服了最优子集变量选择方法的不足，权衡了解释变量的选择和回归模型精确度两个重要指标，较好解决了模型中存在的多重共线性问题，在实际中得以大量应用，尤其适合处理高维数据，因此本文选用系数压缩变量选择法中的Lasso方法。

（二）变量选择与数据说明

从理论上分析可知，经济高质量发展是由诸多因素共同作用的结果，不能单一地考察一种变量对经济高质量发展的解释，因此要从不同角度来分析经济高质量发展的源泉和动力。针对西北地区而言，经济高质量发展是多种影响因素相互作用的结果，关于影响西北地区经济增长潜力开发的因素更是众说纷纭，因此只要是能促进区域经济增长的要素都应该纳入经济高质量发展的实证模型分析中。本章的被解释变量为经济增长，用实际 GDP 表示。从生产要素、制度变迁、结构转换、创新驱动四个方面选取 20 个解释变量，具体变量说明如表 10 - 1 所示。研究期间为 2000~2017 年，对于原始数据存在的部分缺失值，采用线性插值法进行填补处理。

表 10 - 1　变量说明

类别	变量名称	变量符号	计算方法
被解释变量	经济增长	Y	实际 GDP，按照不变价的增长指数折算为 2000 年的价格水平，单位：亿元
生产要素	劳动力投入	X_1	年末就业人数，单位：万人
	物质资本投入	X_2	采用永续盘存法测量的资本存量，单位：亿元
	人力资本投入	X_3	当年普通高等学校在校生数量，单位：万人
	基础建设投资	X_4	基础设施投资额，单位：亿元
	资源消耗	X_5	当年能源消耗量，单位：万吨标准煤
创新驱动	R&D 经费支出	X_6	研究与试验发展经费内部支出，单位：万元
	专利授权量	X_7	当年专利数的授权量，单位：项
	文化投入	X_8	当年文化事业费，单位：亿元
	信息产业产值	X_9	信息产业产值，单位：亿元
	政策支持	X_{10}	政府财政支出/GDP，单位：%
结构转换	城乡结构	X_{11}	城镇人口/年末常住人口，单位：%
	工业化	X_{12}	第二产业产值/地区 GDP，单位：%
	产业结构	X_{13}	第三产业产值增加量/地区 GDP，单位：%
	国内贸易发展水平	X_{14}	社会消费品零售总额，单位：亿元
	民营企业数量	X_{15}	当年民营企业单位数，单位：个
制度变迁	对外开放程度	X_{16}	外商直接投资，单位：亿美元
	金融发展	X_{17}	金融机构年末存贷之和/GDP，单位：%
	进口依存度	X_{18}	当年进口总额/GDP，单位：%
	出口依存度	X_{19}	当年出口总额/GDP，单位：%
	财政政策宽松度	X_{20}	地方财政一般预算收入/地方财政一般预算支出

其中，物质资本投入计算公式为：$K_{it} = I_{it} + （1 - \delta）K_{i(t-1)}$。式中，$K_{it}$ 表示对应年份的资本存量，I_{it} 表示当年固定资产投资。本文以2000 年为基期，用固定资产投资指数进行折算，折旧率 δ 借鉴张军等（2004）的研究成果，取估 9.6%；基础设施投资总额借鉴姜轶嵩（2004）的做法，采用交通运输、邮政基础设施投资，水利、电力、燃气、环境公共设施等基础设施投资进行加总得出；信息产业产值构成参考熊兴（2016）的做法，信息产业包括通信设备、计算机及其他电子设备制造业、信息传输业、计算机服务和软件业。数据来源包括：西北地区五省区的 2001～2018 年的统计年鉴、国家统计局数据库、2001～2018 年《中国固定资产投资统计年鉴》、2001～2018 年《中国能源统计年鉴》、EPS 数据库和 iFund 数据库。

四　实证分析

（一）描述性统计

为了消除量纲的影响并得到平稳序列，本章首先对绝对数值较大的变量数据进行了对数化处理，之后将对数化处理后的数据进行了标准化处理。变量的描述性统计结果如表 10－2 所示。

表 10－2　变量的描述性统计结果

变量	符号	样本数	最小值	最大值	均值	标准差
经济增长	Y	18	4779.14	27982.81	14005.86	7690.29
劳动力投入	X_1	18	4537.68	5686.02	5037.52	354.31
物质资本投入	X_2	18	7435.50	360336.70	105384.67	114789.95
人力资本投入	X_3	18	43.93	210.00	144.57	53.76
基础建设投资	X_4	18	410.46	9198.92	3451.30	3112.90
资源消耗	X_5	18	7387.04	31561.27	18678.61	8318.85
R&D 经费支出	X_6	18	203789	3205454	1320149.90	1097315.86
专利授权量	X_7	18	2813	67580	19504.28	21010.82
文化投入	X_8	18	40945	745552.10	289800.10	244062.93
信息产业产值	X_9	18	75.74	609.62	217.37	176.65

续表

变　　量	符号	样本数	最小值	最大值	均值	标准差
政策支持	X_{10}	18	0.16	0.35	0.26	0.06
城乡结构	X_{11}	18	0.29	0.52	0.40	0.08
工业化	X_{12}	18	0.41	0.52	0.47	0.04
产业结构	X_{13}	18	0.36	0.46	0.40	0.03
国内贸易发展水平	X_{14}	18	1680.55	16354.47	6910.72	4938.02
民营企业数量	X_{15}	18	533	5189	3008.61	1515.07
对外开放程度	X_{16}	18	86719	848867	382382.84	237393.60
金融发展	X_{17}	18	2.25	3.55	2.77	0.37
进口依存度	X_{18}	18	220784	2334000	1256816.83	798507.34
出口依存度	X_{19}	18	275621	4817079	2302886.22	1607707.19
财政政策宽松度	X_{20}	18	0.30	0.38	0.34	0.02

（二）Lasso 回归模型的实证分析

在 Lasso 回归模型应用时，惩罚参数 λ 的选取至关重要，如果设定值过大将使模型中绝大多数回归系数压缩为 0，造成模型欠拟合。如果设置得过小，又会导致过多变量被选择，造成模型过度拟合。本章的数据分析利用 R 软件的 glmnet 程序包和 msgps 程序包对 Lasso 模型进行研究，结果如图 10 - 1 所示。

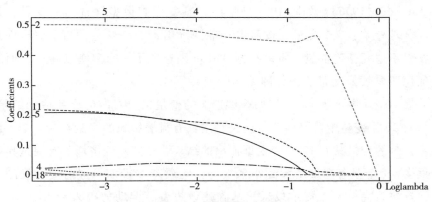

图 10 - 1　λ 的取值与变量选择

图 10 – 1 反映了惩罚参数 λ 的取值与回归系数压缩程度的变化趋势，明显可见，随着 λ 取值的不断变大，模型中变量系数不断被压缩至 0。其中，物质资本投入（X_2）的衰减幅度最大，并且衰减速度很快，说明物质资本投入是否被筛选十分依赖于惩罚参数 λ 的取值。衰减幅度其次的为资源消耗（X_5）和工业化（X_{11}），拥相似的衰减幅度和衰减速度，剩余其他变量的回归系数则对 λ 的取值变化不敏感，较为平缓。

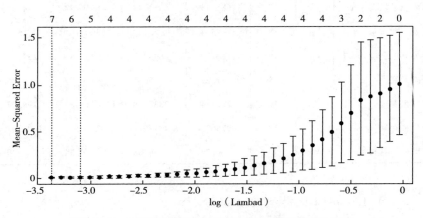

图 10 – 2 λ 取值与模型均方误差和变量选择数目关系

图 10 – 2 反映了随着惩罚参数 λ 值的变化，模型均方误差的变化情况；并且在图的最上方标注了模型筛选出的变量个数。图 10 – 2 中的两条虚线中间的区域为 λ 在一个正负标准差之间的取值范围，左边的虚线表示在模型均方误差最小时 λ 的取值，在这里我们选择右边虚线所对应的 λ 值（Tibshirani，1996）。如图 10 – 2 所示，Lasso 回归模型筛选出的变量按照 AIC 准则选择了 7 个变量，按照 BIC 准则选出了 5 个变量，为了更全面地分析，不遗漏任何变量，本章根据 AIC 准则选取了 7 个显著变量，此时对应的惩罚参数 λ 为最优值，即 λ =0.034。

表 10 – 3 展示了 Lasso 回归模型选取的变量以及对应的参数估计结果，在总共 20 个变量中，对西北地区经济增长有显著影响的变量数为 7 个，影响不显著的变量共有 13 个。根据得出的结果，按照对经济增长有促进作用的程度，7 个显著变量由大到小依次为：物质资本投入、国内贸易发展水平、资源消耗、人力资本投入、基础建设投资、劳动力投入和 R&D 经费支出。

表 10 – 3　Lasso 参数估计结果

变量符号	变量名称	参数值
$\ln X_1$	劳动力投入	0.00145
$\ln X_2$	物质资本投入	0.50096
$\ln X_3$	人力资本投入	0.00473
$\ln X_4$	基础建设投资	0.00302
$\ln X_5$	资源消耗	0.20916
$\ln X_6$	R&D 经费支出	0.00013
$\ln X_7$	专利授权量	0
$\ln X_8$	文化投入	0
$\ln X_9$	信息产业产值	0
$\ln X_{10}$	政策支持	0
$\ln X_{11}$	城乡结构	0
$\ln X_{12}$	工业化	0
$\ln X_{13}$	产业结构	0
$\ln X_{14}$	国内贸易发展水平	0.21101
$\ln X_{15}$	民营企业数量	0
$\ln X_{16}$	对外开放程度	0
$\ln X_{17}$	金融发展	0
$\ln X_{18}$	进口依存度	0
$\ln X_{19}$	出口依存度	0
$\ln X_{20}$	财政政策宽松度	0

（三）面板回归模型的实证结果与分析

上文从西北地区整体数据视角考察经济增长与影响因素之间的重要关系，考虑到不同省区在经济发展方面存在差异性特征，因此进一步划分到各省区，利用相应的面板数据考察经济增长与影响因素之间的关系。根据 Lasso 方法所筛选出的变量建立面板数据模型进行回归，模型具体如下：

$$\ln GDP_{it} = \alpha_1 \ln L_{it} + \alpha_2 \ln K_{it} + \alpha_3 \ln Hc_{it} + \alpha_4 \ln I_{it} + \alpha_5 \ln Res_{it} + \alpha_6 \ln RD_{it}$$
$$+ \alpha_7 \ln Dom_{it} + \gamma_t + \nu_i + \mu_{it}$$

其中，GDP 表示经济增长，L 为劳动力，K 为物质资本投入，Hc 为人力资本投入，I 为基础设施投资，Res 为资源消耗，RD 为 R&D 经费支出，Dom 为国内贸易发展水平，γ_t 为时间固定效应，ν_i 为地区固定效应，μ_{it} 为误差项，i 代表不同地区，t 代表年份。需要指出的是，由于本章采用西北五省区的面板数据，其数据类型属于"大 T 小 N"长面板，随机扰动项将面临组间异方差、组内自相关或组间同期相关等问题。所以首先需要对模型进行相应检验，以选择合适的估计方法，检验结果见表 10 - 4。

表 10 - 4　随机扰动项检验

类别	组间异方差	组内自相关	组间同期相关
原假设	sigma（i）^2 = sigma^2 for all i	no first - order autocorrelation	Frees' test of cross sectional independence
检验结果	Chi2（5）= 8.80 **	F（1，4）= 143.668 *	0.662 *
	Prob > Chi2 = 0.1174	prob > F = 0.0003	alpha = 0.01 : 0.2763

说明：*、** 分别表示在 1%、15% 的置信水平下显著。

结果表明，西北地区五省区组间异方差在 15% 置信水平下显著，组内自相关和组间同期相关在 1% 置信水平上显著，从而均拒绝原假设，因此可以认为西北地区五省区存在组间异方差、组内自相关、组间同期相关问题。

为了解决组间异方差、组内自相关、组间同期相关问题，本章采用全面 FGLS 对西北五省区的数据进行估计，同时还报告了面板校正标准误（Panel Corrected Standard Errors，PCSE）方法，解决组间自相关、组间异方差、组间同期相关问题的 FGLS 以及双向固定效应回归模型的估计结果作为对比，回归结果如表 10 - 5 所示。

表 10 - 5　面板回归估计结果

Variables	FGLS	PCSE	AR	Twoway - FE
	model 1	model 2	model 3	model 4
ln$L$	- 0.0777 *	- 0.2507 ***	- 0.2015 ***	- 0.2507 ***
	(0.047)	(0.057)	(0.063)	(0.060)
ln$k$	0.1520 *	0.3450 ***	0.1869 **	0.3450 ***
	(0.085)	(0.114)	(0.095)	(0.129)
lnHc	0.0320 **	0.0218	0.0296	0.0218
	(0.016)	(0.018)	(0.019)	(0.021)

续表

Variables	FGLS	PCSE	AR	Twoway – FE
	model 1	model 2	model 3	model 4
ln*l*	0.0198 *	− 0.0092	0.0193	− 0.0092
	(0.010)	(0.022)	(0.014)	(0.022)
ln*Res*	0.0327 *	0.1038 ***	0.0626 ***	0.1038 ***
	(0.017)	(0.023)	(0.022)	(0.022)
ln*RD*	0.0087 *	− 0.0297 *	0.0049	− 0.0297 *
	(0.009)	(0.017)	(0.013)	(0.016)
ln*Dom*	0.0215 ***	0.0310 ***	0.0232 ***	0.0310 ***
	(0.041)	(0.052)	(0.050)	(0.059)
Constant	− 117.8695 ***	− 105.0828 ***	− 113.9380 ***	− 105.6737 ***
	(10.966)	(13.963)	(12.635)	(15.284)
Observations	90	90	90	90
R – square		0.999	0.999	0.999

说明：*** 、** 、* 分别表示在1%、5%、10%的置信水平上显著，括号内为 t 值，回归结果已控制时间效应和地区效应；表中 FGLS 表示解决组间异方差、组间自相关、组间同期相关问题的 FGLS，PCSE 表示面板校正标准误差方法，AR 表示同时解决组间自相关、组间异方差、组间同期相关问题的 FGLS；Twoway – FE 表示双向固定效应模型。

根据表 10 - 1，面板回归模型可表示为：

$$\ln GDP_{it} = -0.0777\ln L_{it} + 0.152\ln K_{it} + 0.032\ln Hc_{it} + 0.0198\ln I_{it} + 0.0327\ln Res_{it} + 0.0087\ln RD_{it} + 0.0215\ln Dom_{it} + \gamma_t + \nu_i + \mu_{it}$$

PCSE、AR、FE 三种回归方法的估计结果与全面 FGLS 基本是一致的，因此可以认为回归结果是稳健的。从模型 1 可以看出，物质资本投入（K）、人力资本投入（Hc）、资源消耗（Res）、国内贸易发展水平（Dom）、基础设施投资（I）和 R&D 经费支出（RD）均对西北地区经济增长产生了显著的促进作用，而劳动力（L）对西北地区有显著的抑制作用。

根据面板回归模型，对经济增长有显著影响的变量解释如下。

（1）物质资本投入对西北地区经济增长的促进作用最强，物质资本投入系数为 0.1520，代表物质资本投入每增加 1%，西北地区经济增长

15.20%，可见物质资本投入对 GDP 增长的贡献较大。长期以来，对于西北地区而言物质资本投入都占据着十分重要的地位，它是推动西北地区经济增长的重要动力。

（2）西北地区资源消耗每增加 1%，会促进经济增长 3.27%，在所有变量中影响作用排第二。西北地区占据丰富的能源资源，2017 年的资源消耗比 2000 年增加了 4.27 倍，在这一时期政府过度依靠固定资产投资和资源能源开发来带动经济增长，采用粗放式增长路径。西北地区经济结构较为单一，虽然在 2015 年末供给侧结构性改革实行后，西北地区经济增长对能源依赖已得到一定的改善，但由于城镇化的快速推进、资源利用率不高等因素，经济发展的能耗依旧很高。

（3）人力资本投入促进西北地区经济增长的作用排第三，系数为 0.0320，表明人力资本投入每增加 1%，会促进西北地区经济增长 3.2%，说明高等教育可以较快地转化为生产力，对经济增长有直接的促进作用。2017 年西北地区普通高等学校在校生数量是 2000 年的 4.78 倍，人力资本得以积累，人力资本效应较物质资本相对滞后，出现人力资本和物质资本不匹配的情况。以陕西为例，该省在教育方面拥有得天独厚的资源优势，可为陕西发展提供高素质劳动力，但是近年来高等学历人才流失情况严重，大大制约了本地相关产业的发展和经济增长。因此未来如何留住人才，并将高素质劳动力投入西北地区的经济建设中，将是西北地区经济增长的发力点。

（4）国内贸易发展水平对经济增长有一定促进作用，表示社会消费品零售总额每增加 1%，会促进西北地区经济增长 2.15%。

（5）基础设施投资系数为 0.0198，表示基础设施投资额每增加 1%，会促进西北地区经济增长 1.98%。

（6）R&D 经费支出对西北地区经济增长的促进作用最小，R&D 经费支出每增加 1%，西北地区经济增长 0.87%。结合前文分析，西北地区第二产业占比在不断下降，对 R&D 的投入不断增加，可以看出近年来西北地区在技术创新与结构转换方面取得了一定的成效，提高了当地企业的自主创新能力，提高了科技创新成果的转换能力。虽然创新水平得以提高，但是西北地区经济水平仍处在下游，结果并不令人满意。根本原因是科研创新能力不能有效转化为带动经济发展的生产力，这是导致西北地区国民生产总值落后的因素之一。

（7）劳动力对西北地区经济增长呈现出显著的抑制作用，其系数为 − 0.0777，表示劳动力人口每增加 1%，会使西北地区经济减少 7.77%。西北地区劳动力人口数量从 2000 年的 4542.70 万增加到 2017 年的 5686.02 万，增长了 1.25%，西北地区劳动力数量增加较少。劳动力不仅直接影响经济增长，还通过影响人力资本间接影响经济增长，如果没有充裕的劳动力提供强有力的保障，人力资本存量将难以达到最大生产力。

五　政策建议

根据实证研究的结果，结合西北地区的现状，本章为西北地区经济高质量增长潜力开发提供一些意见和参考。

（一）扩大投资规模，优化投资结构

西北地区长期以来经济发展较为落后，基础设施薄弱，投资渠道单一，要使经济快速发展追赶东部发达地区，大量的资本投入必不可缺。西北地区 2017 年的物质资本投入是 2000 年的 20.67 倍，可见经济增长对物质资本投入具有很强的依赖性，资本投入是拉动西北地区经济增长的重要动力源泉，因此增大对西北地区的资本投入仍是未来的主要工作，应将投资总量保持在较高的水准。同时，过于集中的投资将导致效率低下，应注意优化投资结构，将投资主体逐渐向金融产业、信息产业、文化产业等转移，将经济发展由投资主导型向由技术进步带动的内生经济增长型过渡。反过来，西北地区不能只依赖国家和政府投资，最终目的要改善自身的经济环境吸引投资，实现资本投入与经济高质量增长之间的双向互动关系。

（二）增加高等教育投入，激发人才活力

人力资本虽然在一定程度上能拉动西北地区经济增长，但不是经济增长的主要原因，对于西北地区发展中出现的人力资本和物质资本不匹配的情况，应在物质资本中增加对教育的投入，发挥出高级人力资本的作用。高等教育与西北地区经济增长不仅具有长期的均衡关系，还具有较强的相关关系，高等教育人才可以较快地转化为高层次的生产力，对经济高质量

增长促进作用显著。

因此西北地区人力资本要发展，增加对教育的投入是基础，国家和地方政府应加大对西北地区教育的支持力度，为西北地区创造良好的科研环境，提高教育资金的运作效率。另外，西北高校应抓住国家战略政策扶持的机遇，发挥主观能动性，学习先进的办学经验，扩大与先进地区的学术交流，培养人才；设立专项的西北地区人才奖励基金，针对高水平人力资本给予优惠政策，包括就业补贴和住房补贴等，鼓励高级人力资本向西北地区流入；建立完善的市场化用人机制，使高等教育质量更上一层楼。

（三）抢抓"丝绸之路经济带"建设机遇，扩大对外开放

从总体上看，西北地区不是对外开放政策的主要实施区域，一直采取的是国内市场导向的方式，制约了开放式经济的发展导致西北地区经济对外开放程度较低、进程较慢，限制了外商的直接投资，制约了西北地区经济增长。西北地区经济增长机制仍然是依靠劳动力、物质资本投入、第二产业和资源消耗等传统要素的投入，这与本章实证得出的结论相符合。西北地区对外开放程度（FDI）与经济增长存在长期均衡关系且系数为正，对促进经济增长的作用并不显著，因此提升对外开放程度是西北地区经济增长潜力开发的关键，"一带一路"倡议实施和扩大西北地区对外开放具有重要的现实意义。

"一带一路"倡议是西北地区扩大对外开放的新起点，在未来的发展规划中应在对外开放方面对西部地区实行政策倾斜，充分利用"丝绸之路"为西北地区创造宽松的政策环境，积极与和西部地区接壤、毗邻的国家和地区进行经济合作，推动共享发展；加强与沿线国家和地区的交流，扩大产业合作，加强基础设施建设，释放优质产能；利用资源的区位优势，大力发展边境贸易，形成有利于贸易发展的长效机制；政策方面给予进出口税收补贴，刺激出口，大力开展招商引资，拓宽外商在西北地区的投资渠道，积极鼓励外商在西北地区投资，以资源、产业优势吸引调动FDI和沿海发达地区优质生产要素为西北地区服务，让对外开放成为西北地区经济高质量增长的新引擎。

（四）加大科技创新投入力度，提升创新成果转化能力

西北地区应增加研发投入，同时根据自身情况，施行和制定差异化的创新支持政策，强化区域之间的协同创新能力。创新政策方面向西北地区倾斜，基于西北地区各省区的实际情况，给予充足的科研资金支持，加大研发投入的力度，如对于青海、宁夏等研发投入明显偏低的地区，应着重给予研发资金的支持。研发投入的增多并不等同于创新成果的增长，西北地区应着重提升创新成果转化能力，使对创新的投入能有效转化为促进经济增长的创新成果。创新成果不仅有利于扩大西北地区市场规模、提升市场活力，还对市场资源配置发挥作用，从而提高生产率，促进经济高质量增长。

（五）深化供给侧改革，促进产业结构优化升级

资源环境已经成为经济发展的稀缺品，资源开采对环境的负外部性也给资源禀赋丰富的地区带来了巨大的经济损失，要实现西北地区经济的健康、长远发展，走出"资源诅咒"的陷阱，政府应坚持供给与需求相结合的原则，深化供给侧改革，不断优化产业结构。

西北地区的第二、第三产业已经出现升级的趋势，正在实现从第二产业为主导向第三产业为主导过渡，但大部分地区仍然是以工业为主导的"二三一"结构。西北地区经济发展对资源环境影响大，通过资源消耗来带动经济增长并不能带来可持续的发展，要寻求与资源环境供给能力相适应的协调发展之路，使西北地区摆脱资源能源的束缚，优化产业结构、实现产业多元化发展是关键。产业结构升级转型，具体来讲要避免以单纯牺牲资源为导向的产业，大力发展高增加值的制造业和高新技术产业。重视对资源转化技术的研发投入，加强生产部门与研发部门的合作交流，提高从技术研发到转化应用的能力，通过提高资源使用效率，降低单位能源消耗来减轻对环境的压力，实现高效经济。

参考文献

Arrow. Kenneth, The Economic Implication of Learning by Doing *Review of Economic Literature*, 1962, 29（3），pp. 155 – 173.

Barbier. E. B，Economics Natural Resource Scarcity and Development. London：*Earth-can*，1989.

D. Domar，Essays in the Theory of Economic Growth，*Oxford University Press*，New York，1995.

Paul Krugma，The Myth of Asia's Miracle，Foreign Affairs，Press，New York，1957.

巴曙松、杨现领：《城市化与潜在增长率：基于长期视角的增长效应评估》，《财贸经济》2011 年第 3 期。

白俊红、王林东：《创新驱动对中国地区经济差距的影响：收敛还是发散?》，《经济科学》2016 年第 2 期。

白俊红、王林东：《创新驱动是否促进了经济增长质量的提升?》，《科学学研究》2016 年第 34 期。

白雅洁、陈鑫鹏、许彩艳：《我国西部地区经济发展空间分布特性及影响因素分析》，《兰州财经大学学报》2018 年第 2 期。

白重恩、张琼：《中国经济增长潜力预测：兼顾跨国生产率收敛与中国劳动力特征的供给侧分析》，《经济学报》2017 年第 4 期。

曾国安、马宇佳：《金融结构差异对东、中、西部地区经济增长的影响——基于中国省际面板数据的实证分析》，《经济问题》2017 年第 9 期。

蔡昉、都阳：《中国地区经济增长的趋同与差异——对西部开发战略的启示》，《经济研究》2000 年第 10 期。

陈石俊、彭道宾、李光东：《江西经济增长潜力问题研究》，《金融与经济》2003 年第 5 期。

陈彦斌、姚一旻：《中国经济增速放缓的原因、挑战与对策》，《中国人民大学学报》2012 年第 5 期。

郭爱君、张惠茹：《西北地区产业结构对经济增长的效应分析——基于偏离—份额分析法》，《改革与战略》2009 年第 5 期。

韩家彬、汪存华：《财政政策影响区域经济增长的实证研究——以西部大开发投资政策为例》，《经济与管理》2012 年第 2 期。

黄文军、荆娴：《资本流动是否影响我国地区经济增长——基于 1979 - 2010 年省际面板数据的实证》，《财经论丛》2013 年第 1 期。

姜轶嵩、朱喜：《中国的经济增长与基础设施建设》，《管理评论》2004 年第 9 期。

靖学青：《城镇化对西部地区经济增长的影响》，《经济问题探索》2014 年第 3 期。

李稻葵、石锦建、金星晔：《"十三五"时期中国经济增长潜力和前景分析》，《投资研究》2015 年第 12 期。

李京文：《对当前我国经济形势的分析与建议》，《数量经济技术经济研究》1999

年第 11 期。

李涛、李斌、刘佳欣:《我国西部地区经济增长方式选择和路径转化》,《西安财经学院学报》2013 年第 6 期。

李琼、文婷:《西部地区经济增长要素的实证分析——以贵州省为例》,《经济问题》2011 年第 4 期。

李善同、侯永志、翟凡:《未来 50 年中国经济增长的潜力和预测》,《经济研究参考》2003 年第 2 期

林柯、王益谦、Bao S. M.:《西部地区劳动力流动对地区经济增长影响的实证——基于 1986 – 2009 年的数据》,《四川师范大学学报》(自然科学版)2014 年第 3 期。

林毅夫、林培林:《中国的经济发展战略与地区收入差距》,《经济研究》2003 年第 3 期。

刘进军、罗哲:《西北地区经济转型跨越发展的实证分析》,《甘肃行政学院学报》2017 年第 5 期。

刘瑞明、赵仁杰:《西部大开发:增长驱动还是政策陷阱——基于 PSM – DID 方法的研究》,《中国工业经济》2015 年第 6 期。

刘生龙、张捷:《空间经济视角下中国区域经济收敛性再检验——基于 1985 – 2007 年省级数据的实证研究》,《财经研究》2009 年第 12 期。

栾大鹏、欧阳日辉:《生产要素内部投入结构与中国经济增长》,《世界经济》2012 年第 6 期。

米娟:《中国区域经济增长差异及影响因素分析》,《经济经纬》2008 年第 6 期。

任保平:《中国地方经济增长效率及潜力研究》,《社会科学战线》2017 年第 7 期。

石少春:《西部地区经济增长困境破局》,《改革与战略》2015 年第 9 期。

王思博:《西部地区经济增长、能源丰度及内在作用机制研究》,《软科学》2016 年第 9 期。

魏后凯、孙承平:《我国西部大开发战略实施效果评价》,《开发研究》2004 年第 3 期。

朋琳:《新常态下西部地区经济可持续增长动力研究》,《调研世界》2018 年第 4 期。

熊兴、余兴厚、陈伟:《西部地区信息产业对区域经济增长的贡献分析》,《宁夏社会科学》2016 年第 2 期。

第十一章
生产要素流动对西北地区高质量发展潜在经济增长率的影响

　　我国在地理上分为华北、华东、华南、华中、西南、东北和西北七大地区，在这七大地区中，无论是 GDP 总量排名还是 GDP 增长率排名，西北地区都是经济发展最为落后的地区。为了协调区域经济共同发展，实现共同富裕，需要对西北地区经济发展情况做进一步研究，找出其经济发展水平低下的原因。经济增长周期理论认为，西北地区实际经济增长率的降低很有可能是潜在经济增长率降低引起的，只有提高潜在经济增长率，才可能提高实际经济增长率。传统的空间优化理论认为，生产要素自由流动能优化要素配置结构，提高生产要素配置效率及生产要素的生产率，进而提升经济增长水平。但从现实来看，西北地区经济发展水平滞后，不仅仅是受自然条件、交通运输、技术水平、政策制度等方面的影响，更重要的是近年来资本和劳动力严重流出，导致生产要素未能合理配置，在很大程度上影响西北地区潜在产出和潜在经济增长率，进而影响了实际的经济发展水平。近 20 年来，西北地区出现了明显的资本和劳动力流动，这些生产要素的流动方向和规模对西北地区潜在经济增长率的影响及影响程度都需要进一步研究。因此，本章研究生产要素流动对西北地区潜在经济增长率的影响，从资本流动和劳动力流动视角探求西北地区经济发展落后的原因，以期采取相关措施提升西北地区潜在经济增长率，进而提升实际经济增长率，具有重要的学术价值和现实意义。

一　文献综述

地区资本流动影响着地区间资本存量的积累，从而影响地区经济发展和经济增长。学者们从多个方面研究了地区资本流动对经济增长的影响。Feldstein（1979）研究了资本流动与经济波动两者间的相关性，证明了发展中国家或地区的物质资本流动对于经济发展具有重要作用。Bailliu（2000）认为物质资本流动可以通过提高投资率、投资溢出效应、吸收金融中介来促进经济增长。王小鲁和樊纲（2004）研究了我国1980～2002年东、中、西部三大地区资本和劳动力的流动情况，发现市场导向性的资本流向较为发达的东部地区，这是导致地区差距扩大的关键因素。政府导向性的资本流向不太发达的中西部地区，这有利于改善基础设施，缩小区域经济发展水平差异。劳动力超过一半流向经济发达的广东省，减轻了中西部的土地压力和就业压力，提高了中西部收入水平，缩小了地区间经济发展差距。麦勇和徐晓莉（2007）认为物质资本流动有助于优化资源配置，促进经济总量增加，提高经济增长质量等，并从资本流动对经济的外生性和内生性影响两方面进行了论述。刘鸽和曹永峰（2010）利用VAR模型分析了资本流入和流出对我国经济增长的影响，发现不同资本流动方向对经济增长影响不同，但整体来看，资本流出促进我国经济发展，资本流入阻碍发展。黄桂良（2011）采用误差修正模型研究资本流动对我国广东、香港和澳门地区的金融收敛作用，研究发现，自港、澳回归以来，广东与香港、澳门地区的金融差距日益缩小，区域间金融发展趋于收敛。黄文军和荆娴（2013）采用FH检验方法检验我国三大地区间的资本流动状况，分析其对经济的增长影响，发现资本流动性增强对东部地区经济增长有促进作用，而对西部地区则为抑制作用。陈品宇和朱春聪（2017）基于"一带一路"倡议及我国资本分布不均衡的现状，讨论了我国资本流动渠道、格局及其对空间格局分布的影响，发现"一带一路"倡议推动国内资本向西北、东北、西南等落后地区流动，利于促进我国各区域协调发展。胡琼（2017）建立面板平滑转换模型（PSTR），以资本账户开放度作为门限变量研究异质性国际资本流动对经济增长的影响，发现新兴经济体国家异质性国际资本流动与经济增长之间存在非线性关系，并且当资本账户开放度从低向高转变时，直接投资对经济增长的促进作用越来越显著，证券投资对经济增长的促进作用逐渐减小，其他投资对经济增长的促进作用由显著到不显著。

众多学者从不同角度研究了劳动力流动对地区经济增长的影响。张爱婷（2009）基于生产函数理论测度农村劳动力流动对经济的影响，发现农村劳动力流动会提升劳动力边际生产率，进而促进经济增长，且不同时期的劳动力流动对经济增长贡献率是不同的。樊士德和姜德波（2011）借鉴多种经济增长模型，从理论上论述了劳动力流动对流入地和流出地的影响，他们认为劳动力流动会加快发达地区经济收敛速度，降低落后地区经济收敛速度，从而拉大地区间经济差距。林柯、王益和 Bao S. M.（2014）构建向量误差修正模型，研究我国西部地区劳动力流动对经济的影响，发现短期跨省流动和省内劳动力流动都会促进西部地区经济增长，但长期省内劳动力流动对经济增长的促进作用较为显著，而长期跨省劳动力流动对经济增长有负向作用。程鹏（2014）采用 GMM 方法发现劳动力流动可以调整劳动力在各地区部门间的配置结构，提高配置效率，利于产业结构优化升级，进而促进经济增长。肖琳子和肖卫（2014）构建技术进步内生化的二元经济模型，并利用我国省区市年度数据，发现劳动力有效流动，投资、技术进步等因素会促进二元经济均衡增长。易莹莹和凌迎兵（2015）采用生产函数的拓展模型分析劳动力流动对重庆市的影响，发现劳动力流出促进重庆市经济增长，而劳动力流入反而抑制重庆市经济发展。张立新和崔丽杰（2015）研究发现劳动力流动可以促进人力资本积累，提升人力资本水平，而人力资本水平提升会反过来促进劳动力自由流动，二者相互作用共同促进地区经济增长。伍山林（2016）在二元经济结构以及经济增长核算框架下重新测度农村劳动力流动的影响，发现 1985 年到 2011 年，我国农业劳动力流动对经济增长的贡献作用是逐渐减小的。张桂玲（2019）针对劳动力跨产业流动对经济增长的影响机理、制约因素、具体应用对策进行了研究，发现劳动力从低层次产业向中高层次产业流动、从农业到非农业流动都能促进经济增长。

目前研究生产要素流动对经济增长影响的学者很多，但研究生产要素流动对潜在经济增长率的影响的成果鲜见。因此，本章将生产要素流动与潜在经济增长率相结合，比较各种潜在经济增长率测算方法的优缺点，并结合我国西北地区实际情况，选取了时变弹性生产函数法测算西北地区潜在经济增长率，最后采用 VAR 模型对二者关系进行实证分析，并提出资本和劳动力流动的相关政策建议以提升西北地区潜在经济增长率，进而提高西北地区实际经济增长水平。

二　生产要素流动对西北地区经济高质量发展潜在增长率影响的理论分析

（一）生产要素流动对潜在经济增长率影响的数理推导

一个国家或地区的潜在经济增长率是在该国家或地区所有生产要素被充分利用的情况下所能达到的最大产出的增长率。本章用生产函数法研究经济增长的源泉。假设生产函数符合柯布－道格拉斯形式：

$$Y_t = A_t K_t^\alpha L_t^\beta \tag{1}$$

Y 表示潜在产出，K 表示资本存量，L 表示劳动力数量，α 和 β 分别表示资本产出弹性和劳动力产出弹性。其对数形式为：

$$\ln Y_t = \ln A_t + \alpha \ln K_t + \beta \ln L_t \tag{2}$$

对等式（2）两边同时关于时间 t 求导数，可得到潜在增长率公式：

$$\frac{d\ln Y}{dt} = \frac{d\ln A}{dt} + \alpha \frac{d\ln K}{dt} + \beta \frac{d\ln L}{dt} \tag{3}$$

等式（3）左边为潜在增长率，右边依次为全要素生产率增长率、资本增长率以及劳动力增长率。为了简便，记潜在增长率 $\frac{d\ln Y}{dt}$，全要素生产率增长率 $\frac{d\ln A}{dt}$，资本增长率 $\frac{d\ln K}{dt}$，劳动力增长率 $\frac{d\ln L}{dt}$ 分别为 g_Y, g_A, g_K, g_L，则潜在增长率公式可表示为：

$$g_Y = g_A + \alpha \cdot g_K + \beta \cdot g_L \tag{4}$$

由此说明潜在经济增长来源于全要素生产率的提高、资本和劳动力的增长，而资本和劳动力的流动会影响地区资本和劳动力的增长，在全要素生产率保持不变时，资本和劳动力的流入可以提高资本增长率和劳动力增长率，从而提高潜在经济增长率，资本和劳动力流出则影响相反。因此，一定地区内资本和劳动力的流动会影响该地区资本增长率和劳动力增长率，从而直接影响该地区潜在经济增长率。

（二）生产要素流动对潜在经济增长率影响的理论分析

生产要素流动可以通过对生产要素积累的影响直接影响潜在经济增长率。同时生产要素流动也可以通过影响生产要素在微观企业的配置结构和配置效率，影响全要素生产率、产业结构转型以及生产要素收入分配结构等，间接影响潜在经济增长率。

生产要素流动通过全要素生产率影响潜在经济增长率。根据发展经济学中的生产要素流动理论，如果生产要素可以自由流动，那么它将会从低效率部门流向高效率部门，从低效率地区流向高效率地区，从而提高生产要素的生产效率以及投入和配置效率，提高经济运行效率，进而提升潜在经济增长率。因此，资本将从资本收益率较低的地方流向资本收益率较高的地方，资本的流出有利于流出地补充并重新配置资本，提升配置效率，提高资本生产率，提高资本平均利润率；资本的流入能补充流入地生产所需资本，有利于资本短缺地区和部门快速吸收资本，配置资本，从而实现更高效生产。同样地，劳动力将会从工资水平较低的地方流向工资水平较高的地方，劳动力的流出有利于流出地重新配置劳动力资源，提升配置效率，提高劳动力生产率；劳动力的流入有利于补充流入地所需劳动力，使得劳动力短缺地区和部门快速吸收劳动力用于生产发展，提高劳动力配置效率，从而有利于劳动力流入地实现更高效生产。

生产要素流动通过产业结构转型影响潜在经济增长率。根据库茨涅茨产业发展理论，在经济发展过程中，第一产业比重逐渐下降，第二、第三产业比重上升，这种产业转型会影响生产要素在各产业间的配置结构；相反地，变化的生产要素配置结构也会反过来影响产业结构转型和升级，从而影响潜在经济增长率。资本要素自由流动时，资本从低报酬率产业部门流向高报酬率产业部门，加快产业结构转型升级，从而提高潜在经济增长率。当劳动力自由流动时，低质量劳动力流动受限，高质量劳动力从低端产业流向高新产业，产业结构偏向服务型产业，对经济发展和潜在增长率提高有促进作用。

生产要素流动通过要素收入分配结构影响潜在经济增长率。生产要素自由流动有利于减弱甚至消除生产要素收入分配结构的差异，利于协调要素供需结构，长期影响我国的潜在产出水平和潜在经济增长率。因此，如果资本自由流动，那么资本在不同地区间、产业间、部门间的价格趋向相同，导致资本的所有者提供资本所得收入和资本使用者所付出成本也趋向相同，从而达到资本收入分配结构的均衡状态。同样地，如果劳动力自由流动，那么同等水平劳动力在不同地区部门间的工资水平应该是无差异的，则劳动者所得工资和用人单位所付出的成本也相同，劳动力收入分配结构达到均衡状态。

三　西北地区生产要素流动规模的估计及潜在经济增长率的测算

（一）生产要素流动规模的估计

1. 资本流动规模的估计

首先计算西北五省区的资本存量占全国资本存量的比重变化值，该比重变化值与当年全国资本存量数值的乘积即为西北地区当年的资本净流动规模数值。公式如下：

$$KF_{i,t} = \left(\frac{CAPI_{i,t}}{\sum\limits_{i=1}^{31} CAPI_{i,t}} - \frac{CAPI_{i,t-1}}{\sum\limits_{i=1}^{31} CAPI_{i,t-1}} \right) \sum_{i=1}^{31} CAPI_{i,t} \qquad (5)$$

其中，$CAPI_{i,t}$ 代表 i 地区 t 年的资本存量，$KF_{i,t}$ 代表 i 地区 t 年的资本要素净流动规模，KF 的正负表示资本净流动方向，数值大小表示资本净流动规模。如果一个地区 i 在 t 年的 KF 大于 0，表明该地区在 $t-1$ 到 t 期间存在资本流入；相反地，如果 i 地区在 t 年的资本存量小于 0，就表明 i 地区在 $t-1$ 到 t 期间存在着资本流出。最终数据通过 1994～2018 年《中国统计年鉴》和西北各省区统计年鉴计算得出。

2. 劳动力流动规模的估计

测算西北地区劳动力净流动规模时，剔除地区人口变动中的自然增长因素，即出生率与死亡率，并且假定流动人口与从业人口占总人口比重的乘积为流动劳动力。本章以西北地区年末人口作为测度指标，公式如下：

$$LF_i(t_1, t_2) = \frac{LABOR_{i,t_2}}{POPU_{i,t_2}} \left[POPU_{i,t_2} - POPU_{i,t_1} \prod_{t_1}^{t_2} (1 + N_{i,t_1}) \right] \qquad (6)$$

其中，$POPU_{i,t}$代表 i 地区 t 年的年末人口数，$N_{i,t}$ 代表 i 地区 t 年的人口自然增长率，$LABOR_{i,t}$ 代表 i 地区 t 年的从业人口数，则 $\dfrac{LABOR_{i,t}}{POPU_{i,t}}$ 代表 i 地区 t 年劳动力占总人口的比重，$LF_i(t_1,t_2)$ 为 i 地区 t_1 到 t_2 期间的人口流动与从业人口占总人口比重的乘积，即劳动力跨区域净流动规模。LF 数值的正负对应劳动力流入与流出，其绝对值大小对应劳动力流入与流出规模的大小。最终数据通过 1994～2018 年《中国统计年鉴》和西北各省区统计年鉴计算得出。

（二）潜在经济增长率的测算

采用时变弹性生产函数法测算西北地区潜在经济增长率。根据曹吉云（2007）对技术水平替代变量的研究，本章时变弹性生产函数模型可以写成如下形式：

$$\ln Y_t = \gamma_t \ln U_t + \alpha_t \ln K_t + \beta_t \ln L_t \tag{7}$$

其中，U_t 是技术水平的替代变量，即第三产业从业人数占总从业人数的比例。基于此，构建本章时变弹性状态空间模型。

量测方程：

$$\ln(Y_t/L_t) = \gamma_t U_t + \alpha_t \ln(K_t/L_t) + \varepsilon_t \tag{8}$$

状态方程：

$$\gamma_t = c_1 + \theta_1 \gamma_{t-1} + \xi_t \tag{9}$$

$$\alpha_t = c_2 + \theta_2 \alpha_{t-1} + \eta_t \tag{10}$$

其中，Y_t、U_t、K_t 和 L_t 是可观测变量，c_1、c_2 是常数，γ_t 和 α_t 是不可观测的状态变量，θ_1 和 θ_2 是 γ_t 和 α_t 对应的一阶自回归系数，ε_t、ξ_t 和 η_t 是量测方程和状态方程的随机扰动项。在采用 Kalman 滤波法估计得到时变弹性生产函数所含各参数后，代入式（7）可得到潜在产出 Y_t，然后利用公式（11）计算潜在产出 Y_t 的增长率，即潜在经济增长率 r。

$$r = \left[(Y_t - Y_{t-1})/Y_{t-1}\right] \times 100\% \tag{11}$$

测算所用数据初步通过 1994～2018 年《中国统计年鉴》和各省区市统计年鉴获取，通过不同方法二次处理后，最终得到上述模型所需的实际

GDP 值、劳动力投入值、资本存量值、技术水平值，数据处理说明如下。

（1）西北地区实际 GDP：分别将西北各省区 1993~2017 年名义 GDP 数据除以以 1978 年为基期的西北各省区 GDP 指数值，加总得到西北地区实际 GDP 数据。

（2）西北地区资本存量：采用永续盘存法 $CAPI_{i,t} = I_{i,t} + CAPI_{i,t-1}(1 - \delta)$ 计算西北各省区资本存量，其中，$I_{i,t}$ 代表 i 地区在 t 年的实际固定资产投资额；采用 $CAPI_0 = I_0/(g + \delta)$ 估算基期 1978 年资本存量，其中 I_0 为基年即 1978 年的固定资产投资额，g 为样本期即 1993~2017 年实际投资的年平均增长率，δ 代表资本折旧率，取值为 10.96。最后加总得到西北地区资本存量。

（3）西北地区劳动力投入：以西北各省区统计年鉴中全社会年末就业人数作为劳动力投入数据，对于新疆、宁夏在个别年份的缺失数据采用插值法进行补充。

（4）西北地区技术水平：技术水平数据无法直接获取，需要采用替代变量估算得出，这里以西北地区第三产业从业人数占总从业人数比重来代替技术水平。其中，宁夏 1991~1994 年及 1996~1999 年的第三产业从业人员数据无法获取，使用插值法估计得到。

潜在经济增长率测算结果见表 11-1。

表 11-1　1993~2017 年西北地区潜在经济增长率（PYI）测算结果

单位:%

年份	潜在经济增长率	年份	潜在经济增长率
1993	12.20	2006	14.00
1994	9.70	2007	13.70
1995	10.00	2008	14.10
1996	9.50	2009	16.00
1997	10.50	2010	12.30
1998	10.40	2011	12.10
1999	10.00	2012	14.10
2000	9.10	2013	13.50

年份	潜在经济增长率	年份	潜在经济增长率
2001	10.10	2014	9.80
2002	10.60	2015	8.00
2003	11.30	2016	8.24
2004	11.20	2017	8.57
2005	11.80		

由图 11-1 可看出西北地区潜在经济增长率的变化趋势，西北地区潜在经济增长率在 1993~2000 年，先从 12% 降至 10%，2001~2009 年潜在经济增长率总体呈上升趋势，从 2001 年的 10.10% 上升到 2009 年的 16%，2009~2017 年潜在经济增长率从 16% 降至 8%，似乎符合经济增长周期理论。

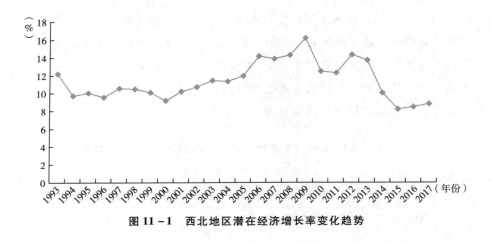

图 11-1　西北地区潜在经济增长率变化趋势

四　生产要素流动对西北地区潜在经济增长率影响的实证分析

利用第三节估计和测算的数据，使用 Eviews10.0 软件对生产要素流动对西北地区潜在经济增长率的影响进行实证分析。模型中被解释变量为西北地区潜在经济增长率 PYI，解释变量为西北地区资本净流动规模 KF 和劳动力净流动规模 LF。本章采用 OLS 估计方法分析资本和劳动力流动对西北地区当期潜在经济增长率的影响，建立向量自回归模型分析资本和劳动力流动对西北地区潜在经济增长率的长期影响。

（一）生产要素流动对西北地区潜在经济增长率的当期影响

建立二元线性回归模型，形式如下：

$$PYI_t = a_0 + a_1 \cdot KF_t + a_2 \cdot LF_1 + \mu_t \tag{12}$$

其中，PYI 为西北地区潜在经济增长率，KF 为西北地区资本净流动规模，LF 为西北地区劳动力净流动规模，a_1，a_2 和 a_0 为估计系数，μ_t 为方程随机扰动项。

估计结果如下：

$$PYI_t = 0.104169 + 0.00098KF_t + 0.0024LF_t$$
$$\text{s. e.} = (0.0056)(0.0005) \quad (0.0007)$$
$$t = (18.4802)(2.1757) \quad (-3.1978)$$
$$P = (0.0000)(0.0411) \quad (0.0043)$$
$$R^2 = 0.5101 \qquad F = 10.9325$$

可见，模型各系数均通过 t 检验，模型拟合程度一般，资本流动和劳动力净流动规模联合起来对潜在经济增长率的解释力强。根据估计结果，西北地区资本每流入 1 元，潜在经济增长率增加 0.00098 个百分点；劳动力每流入 1 万人，潜在经济增长率增加 0.0024 个百分点。同理，资本每流出 1 元，潜在经济增长率降低 0.00098 个百分点；劳动力每流出 1 万人，潜在经济增长率降低 0.0024 个百分点。因此，资本和劳动力的流动对西北地区潜在经济增长率有一定的影响，近年来西北地区资本和劳动力的持续流出在一定程度上降低了西北地区潜在经济增长率。

（二）生产要素流动对西北地区潜在经济增长率的长期影响

本章使用 VAR 模型分析生产要素流动对潜在经济增长率的长期影响。首先分别对资本流动规模（$\ln KF$）、劳动力流动规模（LF）以及潜在经济增长率（$\ln PYI$）进行平稳性检验，即单位根检验；再对两个生产要素流动变量与西北地区潜在经济增长率变量进行协整检验；最后构建向量自回归模型，并使用脉冲响应函数和方差分解分析生产要素流动对西北地区潜在经济增长率的影响。

VAR 模型避免了经济学先验知识的束缚，主要通过脉冲响应函数、方差分解动态地观察各变量之间的影响关系以及不同时期解释变量对被解释变量的影响程度，该模型被广泛用于多变量的时间序列分析中。建立 VAR 模型如下：

$$M_t = R_1 M_{t-1} + R_2 M_{t-2} + \cdots + R_p M_{t-p} + \varepsilon_t \tag{13}$$

其中，$M_t = (\ln PY_t, \ln KF_t, \ln LF_t)$，$\ln PYI$ 为西北地区潜在经济增长率的对数值，$\ln KF$ 为西北地区资本净流动规模对数值，$\ln LF$ 为西北地区劳动力净流动规模，R_1，R_2，$\cdots$，R_p 为待估计的系数矩阵，ε_t 为方程随机扰动项。

1. 单位根检验

经过单位根检验，资本流动规模对数值（$\ln KF$）、潜在经济增长率对数值（$\ln PYI$）和劳动力流动规模（$\ln LF$）都是非平稳序列。但经一阶差分后，均通过 5% 的显著水平下的 ADF 检验，都可以得到平稳序列，结果见表 11-2。

表 11-2　单位根检验结果

变量	ADF 检验值	结论
$\Delta \ln PYI$	-1.108672 *	稳定
$\Delta \ln KF$	-0.799772 **	稳定
ΔLF	-1.364565 ***	稳定

说明：Δ 表示一阶差分，*、**、*** 分别表示在 10%、5%、1% 水平上显著。

2. 协整检验

在 3 个变量都是一阶平稳序列的基础上，可以使用协整分析来判断变量之间是否存在长期均衡关系。按照 SC 和 AIC 准则确定 VAR 模型滞后阶数为 2 阶，Johansen 协整结果如表 11-3 所示。由表 11-3 可看出，最多含有 2 个协整关系的原假设对应的统计值都大于 5% 临界值，应该接受原假设，即资本流动规模、劳动力流动规模和潜在经济增长率之间存在协整关系，可以进行回归分析。

表 11 - 3　协整检验结果

原假设	特征根	Trace 统计值	5% 临界值	P 值
0 个	0. 487801	25. 51368	29. 79707	0. 0439
至多 1 个	0. 308493	12. 13284	15. 49471	0. 0407
至多 2 个	0. 211609	4. 75521	3. 84147	0. 0292

3. VAR 模型参数估计及稳定性检验

使用 Eviews10. 0 软件进行回归计量, VAR 模型参数估计结果如下。

$$\begin{pmatrix} \ln PYI_t \\ \ln KF_t \\ LF_t \end{pmatrix} = \begin{pmatrix} -1.763636 \\ 1.04244 \\ -61.83592 \end{pmatrix} + \begin{pmatrix} 0.760399 & 0.217518 & -30.001352 \\ 0.519619 & 0.653867 & 0.002012 \\ -21.40817 & -4.572487 & -0.571755 \end{pmatrix}$$

$$\begin{pmatrix} \ln PYI_{t-1} \\ \ln KF_{t-1} \\ LF_{t-1} \end{pmatrix} + \begin{pmatrix} -0.410145 & -0.080265 & -0.012468 \\ -0.613256 & -0.153775 & -0.001927 \\ -10.16072 & 2.506492 & 0.481615 \end{pmatrix} \begin{pmatrix} \ln PYI_{t-2} \\ \ln KF_{t-2} \\ LF_{t-2} \end{pmatrix}$$

由于 VAR 模型不太关注计量结果的某一个具体数值, 重点是通过脉冲
响应和方差分析来判断模型整体的动态特征。因此, 分析之前, 需要检测
计量结果的稳定性。利用 AR 根检验 VAR 模型的稳定性, 如果 VAR 模型
的估计点都落在单位圆内, 说明模型是稳定的。检验结果如图 11 - 2 所示,
表明回归得到的 VAR 模型是稳定的, 计量结果有效, 被解释变量和解释变
量之间存在长期稳定关系。

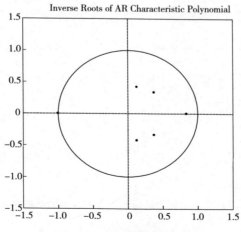

图 11 - 2　VAR 模型稳定性检验

4. 脉冲响应分析

通过脉冲响应来考察模型的动态特征，脉冲响应函数如图 11 - 3 所示。由图 11 - 3（a）可看出当资本流动规模出现一个正向冲击时，潜在经济增长率在第 3 期出现一个正向的强烈响应，然后下降再上升，直到第 10 期，逐渐趋向于 0，说明西北地区资本流入对潜在经济增长率提高影响较强，但长期来看，会导致增长疲乏；由图 11 - 3（b）可看出当劳动力流动规模出现正向冲击时，潜在经济增长率在第 2 期有大幅度的正向响应，然后上下波动，但长期有稳定的正向影响，说明劳动力流入对提高潜在增长率有较大促进作用，而且有长期影响。

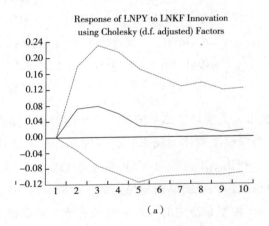

（a）

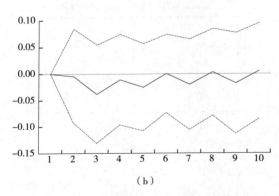

（b）

图 11 - 3　潜在经济增长率影响要素的脉冲响应

5. 方差分解

通过方差分析可以看出各解释变量在系统动态变化中的重要性，包括强度和影响幅度。从图 11 - 4 可以看出，从第 4 期以后，资本流动规模和劳动力流动规模对潜在经济增长率的增长贡献率分别达到 20% 和 5% 左右。就生产要素流动而言，资本流动规模成为促进潜在经济增长率和经济发展水平提升的关键要素。

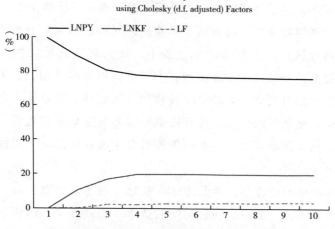

图 11 - 4 资本流动劳动力流动和全要素生产率对经济增长的贡献率

五 结论及政策建议

由上述结论可知，西北地区实际经济增长率下降是由潜在经济增长率下降引起的，但由生产要素流动对潜在经济增长率的当期影响可看出，近年西北地区的资本净流出和劳动力净流出会降低潜在经济增长率，从而降低实际经济增长率；又由生产要素流动对潜在经济增长率的长期影响可看出，资本流动是提高潜在经济增长率的主要因素，近年来西北地区资本流入对潜在经济增长率提高影响较强，但长期来看会导致增长疲乏，而劳动力流入对提高潜在经济增长率有较大促进作用，且有长期影响。因此，本章基于生产要素流动提出政策建议，以提升西北地区潜在经济增长率，从而提高经济增长水平。

（一）资本政策

对于资本市场，一是要建立一个良好运转的资本市场，激发上市公司活力，增强上市公司融资能力，扩大规模，为资本自由流动提供良好环境，从而提升潜在经济增长率；二是要鼓励支持具有潜力的企业发行债券，扩大直接融资规模，增加资本存量，提高潜在经济增长率；三是建立西北地区金融中心，留住已有资金并且吸引资金流入，从而降低西北地区资金流动成本，增强融资能力，提升西北地区潜在经济增长率。

对于宏观财政调控，一方面我国应持续对西北地区实行政策倾斜，在不影响发达地区经济发展水平的前提下，加大对西北地区的资本投入规模，从而提升西北地区潜在经济增长率，进而促进经济增长；另一方面中央财政可以增加对西北地区的专项转移和一般转移，在政策上调控西北地区资本流向，使落后的西北地区有资本完善当地基础设施建设，提升公共服务水平，从而逐渐减少这些客观条件对资金流动的影响，以提高西北地区潜在经济增长率。

对于金融体制的改革，西北地区应根据市场需求设置网点，引入股份制银行、外资银行，激发金融机构间的竞争，提高效率，深化金融体制改革，同时鼓励创业投资，设立西北产投基金等，改变西北地区金融机构管理落后、融资机制单一的现状，提高西北地区潜在经济增长率。

对于吸收外资，西北地区也应该采取相关措施。首先改善西北地区的投资环境，以利于资本自由流动；其次加大对外开放力度，在"一带一路"政策的扶持下，与国外投资者充分交流沟通，吸引外资流入，从而提高西北地区潜在经济增长率，提高经济增长水平。

（二）劳动力政策

对于劳动力市场，一是要投入资金完善西北地区基础设施建设，提升公共服务水平，并建立良好的社会保障制度，使得西北地区劳动力在当地也可以谋求一份满意的工作；二是要尽量消除垄断，促进劳动力在西北地区内部自由流动，既减少劳动力流失，又提升劳动力配置效率；三是要加强劳动力市场信息体系建设，减少劳动力求职过程中出现的信息不对称或求职成本过高影响就业甚至出现劳动力流出现象；四是要增加职业技能教育培训，提升劳动者素质，帮助劳动者更好地就业。

对于人才投资，一是加大西北地区教育投资，建立高水平院校，培养人才，提高西北地区人才资源水平和人力资本存量，增强劳动力在西北地区的流动活力，提高潜在经济增长率；二是出台高水平人力资本优惠政策，包括就业补贴、住房补贴等来留住人才，推动高水平人才回流，以及吸引人才流入，从而提高潜在经济增长率，实现经济稳定增长。

对于产业结构，一是要提升当地资本和劳动力及其他生产要素与产业结构的匹配程度，改善劳动力供求不均衡状况，促进劳动力资源实现更优配置，提升劳动力投入效率和配置效率；二是要协调城乡间产业结构差异，缩小城乡发展差距，促进人口在西北地区自由流动，以提升潜在经济增长率。

参考文献

威廉·配第：《赋税论》（全译本），武汉大学出版社，2011。

杜肯堂、戴士根：《区域经济管理学》，高等教育出版社，2005。

彼罗·斯拉法：《大卫·李嘉图全集·第 1 卷》，《政治经济学及赋税原理》，商务印书馆，2013。

Feldstein M, Horioka C. Domestic Savings and International Capital Flows, W. A. Mackintosh Lecture 1979. *Working Papers*, 1979, 90 (358): 314 – 29.

Bailliu J. N. Private Capital Flows, Financial Development, and Economic Growth in Developing Countries. *Staff Working Papers*, 2000.

王小鲁、樊纲：《中国地区差距：20 年变化趋势和影响因素》，经济科学出版社，2004。

麦勇、徐晓莉：《资本流动对区域经济增长的影响及启示》，《经济纵横》2007 年第 14 期。

刘鸽、曹永峰：《中国资本流动与经济增长的实证研究》，《黑龙江对外经贸》2010 年第 1 期。

黄桂良：《资本流动与区域金融收敛研究——对粤港澳三地的实证检验》，《广东商学院学报》2011 年第 2 期。

黄文军、荆娴：《资本流动是否影响我国地区经济增长——基于 1979 – 2010 年省际面板数据的实证》，《财经论丛》2013 年第 1 期。

陈品宇、朱春聪：《"一带一路"战略的资本流动及其空间格局——基于不平衡地理发展理论视角》，《地域研究与开发》2017 年第 3 期。

胡琼：《不同性质国际资本流动对经济增长的非线性影响研究》，湖南大学硕士学位论文，2017。

张爱婷：《农村劳动力流动的经济增长效应理论模型》，《统计与信息论坛》2009 年第 8 期。

樊士德、姜德波：《劳动力流动与地区经济增长差距研究》，《中国人口科学》2011 年第 2 期。

林柯、王益谦，Bao S. M.：《西部地区劳动力流动对地区经济增长影响的实证——基于 1986～2009 年的数据》，《四川师范大学学报》（自然科学版）2014 年第 3 期。

程鹏：《农村劳动力流动、产业结构调整与经济增长——基于 1993～2012 年省际面板数据的实证研究》，《产经评论》2014 年第 6 期。

肖琳子、肖卫：《二元经济中农业技术进步、劳动力流动与经济增长——基于中国 1992－2012 年省级面板数据的实证分析》，《上海经济研究》2014 年第 6 期。

易莹莹、凌迎兵：《劳动力流动对西部地区经济增长效应的影响——以重庆市为例》，《经济问题探索》2015 年第 8 期。

张立新、崔丽杰：《劳动力流动、人力资本积累与地区经济增长差距研究综述》，《湖南人文科技学院学报》2015 年第 2 期。

伍山林：《农业劳动力流动对中国经济增长的贡献》，《经济研究》2016 年第 2 期。

张桂玲：《劳动力跨产业流动对经济增长的影响研究》，《中国管理信息化》2019 年第 8 期。

曹吉云：《我国总量生产函数与技术进步贡献率》，《数量经济技术经济研究》2007 年第 11 期。

第十二章
人口年龄结构变化对西北地区经济高质量发展潜力的影响

一 引言及文献综述

2002～2013 年，西北地区以 10% 以上的经济增长速度高速增长，其中人口年龄结构变化导致的人口红利是这一高速增长的动力之一。然而，2013 年之后，西北地区人口年龄结构发生变化，开始面临人口红利消失的现实。2013～2017 年西北地区劳动力人口占总人口比重从 74.04% 下降至72.07%，而社会总抚养比从 35.99% 上升至 38.75%。2017 年 65 岁及以上人口占人口总数比例已经达到 9.62%，远超老龄化社会标准值 7%。同期西北地区经济增速呈下降趋势，2017 年经济增长率下滑到 6.89%。人口年龄结构变化不仅在短期导致了经济增长率的下降，而且从长期看，将导致潜在经济增长率下滑。

早期学者集中于研究人口年龄结构变化对经济增长的影响。Malmberg（1999）使用瑞典 1950～1989 年的数据得出结论，30～74 岁年龄段人口的增加将会促进经济增长，其中 50～64 岁年龄段人口比重的增加对经济增长的贡献最大，其他年龄段人口比重的增加将会使经济增长率降低；Bloom和 Williamson（1998）使用 78 个国家的面板数据研究发现，东亚经济高速增长成果的 1/3 可以被人口红利解释；Shenglong Liu 和 Angang Hu（2013）利用我国 1983～2008 年省际面板数据研究经济增长与人口变化的关系，得出经济增长与劳动年龄人口正相关而与出生率负相关。1983～2008 年，出生率降低和劳动力人口比重升高使经济增长分别提高 1. 19 个和 0. 73 个百分点，这两项对经济增长的贡献达 19. 5%。Jane Golley 和 Rod Tyers (2013) 的研究表明，少儿抚养比下降对经济增长有正向影响，老年抚养比上升对经济增长有负面影响。虽然中国的总和生育率趋于平稳，但是到 2030 年之前，少儿抚养比下降对经济增长的积极作用大于老年抚养比的上升对经济增长的消极作用，因而经济总体向好。张鹏（2013）区分了人口年龄结构转变对经济增长水平的影响、长期增长影响以及周期波动影响，主要考察经济增长与老年人口比重和劳动力人口内部年龄结构的关系。结果为人口老龄化能够促进经济增长，劳动力内部年龄结构与经济增长贡献呈倒 U 形关系，其中对经济增长贡献最大的是中年劳动力。

之后学者开始进行人口年龄结构变化对潜在经济增长影响的研究。陆旸、蔡昉 2013 将人口年龄结构纳入潜在经济增长率测算模型，在人口年龄结构变化影响劳动参与率和自然失业率的情况下，计算了我国的潜在经济增长率。其研究得出结论，随着人口红利消失，我国潜在经济增长率将下降，并估算了在不同人口增长率变化下，未来我国潜在经济增长率的变化，提出我国现在应该放开人口生育政策，以减缓未来潜在经济增长率下降的趋势。陆旸、蔡昉 2014 在生产函数模型中代入分年龄的劳动参与率、自然失业率和随抚养比变化的资本积累，这样能充分反映人口年龄结构对潜在经济增长率的间接效应。他们比较了日本 1960 ~ 2010 年和中国 1980 ~ 2030 年的潜在经济增长率，提出我国不要过度刺激需求，以免重蹈日本经济泡沫的覆辙。并测算了不同总和生育率下的潜在经济增长率，提出放松人口政策、适当提高总和生育率短期内会对潜在经济增长率产生负面影响，但长期来看有利于人均收入水平的提高。郭晗（2014）分析了人口年龄结构从物质资本积累、劳动力供给和人力资本积累三个方面对潜在经济增长率的影响。他将传统三阶段人口转变理论拓展为四期，得出抚养比会出现倒 U 形变化。因此在人口年龄结构转变初期，随着人口抚养比的提高，潜在经济增长率会提升，但当人口抚养比超过一定临界值时，潜在经济增长率会下降。同时人口年龄结构转变能够促进人力资本水平提升，从而提升潜在经济增长率。

以往的文献对人口年龄结构转变影响经济增长的传导机理论述较多，而研究人口年龄结构变化对潜在经济增长影响的较为有限，尤其是对西北地区的研究甚少。本章着重分析西北地区人口年龄结构变化对潜在经济增长率的影响。

二 人口年龄结构变化影响潜在经济增长的作用机理

（一）人口年龄结构变化通过劳动力供给影响潜在经济增长

人口年龄结构变化通过两个途径直接影响劳动力的供给，一方面是对劳动参与率的影响，另一方面是对劳动力供给数量的影响。当少儿抚养负担加重时，家庭需要花费更多人力和时间在孩子的照料、教育和健康上，这不仅限制了劳动力的劳动时间，甚至有些家庭的适龄劳动力会退出劳动力市场，在家专门照料孩子，这就减少了适龄劳动人口的劳动参与率。所以短期来说，少儿抚养负担减轻，劳动力供给的时间和劳动参与率都会有所提升，能够提升潜在经济增长率。长远来看，新生婴儿减少，将导致未来劳动力供给不足风险增加（Chong - Bum，Seung - Hoon，2006）。所以，少儿抚养比下降对潜在经济增长的影响如何，要看少儿抚养比下降的程度和持续的时间，以及所考察的潜在经济增长率期限；老年抚养负担加重，人口老龄化程度加深，从微观上来说，家庭同样需要花费人力和时间照料老人，从而会对经济带来限制劳动力劳动时间和降低适龄劳动人口的劳动参与率的问题。从宏观上来说，虽然考察老年人口时只考察65岁及以上人口数量，但是老龄化的现象是整体人口老龄化的结果，其中必然伴随劳动年龄人口的老龄化。劳动生产率随着劳动年龄的变化呈现倒U形变化。劳动人口的老龄化带来劳动生产率的降低，需要更多劳动力补充，而人口老龄化必然伴随着人口规模的下降，这往往意味着没有足够的劳动力补充。

（二）人口年龄结构变化通过资本形成影响潜在经济增长

不同年龄阶段人口的消费能力和储蓄率不同，人口年龄结构变化是通过储蓄这个间接因素影响资本形成的。Modigliani等人（1954）提出的生命周期假说将人的一生扩展为三个时期，分别为少儿时期、中年时期和老年时期三个阶段。少儿时期没有收入，或者收入较少，但是预计未来收入会提高，所以消费大于收入，储蓄为负或者很少。中年时期收入增加，收入用于三部分，一部分用于现期消费，一部分用于偿还年轻时欠下的债务，另一部分储蓄起来用于养老。这一阶段的储蓄率是最高的。老年时期收入下降，消费超过收入，花费年轻时的储蓄，净储蓄为负。从整个社会来看，社会的储蓄全部来自劳动年龄人口的积累。少儿人口和老年人口则是净消费人口，消耗劳动年龄人口的积累。整个社会储蓄是形成全社会投资的基础，当一国或地区人口抚养比低，劳动年龄人口占比大时，有利于形成高储蓄，进而形成高投资。相反，如果一国的人口结构处于高抚养比的负债期，社会难以形成较多的储蓄。

进一步将人口抚养比分为少儿抚养比和老年抚养比。少儿抚养比对储蓄和资本形成有负的影响，而老年抚养比对储蓄和资本积累的作用稍微复杂。在养老体制不健全的发展中国家，老年人有很强的为养老而储蓄的动机，所以老年抚养比在上升的某个阶段，对储蓄和资本积累有正向的作用。刘渝琳等（2014）认为，当老年抚养比在12.9%以内，老年抚养比每提高1个百分点，资本存量将增长0.81%。如果老年抚养比超过这一限度，将对经济增长产生负面作用。人口老龄化过重将导致劳动年龄人口减少，劳动力供给不足，从而影响经济增长，经济增长的下降将导致社会储蓄和资本积累减少。

从家庭调查的微观角度对人口年龄结构变化与储蓄率关系进行研究的结果表明，随着对自己寿命预期的改变，人们会改变自己的储蓄计划，以保证退休之后的生活质量。同时人们也会改变参与劳动的时间，以保证有足够的储蓄应对退休之后的生活。一方面，预期寿命的延长使人们预期到需要更多的储蓄以维持退休之后的生活，从而在年轻时增加储蓄；另一方面，随着老年人口比重的上升，社会中有更多的老年人需要养老而花费社会储蓄，储蓄的积累赶不上储蓄的消耗，导致社会整体储蓄率下降，社会中用于投资的财富减少。抚养负担加重对储蓄、投资和潜在经济增长有负向作用。

（三）人口年龄结构变化通过全要素生产率影响潜在经济增长

我们把除资本和劳动之外的促进潜在经济增长的因素定义为全要素。人口年龄结构变化主要从两个方面对全要素生产率产生作用，一方面是影响人力资本积累和劳动生产率，另一方面是影响劳动力配置效率。

人口结构并非人力资本积累的充分或者必要条件，但是人口年龄结构变化潜在导致了人力资本积累变化。就一个人的一生而言，劳动生产率在不同阶段是不同的。刚参加工作时，由于缺乏工作经验和相关知识，劳动生产率比较低，随着工作时间的延长和工作经验的积累，生产率会逐渐提高，当达到一定年龄的时候，随着精力、体力的下降，劳动生产率又会降低，直至退休。从家庭层面来看，少儿抚养负担的下降使家庭更注重生育的质量而不只关注生育的数量，家庭将更多投资用于孩子的教育和健康，这样会提高人力资本储备。一个人从少儿时期开始储备自己的人力资本，劳动力年龄阶段是储备最为丰富的阶段，所以在一个国家中，劳动力年龄决定了这个国家人力资本存量。人口老龄化会带来资本存量和劳动力存量的减少，但资本存量下降的速度会慢于劳动力存量下降的速度。这引起资本劳动力比增加、资本回报率下降和劳动回报率上升，工资上升，从而人们更多投资于回报率上升的人力资本。从整个社会层面来看，当人口抚养比低时，社会中的资本积累比较充足，同时充足的劳动力供给有助于延缓资本效率递减，低效率地消耗资本和劳动力资源也能维持经济增长。这种情况下对技术的要求不高，导致人们减少对人力资本的投资。相反，当人口抚养比高时，劳动力供给有限，资本劳动比降低，资本边际效率下降快，客观上对劳动力技术提出要求，促使人们增加资本积累。

人口结构和劳动力配置效率的关系，主要从劳动力在不同地区、不同产业、不同部门之间的流动来体现。根据刘易斯的二元经济理论，发展中国家在经济发展过程中，农村剩余劳动力向城市转移。二元经济发展的初期，三个产业之间生产率存在差异，第一产业的劳动生产率低，第二、第三产业的劳动生产率较高。劳动力从生产率较低的第一产业，向生产率较高的第二、第三产业转移，最终使三部门生产率达到一致。当人口抚养比低时，劳动年龄人口占比大，有充足的劳动力从第一产业向第二、第三产业流动，劳动力配置效率高；当人口抚养比高时，劳动力供给变为有限，劳动力配置效率保持稳定，甚至会下降。

三　人口年龄结构变化影响潜在经济增长的数理分析

采用索洛－斯旺模型为研究模型，模型基本假定：（1）生产函数为规模报酬不变，即 $\alpha + \beta = 1$，且为希克斯技术中性的柯布 - 道格拉斯生产函数即 $\frac{K}{L}$。（2）人口增长率很大程度上受生育政策影响，因此我们设定人口增长率 n 为外生给定。（3）全要素生产率不变，模型为稳态增长模型。在以上基本假设下，本章改进的索洛 - 斯旺稳态经济增长模型为：

$$Y^* = AK^\alpha L^{*\,1-\alpha} \tag{1}$$

其中，Y^* 为潜在国内生产总值，A 为全要素生产率（TFP），K 为资本积累，L^* 为潜在就业人数，α 和 $1 - \alpha$ 分别表示资本产出弹性及劳动产出弹性。等式（1）两边同时除以总人口 P 得：

$$y^* = Ak^\alpha \left(\frac{L}{P}\right)^{1-\alpha} \tag{2}$$

式（2）中，y^* 为人均潜在国内生产总值，k 为人均资本存量。把劳动人口占总人口的比重 $\frac{L}{P}$ 的变换式 $\left(\frac{P}{L}\right)^{-1}$，进一步改写成 $\left(1 + \frac{P-L}{L}\right)^{-1}$，其中 $\frac{P-L}{L}$ 为总抚养比，用 ra 表示，则该式写为 $(1 + ra)^{-1}$。将式（2）写为用总抚养比 ra 表示的形式：

$$y^* = Ak^\alpha (1 + ra)^{\alpha-1} \tag{3}$$

模型假设人口增长率 n 为外生给定，全要素生产率 A 恒定，人均资本增长的动态路径为：

$$\dot{k} = sAk^\alpha (1 + ra)^{\alpha-1} - (n + \delta)k \tag{4}$$

其中，s 为实际储蓄率，δ 为资本折旧率，n 为外生的人口增长率。经济沿稳态路径增长时人均资本增长值 $\dot{k}$ 为零。令式（4）等于零，解得经济稳态增长时潜在人均资本：

$$k^* = \left(\frac{sA}{n+\delta}\right)^{\frac{1}{1-\alpha}} (1 + ra)^{-1} \tag{5}$$

将式（5）代入式（3）得稳态时的潜在人均产出：

$$y^* = A^{\frac{1}{1-\alpha}} s^{\frac{\alpha}{1-\alpha}} (n + \delta)^{\frac{\alpha}{1-\alpha}} (1 + ra)^{-1} \tag{6}$$

等式（6）两边取对数，得：

$$\ln y^* = \frac{1}{1-\alpha}\ln A + \frac{\alpha}{1-\alpha}\ln s + \frac{\alpha}{1-\alpha}\ln (n+\delta) - \ln (1+ra) \qquad (7)$$

根据马可维奇（1992）对稳态的线性方法：

$$\frac{d\ln y}{dt} = (1-\alpha)(n+\delta)(\ln y^* - \ln y) \qquad (8)$$

将式（7）代入式（8），令 $\vartheta_0 = (n+\delta)\ln A$，$\vartheta_1 = -\alpha(n+\delta)$，$\vartheta_2 = \alpha(n+\delta)$，$\vartheta_3 = (\alpha-1)(n+\delta)$，则

$$\ln y^* = \vartheta_0 + \vartheta_1 \ln (n+\delta) + \vartheta_2 \ln s + \vartheta_3 \ln (1+ra) \qquad (9)$$

公式（9）中，因为 α 作为资本贡献因子，其取值范围为 $0 < \alpha < 1$，且 n 和 δ 均为正值，所以 ϑ_3 为负值。公式（9）的含义为，在人口增长率和资本折旧率外生给定的情况下，由社会储蓄率 s 和社会总抚养比 ra 决定全社会潜在产出。社会储蓄率增加，促进潜在经济增长。人口抚养比下降提升潜在经济增长。

四 西北地区人口年龄结构与潜在经济增长率变化

（一）西北地区人口年龄结构变化

图 12-1 描述了 1990~2017 年西北地区人口出生率、死亡率及自然增长率的变化情况。1990~1993 年，西北地区人口出生率呈现不断下降趋势，1994 年短暂增加至 20.19‰，之后人口出生率持续下滑至 2015 年的 13.01‰。2016 年全面放开二孩政策实施，人口出生率和自然增长率有小幅回升。1990~2017 年，西北地区人口死亡率平稳下降，2017 年降低到 5.63‰。

图 12-2 描述了 1990~2017 年西北地区各年龄段人口占总人口比重。1990~2013 年适龄劳动人口比重从 64.91% 上升到 74.04%。从 2013 年开始，西北地区 15~64 岁适龄劳动年龄人口占比开始下降，从 2013 年的 74.04% 下降到 2017 年的 72.07%。从少儿人口比重和老年人口比重来看，1990~2017 年西北地区老年人口占比出现明显上升，而少儿人口占比持续下降。具体来说，1990~2017 年，西北地区少儿人口比重从 30.48% 下降到

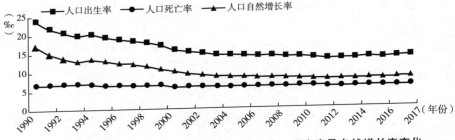

图 12 - 1　1990～2017 年西北地区人口出生率、死亡率及自然增长率变化

18.31%，老年人口比重从 4.62% 上升到 9.62%。1965 年联合国对老龄化社会定义为"65 岁及以上人口占总人口数的 7%"，2005 年西北地区 65 岁及以上人口占到总人口的 7.47%，之后 65 岁及以上人口占比持续增长，意味着西北地区人口老龄化的加剧。

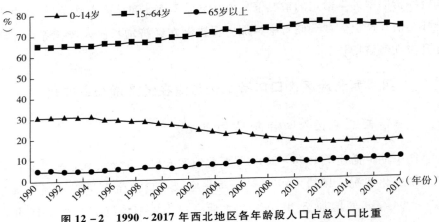

图 12 - 2　1990～2017 年西北地区各年龄段人口占总人口比重

从抚养比来看，1990～1999 年西北地区总抚养比在高位浮动，浮动范围为 49%～56%。1990～2011 年，西北地区总抚养比总体呈下降趋势，从 1990 年的 51.98% 下降至 2011 年的 33.63%。2012 年起，总抚养比逐步上升，2017 年达 38.75%。从少儿抚养比和老年抚养比来看，从 1990 年至今，西北地区老年抚养比从 6.68% 提高到 13.35%，一直在低位稳步上升。而少儿抚养比一直是影响总人口抚养比的关键因素，少儿抚养比的下降使总人口抚养比大幅度降低，1990～2017 年少年抚养比从 45.30% 下降到 25.40%。

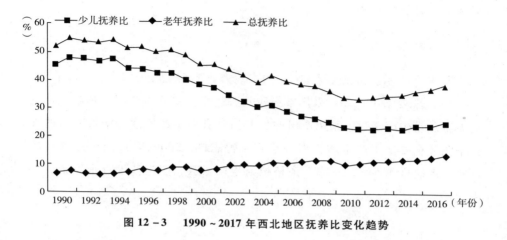

图 12 - 3　　1990 ~ 2017 年西北地区抚养比变化趋势

（二）　西北地区潜在经济增长率变化情况

采用规模报酬不变的柯布 - 道格拉斯生产函数估算 1990 ~ 2017 年西北地区潜在产出。生产函数为：

$$Y^* = AK^{\alpha}L^{*(1-\alpha)} \tag{10}$$

其中，Y^* 表示潜在国内生产总值，A 表示全要素生产率，K 表示资本存量，L^* 表示充分就业的劳动人口。通过国内潜在生产总值可以计算出潜在经济增长率 r^*，公式为：

$$r^* = \frac{Y_t^* - Y_{t-1}^*}{Y_{t-1}^*} \tag{11}$$

Y_t^* 表示 t 时期的国内潜在生产总值，Y_{t-1}^* 表示 t - 1 时期的国内生产总值。

用柯布 - 道格拉斯生产函数法计算潜在经济增长率的关键是代入资本存量 K 和充分就业的劳动人口 L^* 和全要素生产率 A，具体计算方法如下。

（1）资本存量 K。资本存量通用的方法是永续盘存法（张军、章元，2003；单豪杰，2008），公式为 $K_t = I_t/P_t + (1 - \delta) K_{t-1}$，其中 K 为资本存量，I 为每年名义投资，P 为每年投资折算价格指数，δ 为资本折旧率，本文参考张军（2004）的研究成果取值为 9.6%。

（2）潜在就业人口 L^*。潜在就业人口是自然失业率水平下的充分就业人口，计算公式为：

$$L^* = P \times (1 - \bar{U}) \tag{12}$$

其中 P 表示经济活动人口，$\bar{U}$ 为自然失业率。

（3）全要素生产率。采用索洛残差法计算全要素生产率，基本思路是先设定总量生产函数，采用产出增长率扣除有形生产要素的增长率后的残差来测算全要素生产率增长率（李宾、曾志雄，2009）。设定生产函数的形式为规模报酬不变的柯布－道格拉斯生产函数，假定技术进步为希克斯中性：

$$Y = AK^{\alpha}L^{(1-\alpha)} \tag{13}$$

其中，Y 代表实际国内生产总值（GDP），A 代表全要素生产率（TFP），K 代表资本存量，L 代表实际就业人口，α 为资本贡献因子，$1 - \alpha$ 为劳动贡献因子。等式（13）两边同时除以实际就业人口数量 L，得到每单位劳动的产出。其计算公式为：

$$y = Ak^{\alpha} \tag{14}$$

其中，y 为每单位劳动的产出，k 为每单位劳动资本存量。等式（14）两边同时对年份 t 求导数得：

$$\frac{dy}{y} = \frac{dA}{A} + \alpha \frac{dk}{k} \tag{15}$$

$\frac{dy}{y}$ 表示每单位劳动产出的增长率，$\frac{dk}{k}$ 表示每单位劳动的资本存量增长率，$\frac{dA}{A}$ 表示全要素生产率的增长率。建立计量模型为：

$$\frac{dy}{y} = \frac{dA}{A} + \alpha \frac{dk}{k} + \varepsilon \tag{16}$$

通过对式（16）的计算可得资本贡献因子 α，以及全要素生产率增长率 $\frac{dA}{A}$，用 HP 滤波法去除扰动因素 ε，进而得到随时间变化的全要素生产率 A。1990～2017 年西北地区潜在经济增长率的计算结果如表 12－1 所示。

表 12 - 1 1990 ~ 2017 年西北地区潜在经济增长率及相关数据

年份	资本存量（亿元）	潜在 GDP（亿元）	潜在经济增长率（%）	年份	资本存量（亿元）	潜在 GDP（亿元）	潜在经济增长率（%）
1990	2008.01	648.75	–	2004	5773.19	2502.20	11.20
1991	2152.12	696.57	10.79	2005	6023.72	2817.30	11.80
1992	2342.01	748.97	7.50	2006	6271.75	3165.08	14.00
1993	2621.52	840.24	12.20	2007	6527.63	3601.43	13.70
1994	2934.17	921.85	9.70	2008	6840.14	4078.90	14.10
1995	3259.80	1014.43	10.00	2009	7117.95	4544.13	16.00
1996	3592.00	1110.65	9.50	2010	7405.77	5164.60	12.30
1997	3916.68	1227.51	10.50	2011	7725.79	5854.38	12.10
1998	4219.30	1355.57	10.40	2012	8033.77	6596.99	14.10
1999	4495.16	1491.49	10.00	2013	8323.36	7308.68	13.50
2000	4768.22	1627.46	9.10	2014	8591.96	8001.06	9.80
2001	5033.41	1791.36	10.10	2015	8816.81	8676.98	8.00
2002	5281.06	1981.25	10.60	2016	9016.20	9840.49	8.24
2003	5521.39	2204.81	11.30	2017	9248.55	10683.45	8.57

五 人口年龄结构变化对潜在经济增长影响的实证检验

（一）模型设定与数据说明

模型设定如下：

$$\ln y_t^* = \alpha + \beta_1 \ln s_t + \beta_2 \ln ra_t \tag{17}$$

y_t^* 为 t 时期的人均潜在国内生产总值，s_t 为 t 时期的储蓄率，ra_t 为 t 时期的社会总抚养比。β_1 和 β_2 分别为储蓄率和抚养比对人均潜在产出影响的弹性系数。与理论模型比较，计量模型中用 $\ln ra_t$ 代替 $\ln (1 + ra_t)$，在变化过程中不会改变变量的数据特征，也不会改变自变量和因变量的线性关系。

限于人口抚养比指标数据的可得性，本章采用 1990 ~ 2017 年 18 年的数据进行分析。计量方程中，人均潜在产出 y_t^* 为上文所求以 1990 年价格为基期的潜在国内生产总值除以各年总人口数。储蓄率 s_t 用当年全社会固定资产投资除以当年名义国内生产总值表示。抚养比 ra_t 用各年社会总抚养比，即人口中 14 岁以下人口和 65 岁及以上人口总和与 15~64 岁适龄劳动年龄人口之比表示。数据来源于各省区市统计年鉴及《中国人口与就业统计年鉴》。

(二) 实证分析结果

1. 时间序列平稳性检验

用最小二乘法对方程进行回归时，要求时间序列数据是平稳的。用不平稳的时间序列数据回归很可能会造成 Granger 提出的伪回归问题。检查序列平稳性一般使用单位根检验法。下文用 ADF 方法对三组变量进行单位根检验，检验结果如表 12-2 所示。

表 12-2　ADF 单位根检验结果

变量名	ADF 统计量	临界值（5%）	P 值	平稳性
$\ln y^*$	15.8928	-2.9763	1.0000	不平稳
$\ln s$	-0.4279	-2.9810	0.8901	不平稳
$\ln ra$	-2.3622	-2.9763	0.1613	不平稳
$\Delta \ln y^*$	-3.6327	-3.6584	0.0524	平稳
$\Delta \ln s$	-2.7151	-2.9810	0.0850	平稳
$\Delta \ln ra$	-8.2047	-2.9810	0.0000	平稳

在对 $\ln y^*$、$\ln s$、$\ln ra$ 一阶差分之后再进行 ADF 检验，发现检验结果 t 统计量均小于 5% 置信水平上的临界值，表明检验在 5% 的置信水平上拒绝原假设，该三组序列一阶差分后是平稳的。

2. 协整关系检验

因为 $\ln y^*$、$\ln s$、$\ln ra$ 是同为一阶单整，可以通过协整检验判定变量是否具有协整关系。通过检验回归方程的残差序列是否平稳，来判定因变量和自变量的线性组合是否具有稳定的均衡关系。$\ln y^*$、$\ln s$、$\ln ra$ 三组时间序列同为一阶单整，进行 OLS 回归，回归结果如下：

$$\ln y_t^* = 11.1958 + 1.8462 \ln s_t - 0.5933 \ln ra_t \tag{18}$$

调整后的 $R^2 = 0.97$。

将各个年份的人均潜在国内生产总值 $\ln y^*$，储蓄率 $\ln s$ 和社会总抚养比 $\ln ra$ 代入式（18），计算残差 $\varepsilon = \ln y_t^* - 11.1958 - 1.8462\ln s_t + 0.5933\ln ra_t$，检验该模型估计结果的残差序列是否平稳，结果 ADF 检验结果为 -3.5，小于与 EG 临界值 -3.14，该残差序列是平稳的，可以认为 $\ln y^*$、$\ln s$、$\ln ra$ 具有协整关系。

3. 误差修正模型结果

误差修正模型是一种特定形式的差分方程，这种差分方程能够描述具有协整关系的 n 阶单整时间序列 $I(n)$ 之间长期均衡对短期波动的影响。误差修正模型的优点在于，不改变变量之间存在的长期动态信息，还能保证回归分析的有效性。首先建立一阶自回归分布滞后模型：

$$\ln y_t^* = \theta_0 + \theta_1 \ln s_t + \theta_2 \ln s_{t-1} + \omega_1 \ln ra_t + \omega_2 \ln ra_{t-1} + \varphi \ln y_{t-1} + \varepsilon \quad (19)$$

模型表示，人均潜在 GDP 的变化率由同期的储蓄率和抚养比以及滞后一期的储蓄率和抚养比决定。$E(\ln y^*)$ 记为 $\ln y^*$ 的期望，$E(s)$ 为 $\ln s_t$ 的期望，$E(\ln ra_t)$ 为 $\ln ra_t$ 的期望，对等式（9）两边取期望值，ε 的期望值为 0，合并同类项得：

$$E(\ln y^*) = \frac{\theta_0}{1-\varphi} + \frac{\theta_1 + \theta_2}{1-\varphi}E(\ln s) + \frac{\omega_1 + \omega_2}{1-\varphi}E(\ln ra) \quad (20)$$

令 $k_0 = \dfrac{\theta_0}{1-\varphi}$，$k_1 = \dfrac{\theta_1 + \theta_2}{1-\varphi}$，$k_2 = \dfrac{\omega_1 + \omega_2}{1-\varphi}$，式（20）化为：

$$E(\ln y^*) = k_0 + k_1 E(\ln s) + k_2 E(\ln ra) \quad (21)$$

公式（21）刻画了三个变量之间的长期均衡关系。对公式（21）等号右边加减 $\theta_1 \ln s_{t-1}$，$\omega_1 \ln ra_{t-1}$，等号两边减去 $\ln y_{t-1}$，变形得：

$$\Delta \ln y_t^* = \theta_0 + \theta_1 \Delta \ln s_t + (\theta_1 + \theta_2)\ln s_{t-1} + \omega_1 \Delta \ln(1+ra_t) +$$
$$(\omega_1 + \omega_2)\ln(1+ra_{t-1}) + (\varphi - 1)\ln y_{t-1}^* + \varepsilon \quad (22)$$

令 $\theta_1 = k_0(1-\varphi)$，$\theta_1 + \theta_2 = k_1(1-\varphi)$，$\omega_1 + \omega_2 = k_2(1-\varphi)$，式（22）化为：

$$\Delta \ln y_t^* = (\varphi - 1)(\ln y_{t-1}^* - k_0 - k_1 \ln s_{t-1} - k_2 \ln ra_{t-1} +$$
$$\theta_1 \Delta \ln s_t + \omega_1 \Delta \ln ra_t) + \varepsilon \quad (23)$$

式（23）中 $\ln y_{t-1}^* - k_0 - k_1\ln s_{t-1} - k_2\ln ra_{t-1}$ 表示三个变量有长期均衡关系时的误差。利用此模型拟合的好处在于充分利用了变量的原始值和差分值所提供的信息。

令 $ECM_{t-1} = \ln y_{t-1}^* - k_0 - k_1\ln s_{t-1} - k_2\ln ra_{t-1}$ ，$\theta_1 = \beta_1$ ，$\omega_1 = \beta_2$

建立误差修正模型：

$$\Delta \ln y_t = C + \beta_1 \Delta \ln s_{t-1} + \beta_2 \Delta \ln r_{t-1} + \beta_3 ECM_{t-1} \tag{24}$$

模型估计结果为：

$$\Delta \ln y_t^* = 7.4 + 0.75\Delta \ln s_{t-1} - 2.68\Delta \ln ra_{t-1} - 0.75 ECM_{t-1} \tag{25}$$

从式（25）可知，各变量在5%的显著性水平上显著。由于在前文的协整检验中已经证明潜在人均产出、储蓄率和抚养比之间存在长期协整关系，因此由协整方程估计结果表明，抚养比系数每下降1%，对潜在人均产出提高0.59个百分点。短期潜在人均产出的变动可以分为两部分，一部分是短期储蓄率和短期抚养比的变动，另一部分是潜在人均产出偏离长期均衡的影响。从误差修正项的系数看，当潜在人均产出的短期波动偏离长期均衡时，将以 - 0.75的调整力度将非均衡状态拉回到均衡状态。

六　结论及对策建议

本章全面论述了人口年龄结构变化对潜在经济增长率的作用机理，测算并分析了1990~2017年西北地区人口年龄结构变化情况和潜在经济增长率。最后用误差修正模型实证检验了人口年龄结构变化对西北地区潜在经济增长作用的大小和方向。主要结论有：西北地区整体人口结构现状是劳动年龄人口比重下降，人口红利减小，人口老龄化加剧，社会抚养负担加重；人口抚养比每增长1%，对潜在经济增长有0.59个百分点的负面影响。为保持长期经济增长，西北地区应考虑以下几方面。

（一）促进农村劳动力就业

中国潜在的人口红利并未被充分利用，中国大量的劳动年龄人口并没有就业。其中，农村有1.5亿~2亿的剩余劳动力，农村劳动力将很有可能为非农产业提供有效补充。而蔡昉等多次提出我国二元经济结构的刘易斯转折点已经到来，农村劳动力结束了对城市的无限制的劳动力补给。这说明，充分挖掘农村剩余劳动力迫在眉睫。近年来大批农村劳动力涌向城市，为城市发展贡献力量，但是农民工融入城市的途径却并不顺畅。首先户籍制度是农村劳动力在城市发展的障碍之一，很多农民工和家人被城市区别对待，无法获得与城市人一样的资源。农民工的子女也因为外来人口的身份无法享受城市的教育资源。种种障碍使农民工无法在城市立足，阻碍农民工补充城市所需劳动力。其次，缺乏教育资源是农村劳动力融入城市的又一大障碍。有关数据显示，城市劳动力人均受教育年限为 10 年，而农村劳动力的人均受教育年限仅为 7.33 年。一方面，建议基础教育资源向农村倾斜，这不仅能提高农村劳动力的竞争力，更能提高整体劳动力的质量。另一方面，大量进城务工农民工并没有专业的劳动技能，建议加强针对进城务工人员的职业技能教育培训。

（二）促进老年劳动力就业

随着人口老龄化在全球蔓延，加之生活质量提高，人口寿命延长，老年人健康状况改善，劳动年龄人口上限提高，使低龄老年人口加入劳动力大军。中国老年人口的劳动参与率低。2000 年菲律宾 60～64 岁及以上的老年劳动参与率分别为 83% 和 55%，日本则更高，为 72% 和 33%，而中国仅有 60% 和 28%，明显低于菲律宾和日本（Jackson、How，2004）。中国和日本分性别和年龄的劳动参与率，在 60 岁以上的老年人口中，日本分别有 46% 的男性劳动力和 23% 的女性劳动力参与经济活动，而同期中国的男性比例仅为 24%，女性参与率则更低，仅有 4%（Chan、Tyers，2006）。许多低龄老年人的知识积累和工作经验还处于很高水平，在这个时候退休无疑是对人力资本巨大的浪费。西北地区老年人口的生产力还有很大部分没有被发掘出来，建议建立弹性退休制度，充分尊重老年人不同个体情况和个人意愿，适时延长退休年龄。可以采用退休返聘制度，同时为老年人提供继续受教育和培训的机会，让老年人继续发挥余热。

（三）从家庭式照料方式向集中的社会照料方式转变

社会抚养比加大和人口老龄化加剧使社会不得不面对少儿的抚养和老年人的赡养问题。由于传统文化的儒家观念，西北地区的养老方式一直以家庭养老为主。但是随着家庭养老负担的加重，照料老人必然占用子女更多的精力和时间，更有甚者迫使其退出劳动力市场，专门在家照料老人。这样必然影响劳动的参与率和劳动时间。虽然西北地区少儿抚养负担一直以来是下降趋势，但随着生育政策的放宽，以后少儿抚养比必然会上升，照料儿童的方式也要被考虑到。相比较老年人的照料方式，儿童的照料方式更加集中和社会化，比如托儿所、幼儿园已经很普遍。基于此，政策上应鼓励养老产业的发展，必要时给予税收优惠等政策红利。

（四）消除各种对劳动力就业的制度性歧视

户籍歧视不同程度地阻碍了劳动力的流动和最优配置。同户籍类似，基于对劳动力性别、民族等身份的区别也造成了对劳动力的歧视。同时地方保护主义、产业进入壁垒也抑制了劳动力在区域之间、国有部门和非国有部门之间的自由流动。这些制度性歧视无疑阻碍了劳动力优化配置带来的劳动力边际效率的提高。建议建立健全相关法律，严格执法，惩罚各种劳动力就业的歧视行为。实现劳动力在企业内部与企业之间、产业内部与产业之间、地区内部与地区之间、区域内部与区域之间的优化组合，使人力资本得到充分合理的利用。

参考文献

Lindh T. , Malmberg B. Age Structure Effects and Growth in the OECD, 1950 – 1990. *Journal of Population Economics*, 1999, 12. 3：431 – 449.

Bloom D. E. , Williamson J. G. Demographic Transitions and Economic Miracles in Emerging Asia. *The World Bank Economic Review*, 1998, 12. 3：419 – 455.

Liu S. , Hu A. , Demographic Change and Economic Growth：Theory and Evidence from China. *Economic Modelling*, 2013, 35：71 – 77.

Golley J. , Tyers R. , Contrasting Giants：Demographic Change and Economic Performance in China and India. *Procedia – Social and Behavioral Sciences*, 2013, 77：353 – 383.

张鹏：《中国人口年龄结构转变对经济增长的影响研究》，南开大学博士学位论文，2013。

陆旸、蔡昉：《调整人口政策对中国长期潜在增长率的影响》，《劳动经济研究》2013年第1期。

陆旸、蔡昉：《人口结构变化对潜在增长率的影响：中国和日本的比较》，《世界经济》2014 年第 1 期。

郭晗：《人口红利变化与中国经济发展方式转变》，《当代财经》2014 年第 3 期。

An C. B. , Jeon S. H. , Demographic Change and Economic growth：An Inverted – U shape Relationship. *Economics Letters*，2006，92（3）：0 – 454.

Modigliani F. , Brumberg R. Utility Analysis and the Consumption function：An Interpretation of Cross – section Data. *Journal of Post Keynesian Economics*，1954，1.

刘渝琳、刘俊茗、尹兴民：《人口结构、资本积累与储蓄传导》，《人口与发展》2014 年第 6 期。

张军、吴桂英、张吉鹏：《中国省际物质资本存量估算：1952 – 2000》，《经济研究》2004 年第 10 期。

李魁：《年龄结构变动与经济增长理论模型与政策建设》，武汉大学出版社，2014。

第十三章
煤炭供求变化对西北地区经济高质量
发展的影响

党的十九大报告指出发展清洁能源是改善能源结构、保障能源安全、推进生态文明建设的重要任务。我国能源结构正处于转型阶段，由之前的以煤炭为主的能源结构向多元化能源结构转变，同时能源发展动力正由传统能源向新能源转变。西北地区是我国的煤炭资源富集区之一，全国的能源结构发生变化，必然会导致西北地区能源结构改变，进而影响西北地区的煤炭供给和需求，最终会对西北地区的经济高质量发展产生深远的影响。

根据本章测算结果，1981～2017 年西北地区煤炭供给对经济增长的平均贡献率为 8.60%，仅次于物质资本投入对经济增长的平均贡献率（82.05%），可见煤炭供给在西北地区经济增长过程中的重要地位。但自 2008 年起，西北地区煤炭供给量增长率开始呈现逐年下降状态，并于 2015 年进入负增长阶段。而煤炭需求量增长率也自 2011 起开始逐年下降，且下降趋势较为明显。随着当前能源结构逐步转变，煤炭供求量逐步呈现下滑趋势，西北地区未来应当如何摆脱经济增长长期以来对于煤炭能源的过度依赖，打破"资源诅咒"效应便成为一个重要的问题。因此，本章主要研究在经济高质量发展的大背景下，煤炭供求变化对西北地区的经济增长产生什么影响，并且未来西北地区的煤炭能源供给量和需求量会发生怎样的变化，以期为西北地区的煤炭产业发展和相关政策制定提供科学、合理的依据，也为实现西北地区经济高质量发展提供理论支撑。

20 世纪 70 年代，经济学界开始重视对能源相关问题的研究，学者们为了研究能源与经济增长之间的双向关系，以经济增长理论为基础构建了许多模型，其中被广泛采用的是格兰杰因果关系检验方法和误差修正模型。许多国内外学者的研究结果都表明，能源需求与经济增长之间存在双向格兰杰因果关系（Hwang and Gum，1992；Asafu—Adjaye，2000；Yang，2000；Wankeun Oh and Kihoon Lee，2004；Obas J. E.，2007；韩智勇等，2004；Yoo，2006；Soytas and Sari，2007；张炎涛和李伟，2007）。但是，部分学者对于各个国家或地区能源供求与经济增长潜力之间关系的研究结论并不完全一致，有些学者研究认为只存在经济增长对能源需求的单向格兰杰因果关系（Kraft and Kraft，1978；Cheng 和 Lai，2004；张炎涛和李伟，2007；张兴平等，2008），经济长期稳定增长是能源需求增加的主要原因，并且产业结构调整也引起煤炭能源的增加（师博，2007）；另一些学者研究认为存在从能源需求对经济增长的单向格兰杰因果关系（Glasure 和 Lee，1998；Stern，2000；Fata，2004；Chien—Chiang Lee，2005；Jinke，2008；Yuan，2008；Rufael，2010；丁焕峰、周月鹏，2010）；也有学者研究认为能源需求与经济增长之间并不存在稳定的双向格兰杰因果关系（Yu 和 Erol，1987）；还有学者运用误差修正模型对能源和经济增长关系进行检验，得出煤炭需求短期波动不会影响其长期均衡关系（张兴平等，2008），煤炭供给和需求与经济增长之间存在正相关关系，并且煤炭需求对经济增长的影响弱于煤炭供给对经济增长的影响等结论（雷强，2014）。可以发现大部分学者均采用格兰杰检验来验证二者之间的关系，且得到的结果也不尽相同。煤炭对经济增长贡献的研究则相对不多，因此本章将煤炭作为生产要素纳入生产函数中来分析其对经济增长的贡献。

本章将西北地区能源供求比重最高的煤炭资源作为研究对象，具体分析西北地区煤炭供求与经济增长之间的关系，希望能通过相关的理论分析提炼出有价值的观点，以期为决策者制定相关的能源产业政策提供合理的建议。在第一节中，对西北地区煤炭供求变化的影响因素及能源供求变化与经济增长的影响机制进行理论分析。在第二节中，对西北地区能源结构和煤炭供求变化的历史过程以及现实状况进行分析和评述。在第三节中，运用计量经济学方法对西北地区煤炭需求变化与经济增长之间的关系进行实证分析，同时对 Cobb—Dauglas 函数进行扩展，将煤炭供给作为生产要素加入模型之中，以此来计算煤炭供给等各生产要素对西北地区经济增长的贡献。在第四节中，运用贝叶斯向量自回归（BVAR）模型和灰色系统理论 GM（1，1）模型分别对西北地区煤炭的消费和供给潜力进行预测，并在此基础上对未来煤炭供给对经济增长的贡献进行预测。第五节是研究结论。

一　煤炭供求变化与经济增长的理论分析

（一）经济高质量发展理论

党的十九大报告做出了中国特色社会主义进入新时代的重大判断，同时指出新时代中国经济已由高速增长阶段向高质量发展阶段转变。经济高质量发展理论主要专注于以下四个问题：提高供给的有效性、实现公平的发展、走生态文明道路、强调人的现代化。其中，供给有效性的提高以及生态文明道路的确立都会对西北地区的煤炭供给和需求变化产生深远影响。

1. 供给有效性提高对煤炭供求变化的影响

我国当前已经进入中等收入国家行列，人民群众产生了更高层次、更加多元化的需求。此时，如果供给端依然不重视技术进步，不重视生产质量，必然会出现有效供给不足、无效供给过剩的情况，造成供给效率低下的结果。而要试图解决这个问题，主要可以通过以下两条路径：其一，应加快产业结构调整，改善产品供给。而产业结构调整通常遵循高级化趋势，由第一产业向第二产业和第三产业逐次转移。由于各个产业内部的煤炭消费强度（煤炭消费量占产值的比重）不同，它们对煤炭的需求也就出现差异。一般来说，第二产业对煤炭的需求相对于第一产业和第三产业来说较大，尤其是第二产业中的工业部门更是耗煤大户，单位产值能耗高。西北地区一直以来都是以第二产业为主，第二产业生产总值比重一直在50%左右。而随着产业结构的不断升级，第二产业占比不断减少，第三产业占比逐年增加，这势必会使得煤炭的供给和需求量发生变化。其二，应坚持对各产业技术创新投资，改善技术供给。技术创新可以从两个方面影响煤炭的供给和需求变化。首先是供给端，技术进步对于煤炭资源供给的影响是多方面的，其中勘探技术的进步可以使人类发现更多的煤炭资源，而开采技术的进步则可以使更多的已探明的煤炭资源被开采出来，从而增加煤炭供给量。其次是需求端，技术进步对煤炭需求的影响主要体现在两个方面：一是随着技术水平的不断提高，各种高能效的工业生产设备被相继研发出来，使煤炭利用效率不断提高，单位产品的煤炭消耗不断降低，从而使得煤炭消费强度大幅下降，降低了煤炭需求；二是技术进步可以不断加强对新能源的开发和利用，从而从根本上使能源结构得到改善。历史上三次明显的能源结构变革均由技术创新引发，第一次是从薪柴能源到煤炭，第二次是从煤炭到石油，第三次是如今诸如太阳能、风能、地热能、核能等新能源的开发。由此可见，技术创新对煤炭需求的影响巨大，能从根本上改变煤炭需求的发展变化趋势。

2. 生态文明道路的确立对煤炭供求变化的影响

生态环境代表着财富，代表着生产力。保护生态环境就是积累财富，发展生产力。因此，坚持绿色发展理念、提高资源利用效率、保护生态环境就成为建设生态文明的必由之路。而煤炭资源在其开采和消费过程中会产生大量的污染物，直接污染土地、水源和空气，对生态环境造成极大破坏，这就与我们当前所坚持的生态文明道路产生极大的冲突。因此，未来随着生态环境保护越来越受到社会各界的重视，煤炭的供给量和需求量必然会受到影响。

（二）能源供求变化对经济增长的影响机制分析

能源供求变化与经济增长之间通常是一种互相依存、相互制约的关系，一方面能源供给量和需求量的增加在一定程度上使得经济增速加快，同时经济发展水平的提高使得能源供求量上升，并且促使技术创新能力增强，进而使得能源的开采和利用效率提升，从而影响能源的供给量与需求量；另一方面，由于化石能源具有不可再生性，并且其在生产和消费过程中会产生一定量的废弃物，对生态环境造成严重破坏，从而部分抵消了经济增长所带来的成果。

1. 能源供求对经济增长的影响

在当今世界，能源供求变化已经成为影响国家或地区经济发展水平的决定性因素之一。长期、稳定、充足的能源供给之所以受到各国家或地区的重视，正是由于经济增长水平的实现程度取决于其对能源需求的满足程度，能源供求的变化可以推动或制约一国或地区的经济增长。而具体到中国，煤炭资源无论从生产量还是消费量来看都在能源结构中牢牢占据第一位。截至 2017 年，中国煤炭生产量占能源生产总量的比重高达 69.6%，而中国煤炭消费量占能源消费总量的比重也高达 60.4%。因此，煤炭供求变化对于中国经济增长起着至关重要的作用。具体分析，能源供求变化对经济增长的影响主要表现在以下几个方面。

（1）能源供求对生产力发展的推动作用

自从工业化时代以来，人类在能源利用技术领域的创新极大地推动了社会生产力的发展。在 18 世纪之前，人类使用能源主要是为了满足其在生活方面的需求，但随着蒸汽机的发明人类开始将能源投入生产领域，尤其是对于煤炭资源的合理利用，更是大幅提高了工人的劳动生产率，促进了生产力的发展。到了 19 世纪中期，随着石油资源的大面积开采和利用，社会生产力又出现了一个明显的提高。而煤炭资源的重要性逐年减小，但在中国由于煤炭资源赋存相对丰富，因此国内能源结构长期呈现出"煤重油轻"的态势。综上所述，一直以来，物质资料的生产和生产力的提高必须依靠能源为其提供动力，这是亘古不变的，唯独改变的只有能源的种类。人类的能源消费结构从木材到煤炭再到石油，每一次变化都会使社会生产力发展到一个新的阶段。

（2）能源供求对技术进步的推动作用

迄今为止，几乎每一次人类社会的重要技术进步都伴随着能源结构的转变。蒸汽机的发明与推广是在煤炭得到充足供应的背景下产生的；电动机的广泛运用离不开对电力的利用；交通运输领域的技术进步更是与对煤炭、石油、天然气等能源的使用密切关联。同时，以煤炭、石油等化石能源为基础的能源工业的发展，也带动了一批相关新兴产业的兴起，从而为传统工业的技术进步提供了动力支撑。

（3）能源供求对经济规模扩张的推动作用

根据经济增长理论，经济增长依赖于劳动、资本、技术和资源等要素的大量投入，然而仅仅只有要素还不够，需要通过消费能源来为其提供生产动力，使其转化为实际产出。因此，能源的供给是否充足在一定程度上决定着社会生产活动的规模大小。在工业化时代，当能源供给充足时，能源对经济规模扩张的支撑作用不太明显，其重要性也无法体现；然而当能源供给无法满足需求时，社会生产活动便会陷入停滞状态，其对经济规模扩张的制约会愈发明显。

（4）能源供求对人民生活水平提升的推动作用

能源是当今人类日常生活必不可少的物质基础，并且随着人类生活水准的提高，其需求量也越大，对于能源种类的需求也更加丰富。能源对于人类生活水平提高的贡献主要体现在以下两个方面：首先，能源为人类的日常生活提供基本的能量支持。其次，能源使得工业生产水平不断提高，可以生产出更加多样的物质产品，来满足人类的物质文化需求。

（5）能源供求对经济可持续发展的影响

能源供求变化对经济可持续发展的影响主要体现在以下两个方面：首先，在化石能源开采利用的过程中，会产生大量的污染物，长此以往会对生态环境造成严重损害，影响人类的居住环境和身体健康。因此，人类在享受经济高速增长所带来的红利的同时，也不得不耗费精力去修复已被破坏的生态环境并且承受由环境污染所引发的各类自然灾害。其次，由于常规的化石能源总量有限同时都具有不可再生性，并且现如今经济增长对能源的依赖越来越强。因此，随着能源被不断开采利用，能源总量不断减少，它可能会对经济增长产生一定程度上的制约作用，从而影响经济的可持续发展。

2. 经济增长对能源供求的影响

（1）经济增长刺激能源需求，增加能源供给

经济增长为能源工业的发展提供了广阔的市场，必然会引起对能源需求的增加。这种需求的增加不只体现在能源总量方面，还体现在能源种类和能源质量方面。因此，为了满足日益增长的多元化的能源需求，就必须不断增加能源供给总量，丰富能源供给种类，提高能源供给质量。在人类的发展历程中，主要能源种类的变更基本上是源于经济增长所导致的主要能源需求量激增与主要能源供给量不足的矛盾。因此，正是由于经济增长刺激了能源需求，使得能源的大规模开采和利用成为可能。

（2）经济增长提高了能源开采利用的技术水平

经济增长必然会带来科学技术水平的提高，从而为人类更有效率

地开采和利用能源提供必需的技术支持。随着人类对能源科学探索的不断深入，更加高效率的能源开采和利用技术被引入能源工业，在供给端，使得能源的供给量增加、供给种类更为丰富、供给质量更高；同时在需求端，使得能源利用效率提升、能源利用方式更加清洁。综上所述，经济增长提高了能源开采和利用的技术水平，刺激了能源的供给和需求。

（3）经济增长为能源发展提供全方位保障

由于能源工业的发展具有投资大、建设周期长等特点，没有足够的人力、物质以及技术支撑，是无法对能源进行大规模开采和利用的。而经济增长从以下三个方面为能源工业发展提供全方位保障：首先，经济增长必然会使得社会教育水平提升，从而提高劳动力素质；其次，经济增长可以为能源工业提供充足的资金支持以及必需的物质生产资料；最后，经济增长会带来技术进步，提高能源的开采和利用效率。因此，经济增长从人力、物质以及技术三大方面支持能源工业发展，确保能源需求得到满足。

二　西北地区能源结构变化与煤炭供求变化分析

（一）西北地区能源结构分析

1. 西北地区能源供给结构分析

改革开放之后，西北地区能源供给量基本呈现逐年稳步上升趋势，从1980 年的 4904.34 万吨标准煤上升至 2017 年的 80330.44 万吨标准煤，年平均增长率达到 7.85%，远远超过全国平均水平，如表 13-1 所示。这表明西北地区作为我国的能源富集区之一，在我国能源供给中所占的地位越来越重要。

表 13-1　1980~2017 年西北地区能源供给量及构成状况

单位：万吨标准煤,%

年份	能源供给量	煤炭占比	石油占比	天然气占比	水电、核电、风电占比
1980	4904.34	72.59	17.23	1.00	9.16
1986	7013.89	75.80	16.35	1.19	6.66

年份	能源供给量	煤炭占比	石油占比	天然气占比	水电、核电、风电占比
2000	13024.41	55.65	33.00	5.78	5.58
2012	74404.79	70.44	13.52	11.01	5.03
2017	80330.44	66.77	12.63	12.85	7.75

资料来源:西北各省区1981~2018年统计年鉴。

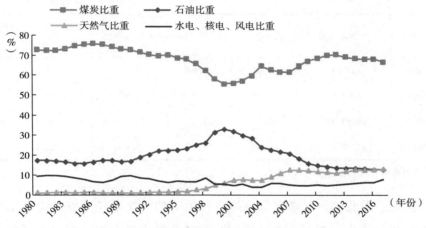

图 13 - 1 1980~2017 年西北地区能源供给结构

改革开放以来,西北地区的能源供给结构一直都以煤炭为主,虽然中间一段时期,煤炭供给占比有所下降,但 2000 年之后又有所反弹,2012 年起,可能受国家政策影响,煤炭供给占比有小幅下滑,但幅度很小。这段时期内,石油供给占比经历了先上升后下降的过程,尤其是 2000 年之后其下降速度越来越快,2017 年其供给占比已逐渐与天然气供给占比持平。天然气供给占比自 1996 年起就持续上升,增速十分明显,上涨了将近十倍。而水电、核电、风电等其他能源供给占比变化幅度不大,一直在 10% 以下波动。与全国能源供给结构相比,西北地区在石油和天然气供给方面所占比重更高,而对于水电、核电、风电等其他能源的供给则相对不足。可以预见未来一段时期内,煤炭在西北地区能源供给结构中的主导地位依然将维持不变,而石油供给的地位将会有所降低,天然气等清洁能源的供给比重将会越来越大。

2. 西北地区能源需求结构分析

1980 年以来，西北地区经济快速增长，工业发展势头良好，因此能源需求总量也随之不断攀升，由 1980 年的 4276.47 万吨标准煤上升到 2017 年的 47227.07 万吨标准煤，增长了 9 倍，年平均增长率达到 6.71%，上升速度与全国平均水平相当，如表 13 - 2 所示。

表 13 - 2　1980 ~ 2017 年西北地区能源需求量及构成状况

单位：万吨标准煤,%

年份	能源需求量	煤炭占比	石油占比	天然气占比	水电、核电、风电占比
1980	4276.47	72.07	19.61	1.17	7.13
1994	8961.03	72.80	15.92	1.58	9.70
1999	10452.51	63.86	22.33	3.67	10.14
2017	47227.07	66.83	11.36	8.82	13.01

资料来源：西北各省区 1981 ~ 2018 年统计年鉴。

然而，西北地区以煤炭为主的能源供给结构决定了其能源需求结构也是以煤炭为主，如图 13 - 2 所示。通过分析可以看出，西北地区的能源需求结构整体变化不大，主要能源煤炭的需求占比在 60% ~ 75% 之间波动。

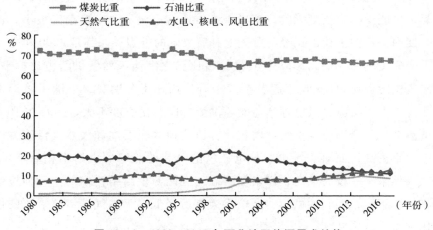

图 13 - 2　1980 ~ 2017 年西北地区能源需求结构

一直以来，煤炭需求都在西北地区能源需求结构中占据主要地位，所占比重一直保持在 70% 左右。虽然 1994~1999 年间，煤炭需求在能源需求中的比重有所下降，但幅度并不明显，并且之后便一直保持稳定状态。而石油需求占比则有所波动，经历了先上升后下降的状态，尤其是 1999 年之后下降趋势愈发明显，2014 年其需求占比已基本与天然气和水电、核电、风电需求占比相同。天然气需求占比在 1980~1990 年基本保持不变，其占比很小，在 1% 左右，1991 年之后，天然气需求占比开始持续增加至 2017 年的 8.82%，涨幅非常明显。而水电、核电、风电需求占比一直保持稳定、缓慢上升趋势，中间曾有小幅波动，由 1980 年的 7.13% 上升至 2017 年的 13.01%。与全国能源需求结构相比，西北地区对于煤炭的需求相对较高，而对于石油能源的需求则有些不足。由此可见，未来一段时期，煤炭需求将依然在西北地区能源需求结构中占据主导地位，同时，石油需求占比则会继续有所下滑，而天然气和水电、核电、风电等清洁能源需求占比则会保持稳定、缓慢上升趋势。

（二）西北地区煤炭供求变化分析

1. 西北地区煤炭供给变化分析

中国的煤炭资源储量丰富，占全球煤炭资源储量的 21.4%，仅次于美国，排名世界第二。正是由于具有这样的资源禀赋，长期以来，中国的能源供给结构都是以煤炭为主，煤炭在能源生产总量中的比重一直保持在 70% 左右。同时，我国的煤炭资源储量分布具有西多东少、北多南少的特点，这也决定了一直以来西北地区都是我国的煤炭主要产区之一。如图 13-3 所示，1980~2017 年，西北地区的煤炭供给总量从 3560.29 万吨标准煤增加到 53640.58 万吨标准煤，增长了 13 倍，年均增长率达到 7.61%。西北地区煤炭供给量占全国煤炭供给量的比重也从 1980 年的 8.05% 增加到 2017 年的 21.47%。

如图 13-4 所示，2000 年之前，西北地区煤炭供给增长率一直在 0~10% 之间徘徊，处于缓慢增长时期。2000 年之后，西北地区煤炭供给增长率开始快速提升，至 2004 年达到峰值，为 34.53%，此后虽然有小幅回落，但仍处于高速增长阶段。自 2009 年起西北地区煤炭供给增长率开始呈现逐年下降态势，并于 2015 年进入负增长阶段，为近 15 年来首次。

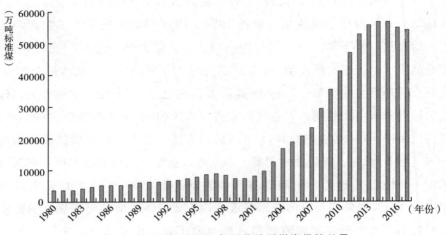

图 13 – 3　1980 ~ 2017 年西北地区煤炭供给总量

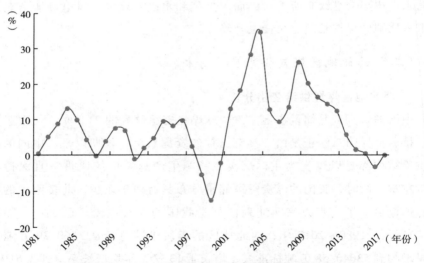

图 13 – 4　1981 ~ 2017 年西北地区煤炭供给增长率变化

2. 西北地区煤炭需求变化分析

改革开放以来，中国经济高速发展，工业化水平不断提高，这也直接刺激了我国的煤炭需求，而在这段时间内，西北地区的煤炭需求也呈现出增加的趋势。如图 13 – 5 所示，西北地区煤炭需求增长可划分为三个时期：首先为 1980 ~ 1995 年，西北地区煤炭需求平稳上升，煤炭需求总量从 1980 年的 3082.2 万吨标准煤上升至 1995 年的 7330.27 万吨标准煤，年平均增长率为 5.56%；其次为 1996～1999 年，西北地区煤炭需求量出现连续三年负增长，这段时期的煤炭需求量由 1995 年的 7330.27 万吨标准煤下降至 1999 年的 6675.3 万吨标准煤，平均每年下降 3.07%。最后为 2000～2017 年，西北地区煤炭需求量进入快速增长时期，由 1999 年的 6675.3 万吨标准煤上升至 2017 年的 31561.27 万吨标准煤，年平均增长率高达 9.01%，接近 1980～1995 年的年平均增长率的 2 倍。这可能是受西部大开发战略实施以及国家持续扩大内需政策的影响，西北地区经济快速增长，耗能较高的重工业快速发展，从而带动煤炭需求量快速增长。

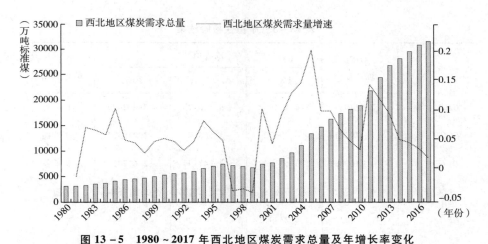

图 13 - 5　1980～2017 年西北地区煤炭需求总量及年增长率变化

三　实证分析

（一）西北地区煤炭总需求与经济增长间关系的实证分析

本节选取 1980～2016 年西北地区的实际 GDP 以及煤炭需求总量（CEC），通过协整检验和格兰杰因果关系检验对西北地区的煤炭与经济增长之间的关系进行实证研究。

1. 变量选取和数据说明

通过计算 GDP 平减指数及其环比指数计算实际 GDP，同时分别对这两个变量取自然对数，即 $LGDP$ 与 $LCEC$，以消除异方差。本节使用各地区煤炭消费量来表示煤炭需求总量（CEC）。本文所需数据主要来源于 1981～2018年的《中国统计年鉴》、《中国能源统计年鉴》以及西北地区各省区的统计年鉴。

2. 变量平稳性、协整性和因果关系检验

协整检验之前，要对所有时间序列数据进行平稳性检验，来确定时间序列是否平稳。本节选取 ADF 检验方法检验时间序列平稳性，对数据的原时间序列、一阶差分和取对数的原时间序列与一阶差分进行检验。

选择 EVIEWS9 软件对 GDP、CEC、$LGDP$、$LCEC$ 做 ADF 检验，检验结果如表 13 – 3 所示。

表 13 – 3 平稳性检验结果

变量	ADF 统计量	临界值			5% 显著水平下的检验结果
		1%	5%	10%	
GDP	– 2.624957	– 4.234972	– 3.540328	– 3.202445	非平稳
$LGDP$	– 1.479281	– 4.296729	– 3.568379	– 3.218382	非平稳
$D(GDP)$	– 0.216258	– 3.632900	– 2.948404	– 2.612874	非平稳
$D(LGDP)$	– 4.836942	– 3.626784	– 2.945842	– 2.611531	平稳
CEC	– 1.075832	– 4.234972	– 3.540328	– 3.202445	非平稳
$LCEC$	– 1.805995	– 4.234972	– 3.540328	– 3.202445	非平稳
$D(CEC)$	– 2.124955	– 3.626784	– 2.945842	– 2.611531	非平稳
$D(LCEC)$	– 3.344498	– 3.626784	– 2.945842	– 2.611531	平稳

从表 13 – 3 中可以看出，在 5% 的显著水平下 $LGDP$ 和 $LCEC$ 的一阶差分都通过平稳性检验，由此可得：序列 $LGDP$ 和 $LCEC$ 为一阶单整序列，可以进行协整检验。

本节采用 EG 两步法分别对变量 $LGDP$ 和 $LCEC$ 做协整检验，可得协整方程：

$$LGDP_t = - 6.435360 + 1.513534LCEC_t + e_1$$
$$(-19.29547)\ (41.37452)$$
$$R^2 = 0.979403, F = 1711.851$$

(1)

236

表 13 - 4   协整检验结果

残差序列	ADF 统计量	临界值			5% 显著水平下的检验结果
		1%	5%	10%	
e_1	- 2. 134139	- 2. 630762	- 1. 950394	- 1. 611202	平稳

协整检验结果表明，在 5% 的显著水平下，西北地区 GDP 和煤炭总需求之间有长期协整关系。

本文选择格兰杰因果检验方法来判断西北地区经济增长和煤炭需求之间的因果关系。之前已经得出结论：在 5% 的显著水平下，LGDP 和 LCEC 之间有长期协整关系，故可以对二者进行格兰杰因果检验。

本节通过对滞后一到三期的格兰杰因果关系进行检验，得出的结论见表 13 - 5。

表 13 - 5   格兰杰因果检验结果

原假设	滞后阶数	F 统计量	P 值	结论
LCEC 不是 LGDP 的格兰杰原因	3	0. 89696	0. 4550	不拒绝
LGDP 不是 LCEC 的格兰杰原因	3	2. 66453	0. 0672	拒绝

通过因果关系检验，在 10% 显著水平下，不拒绝 "LCEC 不是 LGDP 的格兰杰原因" 的原假设，拒绝 "LGDP 不是 LCEC 的格兰杰原因" 的原假设，则 LCEC 不是 LGDP 的格兰杰原因，而 LGDP 是 LCEC 的格兰杰原因，这表明存在从经济增长到煤炭需求的单向因果关系。经济的快速增长导致煤炭需求量不断上升，但煤炭需求量的上升对经济增长的推动作用却不明显。这可能是由于煤炭利用会产生污染物，对环境造成破坏；并且煤炭资源具有不可再生性，其供给总量有限，因此煤炭需求在一定程度上会对经济高质量发展产生制约作用。

(二) 西北地区煤炭供求对经济增长贡献的分析

1. 变量选取

本节主要选取了以下四个变量：实际产出、物质资本投入、劳动力投入、煤炭供给。具体各指标的数据来源和处理方法如下：实际产出 Y，使用实际 GDP 来表示；物质资本 K，使用物质资本存量来表示。对于物质资本存量，本节选用永续盘存法来测算，其基本公式为：$K_t = I_t/p_i + (1 - \delta_t)K_{t-1}$，其中 K_t 为 t 年的实际物质资本存量，p_i 为固定资产投资价格指数，I_t 为 t 年的名义投资，δ_t 为固定资产折旧率。对于固定资产折旧率，我们采用张军等（2004）的研究成果，取值为 9.6%；劳动力 L，使用各地区当年从业人员数来衡量；煤炭供给 C，使用各地区煤炭生产量来表示。

2. 生产要素贡献率的计算方法

在西北地区的经济生产活动中，煤炭能源一直以来都占有很重要的地位。西北地区的煤炭供给不只为了满足西北五省区的煤炭需求，同时还将大量满足其他省区的煤炭需求。因此，煤炭供给对西北地区经济增长的贡献十分显著。本节在原有 Cobb—Dauglas 函数的基础上，对其进行了相应的扩展，在资本和劳动力之外，将煤炭供给作为一项单独的投入要素加入生产函数模型中，从而得出新的生产函数形式：

$$Y_t = AK_t^{\alpha}L_t^{\beta}C_t^{\gamma} \tag{2}$$

其中，Y_t 是实际产出，K_t 是物质资本，L_t 是劳动力，A 代表全要素生产率，C_t 代表煤炭供给，α、β 和 γ 分别代表物质资本产出弹性、劳动力产出弹性和煤炭供给产出弹性。对生产函数（2）两边取对数，可得如下方程：

$$\ln Y_t = \ln A + \alpha\ln K_t + \beta\ln L_t + \gamma\ln C_t \tag{3}$$

各生产要素对产出量的贡献率为各生产要素变化所带来的产出量增长率占产出量总增长率的比重，计算公式如下：

物质资本对经济增长的贡献率为：

$$\eta_K = \alpha\frac{\Delta K/K}{\Delta Y/Y} \times 100\% \tag{4}$$

劳动力对经济增长的贡献率为：

$$\eta_L = \beta\frac{\Delta L/L}{\Delta Y/Y} \times 100\% \tag{5}$$

煤炭供给对经济增长的贡献率为：

$$\eta_C = \gamma\frac{\Delta C/C}{\Delta Y/Y} \times 100\% \tag{6}$$

其中 $\Delta K / K$、$\Delta L / L$、$\Delta C / C$ 和 $\Delta Y / Y$ 分别为物质资本、劳动力、煤炭供给和总产出的增长率。

3. 计算结果分析

对式（3）进行 OLS 回归可以得到如下回归结果：

$$\ln Y_t = -1.3416 + 0.6396 \ln K_t + 0.2835 \ln L_t + 0.1274 \ln C_t \tag{7}$$
$$(-2.84) \quad (35.08) \quad (3.46) \quad (5.84)$$
$$R^2 = 0.9905, F = 6304.01$$

由回归结果可得，模型的可决系数为 0.9905，且 F 检验值为 6304.01，表明样本数据与模型拟合程度较高，且回归方程显著，即物质资本、劳动力和煤炭供给结合起来可以对西北地区经济增长的绝大部分差异做出解释。同时，由于各回归系数的 t 检验值均在 1% 的显著性水平下通过检验，表明在其他生产要素投入不变的情况下，物质资本、劳动力和煤炭供给均对西北地区经济增长有显著影响。

根据回归结果可知，物质资本产出弹性、劳动力产出弹性和煤炭供给产出弹性分别为 0.6396、0.2835、0.1274。分别对产出弹性进行调整，得到相对产出弹性分别为 0.6089、0.2698、0.1213。在此基础上可计算各生产要素对西北地区经济增长的贡献率变化情况，如表 13 - 6 所示。

表 13 - 6　1981 ~ 2017 年西北地区各生产要素对经济增长的贡献率

单位：%

年份	全要素生产率对经济增长的贡献率	物质资本对经济增长的贡献率	劳动力对经济增长的贡献率	煤炭供给对经济增长的贡献率
1981	15.28	69.02	9.73	5.97
1982	16.30	67.30	9.78	6.62
1983	19.78	56.50	14.30	9.42
1984	19.59	62.83	7.16	10.42
1985	5.59	81.71	4.92	7.78
1986	-3.00	91.76	5.82	5.42
1987	-8.55	99.98	8.67	-0.10
1988	-6.06	97.67	5.24	3.15
1989	-23.21	94.93	11.44	16.84
1990	-14.01	89.80	10.13	14.08

续表

年份	全要素生产率对经济增长的贡献率	物质资本对经济增长的贡献率	劳动力对经济增长的贡献率	煤炭供给对经济增长的贡献率
1991	28.01	64.71	8.78	-1.50
1992	31.25	61.58	4.41	2.76
1993	30.08	54.46	10.26	5.20
1994	27.37	58.49	2.61	11.53
1995	24.35	58.77	6.88	10.00
1996	25.23	57.72	5.21	11.84
1997	26.79	65.55	4.62	3.04
1998	33.13	75.27	-1.79	-6.61
1999	36.52	79.24	0.83	-16.59
2000	27.04	75.98	-0.50	-2.52
2001	4.27	79.08	0.26	16.39
2002	-6.46	77.49	7.33	21.64
2003	-10.57	76.45	4.12	30.00
2004	-7.89	69.85	3.32	34.72
2005	18.71	70.83	-2.05	12.51
2006	15.25	73.37	2.48	8.90
2007	11.36	74.17	2.80	11.67
2008	-6.03	79.06	3.08	23.89
2009	-20.21	93.55	5.32	21.34
2010	-21.30	104.80	1.51	14.99
2011	-12.18	96.59	2.40	13.19
2012	-20.65	106.45	2.38	11.82
2013	-26.94	115.65	5.08	6.21
2014	-26.14	120.21	3.84	2.09
2015	-19.41	113.39	5.45	0.57
2016	-14.75	113.97	6.00	-5.22
2017	-11.24	107.78	6.57	-3.11
平均	4.25	82.05	5.09	8.60

    通过对表 13 - 6 进行分析可得,1981 ~ 2017 年间西北地区全要素生产率、物质资本、劳动力、煤炭供给对经济增长的平均贡献率分别为4.25% 、82.05% 、5.09% 和 8.60% 。西北地区煤炭供给对经济增长的贡

献仅次于物质资本投入，高于劳动力投入和全要素生产率。这充分表明了煤炭在西北地区经济增长过程中的重要地位。长期以来，物质资本投入一直是促进西北地区经济增长的主要因素。自 2004 年开始，物质资本投入的贡献率开始逐年增加，特别是 2008 年之后，受政府扩大投资规模并刺激内需政策的影响，物质资本投入贡献率的增速开始加快，贡献率由 2008 年的 79.06% 上升到 2014 年的 120.21%，之后几年开始逐年缓慢下降。劳动力投入的贡献率近年来一直在 10% 以下波动。1991~2000 年，全要素生产率对经济增长的平均贡献率高达 28.98%，对经济增长的驱动效果明显。但这之后，由于物质资本投入和煤炭投入的重要性越来越高，全要素生产率的贡献开始下滑，虽然 1995~1999 年出现过短暂的回升，但整体下滑趋势依然明显，由 2000 年的 27.04% 下降至 2013 年的 -26.94%，之后受国家供给侧改革的影响，全要素生产率的贡献开始回升，且上升趋势较为明显。煤炭供给对经济增长的贡献率 2001 年之前基本在 11% 及以下波动，对西北地区经济的拉动作用不是特别明显。但自 21 世纪以来，西北各省区开始大力发展能源相关产业，尤其是煤炭产业。这使得煤炭供给对西北地区经济增长的贡献开始不断攀升，在 2001~2012 年，煤炭供给的贡献率基本在 10%~35% 之间波动，最高时曾在 2004 年高达 34.72%。但自 2014 年起，国家发布了《2014~2015 年节能减排低碳发展行动方案》，明确提出要调整优化能源消费结构，严控煤炭消费总量，降低煤炭消费比重，这使得煤炭供给的贡献率开始下降，且下滑趋势较为明显。自 2016 年起，煤炭供给对西北地区经济增长的贡献率转为负值，表明煤炭供给的增加对西北地区经济增长产生抑制作用。

综上所述，未来西北地区经济增长的主要动力将来自全要素生产率的提升，而物质资本投入和煤炭供给的贡献率都将逐步下降。因此，未来西北地区经济要实现高质量发展，就必须将主要精力放在全要素生产率提升方面，同时逐渐降低资本投入和煤炭供给的影响。尤其是对于煤炭供给来说，虽然西北地区的煤炭资源丰富，但一定要避免陷入对其过度依赖的困境，打破"资源诅咒"效应，要不断优化产业结构，扶持相关高科技产业，加强人力资本积累，提高自主创新能力，推广清洁型替代能源，从而在促进经济增长的同时，达到保护生态环境的目的，真正实现经济高质量发展。

四 西北地区煤炭供求变化预测及煤炭对经济增长贡献的预测

在第二、第三节中，笔者分别分析了影响西北地区煤炭供求变化的因素，并且对西北地区的煤炭供求现状以及能源结构变化进行了研究，同时实证分析了西北地区煤炭供求与经济增长之间的关系。在此基础上，本节将分别对西北地区煤炭供给和需求进行合理预测，从而制定相应的煤炭能源发展规划。

（一）西北地区煤炭需求量预测

由于贝叶斯向量自回归（BVAR）模型可以充分考虑多变量之间的动态相关关系并且能分析各因素的贡献率大小，因此本文决定使用该方法来对西北地区煤炭需求量变化进行预测。

1. 贝叶斯向量自回归（BVAR）模型

1986 年，Robert Litterman 在贝叶斯理论的基础上首次提出了贝叶斯向量自回归模型（BVAR）。该模型首先假设模型中各变量数据符合某个先验分布，以此初步确认系数矩阵中各元素标准差范围和均值，并得出每个变量对全部预测系统的影响程度，从而解决了传统的向量自回归（BVAR）模型的"过参数化"问题，使得模型的预测误差下降，模型的预测准确度提升。

贝叶斯向量自回归（BVAR）模型可以写为如下形式：

$$y_t = \delta + \varphi_1 y_{t-1} + \cdots + \varphi_p y_{t-p} + \varepsilon_t, \varepsilon_t \sim i.i.d. N(0, \Omega) \tag{8}$$

其中，y_t 是 t 年包括 k 个元素的（$k \times 1$）向量，δ 是（$k \times 1$）常数向量，φ 是系数矩阵。

由于贝叶斯向量自回归（BVAR）模型需要施加先验信息，所以若模型缺少清晰的先验信息，可假设 Minnesota 先验分布是系数矩阵 φ 中各元素的先验分布。若系数矩阵 φ 中各元素 φ_{ij} 符合单位根 $I(1)$ 先验分布，则对 $t+1$ 年 φ_{ij} 的最佳估计为其自身一阶滞后值。系数矩阵 φ 中各元素 φ_{ij} 的均值可以写为如下形式：

$$E\left(\varphi_{ij}^{(s)}\right) = \begin{cases} 1, IF s = 1, i = j \\ 0, IF s \neq 1, i \neq j \end{cases} \tag{9}$$

由式（9）可得，系数矩阵 φ 中各元素 φ_{ij} 的均值唯有当一阶滞后时是 1，其他均被假设为 0，同时假设 φ 中各系数先验分布是非平稳 $AR(1)$ 过程。

Minnesota 先验分布假设各参数 $\varphi(i,k,j)$ 先验分布均是正态分布，使其只决定于先验期望 $\mu_{\varphi}(i,k,j)$ 与先验方差 $s_{\varphi}^{2}(i,k,j)$。针对个别参数，先验方差 $s_{\varphi}^{2}(i,k,j)$ 体现实验者对先验期望 $\mu_{\varphi}(i,k,j)$ 的把握程度。先验方差 $s_{\varphi}^{2}(i,k,j)$ 越大，表明实验者对该先验期望 $\mu_{\varphi}(i,k,j)$ 的把握越小；相反地，先验方差 $s_{\varphi}^{2}(i,k,j)$ 越小，表明实验者对该先验期望 $\mu_{\varphi}(i,k,j)$ 的把握越大。

2. 变量选取

本章主要选取了以下四个变量：煤炭需求总量，经济增长水平，产业结构变化，水电、核电、风电需求总量。具体各指标的数据来源和处理方法如下：煤炭需求总量（CEC），使用煤炭消费数据来代替煤炭需求量；经济增长水平（GDP），使用实际 GDP 来表示；产业结构变化（$M2$），由于煤炭能源需求主要发生在工业消费过程中，因此选取工业增加值占 GDP 的比重来表示产业结构变化；水电、核电、风电需求总量（EEC），根据前文的理论分析，水电、核电、风电需求总量对煤炭需求有直接的影响。水电、核电、风电作为能源需求结构中继煤炭和石油之后的第三大能源，其需求变化自然会影响煤炭的需求变化。因此选取水电、核电、风电需求量来表明替代能源变化对煤炭需求的影响。

为了消除时间序列数据异方差，分别对以上四个变量取自然对数，分别表示为 $LCEC$、$LGDP$、$LM2$、$LEEC$。

3. 煤炭需求量预测结果

（1）平稳性检验

本节选取 ADF 检验方法，运用 Eviews9 软件来对序列平稳性进行检验，结果如表 13-7 所示。

表 13-7　平稳性检验结果

变量	ADF 统计量	临界值			5% 显著水平下的检验结果
		1%	5%	10%	
$LCEC$	-1.805995	-4.234972	-3.540328	-3.202445	非平稳
$D(LCEC)$	-3.344498	-3.626784	-2.945842	-2.611531	平稳
$LGDP$	-1.479281	-4.296729	-3.568379	-3.218382	非平稳

变量	ADF 统计量	临界值			5% 显著水平下 的检验结果
		临界值	5%	10%	
$D(LGDP)$	-4.836942	-3.626784	-2.945842	-2.611531	平稳
$LM2$	-1.763521	-4.234972	-3.540328	-3.202445	非平稳
$D(LM2)$	-4.810181	-3.626784	-2.945842	-2.611531	平稳
$LEEC$	-0.721980	-4.226815	-3.536601	-3.200320	非平稳
$D(LEEC)$	-4.568492	-3.626784	-2.945842	-2.611531	平稳

从表 13 - 7 中可以看出，在 5% 的显著水平下 $LCEC$、$LGDP$、$LM2$ 和 $LEEC$ 的一阶差分都通过平稳性检验，由此可得：序列 $LCEC$、$LGDP$、$LM2$ 和 $LEEC$ 为一阶单整序列。

（2）协整检验

最常用的协整检验方法为 EG 两步法与 Johansen 协整检验法。由于 EG 两步法只适用于针对单方程进行检验，而 Johansen 方法除了能检验变量间的协整关系，还可以得到协整向量数量。而本节选取了四个变量，所以适合选取 Johansen 方法进行协整检验。

在进行协整检验之前，应该要确定模型的最优滞后期。因此，本节先建立由 $LCEC$、$LGDP$、$LM2$ 和 $LEEC$ 构成的 VAR 模型，进而选定最优滞后阶数，具体结果如表 13 - 8 所示。

表 13 - 8 选择 VAR 最优滞后期的各种准则

滞后阶数	$LogL$	LR	FPE	AIC	SC	HQ
0	47.23679	NA	7.88E - 07	-2.7023	-2.519083	-2.641568
1	255.3235	351.1464	4.87E - 12	-14.70772	-13.79164 *	-14.40406
2	275.827	29.47373 *	3.87E - 12 *	-14.98919	-13.34023	-14.44261
3	286.7549	12.97694	6.09E - 12	-14.67218	-12.29036	-13.88268
4	299.7051	12.14081	9.81E - 12	-14.48157	-11.36688	-13.44914
5	320.7895	14.49548	1.24E - 11	-14.79934	-10.95178	-13.52399
6	367.524	20.44637	5.46E - 12	-16.72025 *	-12.13983	-15.20197 *

说明：* 表示该准则所选定的最优滞后阶数。LR：连续修正 LR 检验统计量；FPE：最后预测误差；AIC：信息准则；SC：信息准则；HQ：信息准则。

此处根据 AIC 信息准则确定模型最优滞后期为 6。接下来，采用 Johansen 方法进行检验，结果如表 13 - 9 所示。

表 13 - 9　协整检验结果

最大协整向量 个数的零假设	Trace 统计量	5% 临界值	概率	Max—Eigen 统计量	5% 临界值	概率
不存在协整向量	178.8565	63.8761	0.0000	78.7544	32.1183	0.0000
最多 1 个协整向量	100.1021	42.9153	0.0000	51.6536	25.8232	0.0000
最多 2 个协整向量	48.4486	25.8721	0.0000	32.4831	19.3870	0.0004
最多 3 个协整向量	15.9654	12.5180	0.0127	15.9654	12.5180	0.0127

由检验结果可知，在 5% 显著水平下，煤炭需求和其余各变量之间至少存在一个协整向量，即西北地区煤炭需求和经济增长水平、产业结构变化和水电、核电、风电需求总量之间存在着一个长期稳定的均衡关系。

（3）实证结果

由上节可知，四个变量之间存在协整关系，并且最优滞后期为 6，所以可以建立贝叶斯向量自回归（BVAR）模型（6）。

$$
\begin{bmatrix} LCEC \\ LM2 \\ LGDP \\ LEEC \end{bmatrix} = \begin{bmatrix} 1.3114 \\ 1.7871 \\ -0.2299 \\ -1.8994 \end{bmatrix} + \begin{bmatrix} 0.4262 & 0.2321 & 0.2998 & 0.0909 \\ 0.1257 & 0.3594 & 0.2120 & -0.0176 \\ 0.0456 & 0.0819 & 0.7315 & -0.0282 \\ 0.3757 & 0.0401 & -0.0323 & 0.3245 \end{bmatrix} \times \begin{bmatrix} LCEC(-1) \\ LM2(-1) \\ LGDP(-1) \\ LEEC(-1) \end{bmatrix} +
$$

$$
\begin{bmatrix} 0.0431 & 0.0324 & 0.0265 & 0.0144 \\ -0.0124 & 0.0457 & -0.0606 & -0.0231 \\ 0.0011 & 0.0100 & 0.1488 & -0.0091 \\ 0.0936 & 0.0236 & 0.0627 & 0.0513 \end{bmatrix} \times \begin{bmatrix} LCEC(-2) \\ LM2(-2) \\ LGDP(-2) \\ LEEC(-2) \end{bmatrix} +
$$

$$
\begin{bmatrix} -0.0054 & 0.0065 & -0.0082 & 0.0018 \\ -0.0189 & 0.0046 & -0.0434 & -0.0139 \\ -0.0024 & -0.0007 & 0.0610 & -0.0040 \\ 0.0455 & 0.0258 & 0.0479 & 0.0143 \end{bmatrix} \times \begin{bmatrix} LCEC(-3) \\ LM2(-3) \\ LGDP(-3) \\ LEEC(-3) \end{bmatrix} +
$$

$$
\begin{bmatrix} -0.0105 & 9.4E-05 & -0.0131 & -0.0017 \\ -0.0178 & -0.0024 & -0.0284 & -0.0089 \\ -0.0033 & -0.0020 & 0.0297 & -0.0017 \\ 0.0286 & 0.0207 & 0.0279 & 0.0011 \end{bmatrix} \times \begin{bmatrix} LCEC(-4) \\ LM2(-4) \\ LGDP(-4) \\ LEEC(-4) \end{bmatrix} +
$$

$$
\begin{bmatrix} -0.0089 & 0.0009 & -0.0089 & -0.0031 \\ -0.0134 & -0.0053 & -0.0190 & -0.0060 \\ -0.0020 & -0.0020 & 0.0191 & -0.0008 \\ 0.0198 & 0.0186 & 0.0033 & -0.0022 \end{bmatrix} \times \begin{bmatrix} LCEC(-5) \\ LM2(-5) \\ LGDP(-5) \\ LEEC(-5) \end{bmatrix} +
$$

$$
\begin{bmatrix} -0.0059 & 0.0019 & -0.0024 & -0.0032 \\ -0.0110 & -0.0040 & -0.0127 & -0.0048 \\ -0.0012 & -0.0017 & 0.0156 & -0.0006 \\ -0.0105 & 0.0151 & -0.0224 & -0.0024 \end{bmatrix} \times \begin{bmatrix} LCEC(-6) \\ LM2(-6) \\ LGDP(-6) \\ LEEC(-6) \end{bmatrix} \qquad (10)
$$

四个方程的拟合优度分别为 0.9954、0.7822、0.9997 和 0.9870，说明当四个变量分别和自身以及其余三个变量 1~6 阶滞后值建立模型时拟合程度较高。

（4）模型稳定性检验

通过计算模型 AR 特征多项式的根并对之取倒数，来验证模型是否具有稳定性。如图 13 – 6 所示，24 个计算值全部处于单位圆之中，使得 BVAR（6）模型满足稳定性条件，即当其中一个变量发生变化时，其余相关变量也会受到其影响发生数量上的波动，但最后这些波动会逐渐减弱为 0，从而使得全部模型最后趋于稳定。

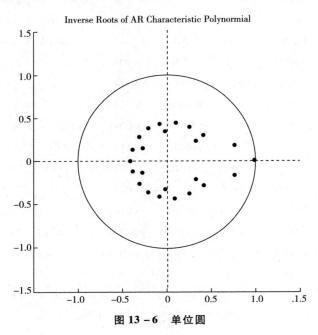

Inverse Roots of AR Characteristic Polynormial

图 13 – 6 单位圆

（5）脉冲响应函数及方差分解分析

图 13－7 表示了西北地区相关变量冲击引起煤炭需求量变化的脉冲响应函数。本节将西北地区煤炭需求量当作被解释变量，研究其自身、经济增长水平、产业结构变化和水电、核电、风电需求总量变化对其影响的路径变化。

图 13－7 表明产业结构变化，即工业增加值比重上升在短期内会立刻导致煤炭需求量增加，在长期过程中，这种正向影响还会持续，只是影响程度有所衰减。这可能是由于长期过程中，工业企业会通过技术进步或者制度改革等方式逐步降低煤炭消费量，从而提高利润。经济增长水平变化会给煤炭需求量带来同向影响，同时这种影响会产生明显的推动效果和持久的延续效应。水电、核电、风电需求量变化对煤炭需求量变化的影响程度并不高，在长期内会由于替代效应产生一定的负向影响。

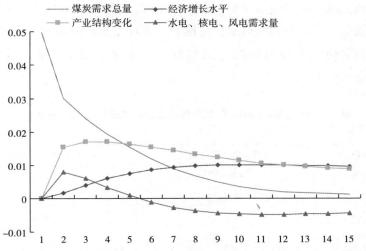

图 13－7　西北地区相关变量冲击引起煤炭需求量变化的脉冲响应函数

图 13－8 是煤炭需求变化的方差分解，由图 13－8 可知，产业结构变化对煤炭需求量的贡献最大，经济增长水平的贡献率次之，大约在 12%，而水电、核电、风电需求量的贡献可以忽略不计。在长期内，根据各变量的变化趋势分析，煤炭需求量可能会持续缓慢下降，而产业结构变化和经济增长水平的贡献则会持续稳定上升。

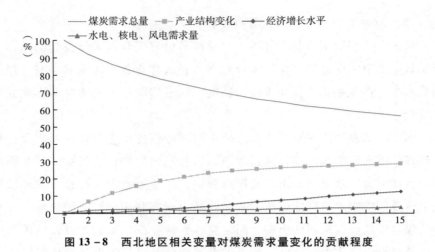

图 13 - 8　西北地区相关变量对煤炭需求量变化的贡献程度

（6）煤炭需求总量预测

本节将通过已建立的贝叶斯向量自回归模型 BVAR（6），来进一步预测未来西北地区的煤炭需求量。表 13 - 10 所示为 1986 ~ 2017 年西北地区煤炭需求的实际值与预测值的比较结果。通过将预测值和实际值进行对比可知，西北地区整体的预测结果较好，可继续进行下一步对未来值的预测。

表 13 - 10　1986 ~ 2017 年西北地区煤炭需求实际值与预测值对比

单位：万吨标准煤

年份	煤炭需求实际值	煤炭需求预测值
1986	4363.95	4159.52
1987	4577.52	4323.39
1988	4723.83	4518.87
1989	4969.46	4742.98
1990	5247.29	4997.01
1991	5517.58	5282.19
1992	5719.77	5599.12
1993	6011.33	5949.36
1994	6523.72	6334.45
1995	6961.41	6755.69
1996	7330.27	7214.16
1997	7102.46	7710.94

年份	煤炭需求实际值	煤炭需求预测值
1998	6909.07	8247.14
1999	6675.30	8824.07
2000	7387.04	9443.34
2001	7741.04	10106.84
2002	8498.32	10816.86
2003	9622.84	11576.01
2004	11053.20	12387.31
2005	13323.26	13254.12
2006	14689.75	14180.22
2007	16208.22	15169.65
2008	17341.63	16226.91
2009	18243.42	17356.81
2010	18943.31	18564.51
2011	21725.73	19855.55
2012	24385.88	21235.89
2013	26761.54	22711.80
2014	28239.94	24290.24
2015	29656.76	25978.12
2016	30831.83	27783.29
2017	31561.05	29713.89

基于以上构建的贝叶斯向量自回归模型 BVAR（6），本节对西北地区2018～2025 年的煤炭需求进行合理预测，预测结果如表 13 - 11 所示。西北地区煤炭的需求量 2020 年可达到 36349.29 万吨标准煤，2025 年可达到50862.95 万吨标准煤。

表 13 - 11　2018～2025 年西北地区煤炭需求预测值

单位：万吨标准煤

年份	煤炭需求预测值
2018	31778.65
2019	33987.23
2020	36349.29
2021	38875.52

年份	煤炭需求预测值
2022	41577.32
2023	44467.33
2024	47557.75
2025	50862.95

（二） 西北地区煤炭供给量预测

西北地区的煤炭供给量变化近年来逐渐趋于稳定，且有一定的下降趋势，并未延续长期以来的快速增长趋势，因此本节计划选取短期数据作为原始序列，采用灰色系统预测法来预测未来西北地区的煤炭供给变化。

1. GM（1，1）模型

本章试图通过建立灰色预测中使用最广泛的 GM（1，1）模型来对西北地区未来煤炭供给量进行预测。该模型具体如下：

假设原始数据为：$x^{(0)} = \{x^{(0)}(1), x^{(0)}(2), \cdots, x^{(0)}(n)\}$

建立 GM（1，1）模型：

$$\frac{dx^{(1)}}{dt} + ax^{(1)} = b \tag{11}$$

其中，$x^{(1)}$ 是一次累加生成数列，a、b 是带求参数，$x^{(1)}_{(k)} = \dfrac{K}{\underset{j=1}{Z}} x^{(0)}(\alpha)$。

确定数据矩阵 B 和 Y_n，由最小二乘法可得如下公式：

$$\hat{a} = \begin{pmatrix} a \\ b \end{pmatrix} = [B^T \ B]^{-1} B^T Y_n \tag{12}$$

其中，$B = \begin{pmatrix} -\frac{1}{2}[X^1(1) + X^1(2)] & 1 \\ -\frac{1}{2}[X^1(2) + X^1(3)] & 1 \\ \vdots & \vdots \\ -\frac{1}{2}[X^1(n-1) + X^1(n)] & 1 \end{pmatrix}, Y_n = \begin{pmatrix} x^{(0)}(2) \\ x^{(0)}(3) \\ \vdots \\ x^{(0)}(n) \end{pmatrix}$

在此基础上，将原始数据列和一次累加生成数列代入式（12），可求得 a、b 的具体值。进而，把 a、b 的具体值代入方程（11），求解可得：

$$\hat{x}^{(1)}(k+1) = \left[x^{(0)}(1) - \frac{b}{a} \right] e^{-ak} + \frac{b}{a} \tag{13}$$

而计算预测值的公式如下：

$$\hat{x}^{(0)}(k+1) = \hat{x}^{(1)}(k+1) - \hat{x}^{(1)}(k) \tag{14}$$

由式（14）可求得预测数列 $\hat{x}^{(0)}$。然后对 $\hat{x}^{(0)}$ 进行误差和精确度检验，实际值和预测值的误差公式如式（15）、（16）所示。

绝对误差：

$$\delta(t) = x^{(0)}(t) - \hat{x}^{(0)}(t) \tag{15}$$

相对误差：

$$\delta_r(t) = \frac{\delta(t)}{x^{(0)}(t)} \tag{16}$$

之后需要计算后验差比值 C 来检验精确度，具体计算公式如下：

残差标准差：

$$s_1 = \sqrt{\frac{\sum_{t=1}^{n} [\delta(t) - \bar{\delta}]^2}{n}} \tag{17}$$

实际值标准差

$$s_2 = \sqrt{\frac{\sum_{t=1}^{n} [x^{(0)}(t) - \bar{x}]^2}{n}} \tag{18}$$

$$C = S_1/S_2 \tag{19}$$

根据后验差检验原则，后验差比值 C 小于 0.5 即表明模型预测结果较好。

2. 煤炭供给量预测结果

本节选取西北五省区 2012～2016 年的煤炭供给数据作为原始数列，建立 GM（1，1）预测模型，对未来西北地区煤炭供给量进行预测。

原始数据列为 $x^{(0)}$ = （55332.06，56231.41，56445.80，54594.86，53640.58）

一次累加生成数列为 $x^{(1)}$ = （55332.06，111563.47，168009.26，222604.12，276244.71）

251

通过对一次累加生成数列 $x^{(1)}$ 进行均值计算得到矩阵 B，并以原始数据列 $x^{(0)}$ 为基础构造数据矩阵 Y_n，可得：

$$[B^T \ B]^{-1} = \begin{pmatrix} 6.529E-11 & 1.09026E-05 \\ 1.09026E-05 & 2.070644084 \end{pmatrix}$$

$$Y_n = (56231.41, 56445.8, 54594.86, 53640.58)^T$$

之后，根据式（12），可得 $\hat{a} = \begin{pmatrix} a \\ b \end{pmatrix} = \begin{pmatrix} 0.01735 \\ 58125.44 \end{pmatrix}$

再根据预测模型（13）可得：

$$\hat{x}^{(1)}(k+1) = \left[x^{(0)}(1) - \frac{b}{a} \right] e^{-ak} + \frac{b}{a} = -3294856.76 \times e^{-0.01735k} + 3350188.82$$

最后根据预测值计算公式（14）可求得西北地区 2018～2025 年的煤炭供给总量预测值。2013～2017 年西北地区煤炭供给总量预测结果和预测误差如表 13 - 12 所示。

表 13 - 12　2013～2017 年西北地区煤炭供给总量的 GM（1，1）模型预测

单位：万吨标准煤，%

年份	实际值	预测值	绝对误差	相对误差
2013	55332.06	55332.06	0	0
2014	56231.41	56672.39	-440.98	-0.78
2015	56445.80	55697.61	748.19	1.33
2016	54594.86	54739.59	-144.73	-0.27
2017	59756.73	53798.06	-157.48	-0.29

通过对表 13 - 12 的分析可知，平均相对误差仅为 0.67%，预测精确度高达 99.33%，而根据式（17）和（18）计算可知残差标准差 S_1 为 447.21，而实际值标准差 S_2 为 1163.96，因此根据式（19）可得后验差比值 C 为 0.38，小于 0.5，达到灰色预测模型检验要求，表明该模型预测效果较好，能运用到西北地区煤炭供给总量的预测之中。具体预测结果见表 13 - 13。

表 13 - 13   2018~2025 年西北地区煤炭供给总量的 GM（1，1）预测

单位：万吨标准煤

年份	煤炭供给预测值
2018	52872.72
2019	51963.29
2020	51096.51
2021	50191.10
2022	49327.80
2023	48479.35
2024	47645.49
2025	46825.98

由表 13 - 13 可知，西北地区煤炭的供给量 2020 年可达到 51096.51 万吨标准煤，2025 年可达到 46825.98 万吨标准煤。该结果表明未来西北地区的煤炭供给量将保持缓慢下降趋势，符合近年来的现实状况，预测结果良好。

（三）西北地区煤炭供给对经济增长贡献的预测

运用 GM（1，1）预测模型对未来西北地区的 GDP 进行预测，煤炭供给相对产出弹性依然使用前文计算所得的数值（0.1213），进而根据式（6）计算可得未来西北地区煤炭供给对经济增长的贡献率，如表 13 - 14 所示。

表 13 - 14   2018~2025 年煤炭供给对西北地区经济增长的贡献率

年份	真实 GDP（亿元）	煤炭供给总量（万吨标准煤）	煤炭供给对经济增长的贡献（%）
2018	10364.63	52872.72	-2.25
2019	11106.69	51963.29	-2.91
2020	11909.01	51096.51	-2.80
2021	12784.45	50191.10	-2.92
2022	13698.15	49327.80	-2.92
2023	14687.75	48479.35	-2.89
2024	15742.88	47645.49	-2.90
2025	16865.58	46825.98	-2.93

根据表 13 - 14 的预测结果可知，未来 8 年西北地区煤炭供给对经济增长的平均贡献率为 - 2.82%，表明未来煤炭供给对西北地区经济增长的贡献不断减少。因此，煤炭供给未来已无法成为西北地区经济增长的主要动力，西北地区应逐渐改变对于煤炭产业的依赖，转而推动战略性新兴产业发展，寻找新的经济增长动力。

五　结论

本章中，我们以经济高质量发展理论为基础，从理论层面对煤炭供求变化的原因进行具体分析。随后，对我国和西北地区能源供求结构变化的现状和历史变化趋势进行了描述性统计，分析得出煤炭在西北地区能源供求结构中占据重要地位。在此基础上，本章进一步探究西北地区煤炭供求和经济增长之间的关系，采用协整性及因果关系检验法对煤炭需求和经济增长之间的关系进行格兰杰因果关系检验，其次对 Cobb—Dauglas 函数进行扩展，将煤炭要素加入模型之中，以此来计算煤炭供给对西北地区经济增长的贡献。最后，笔者分别采用贝叶斯向量自回归（BVAR）模型和灰色预测中的 GM（1，1）模型对西北地区 2018 ~ 2025 年的煤炭需求和供给量以及煤炭供给对经济增长的贡献进行预测。本章通过理论和实证分析，主要得出以下结论。

首先，1980 ~ 2017 年西北地区煤炭需求和经济增长之间具有长期稳定的均衡关系，并存在单向的格兰杰因果关系。由格兰杰因果检验可得：经济增长是促使煤炭需求量增加的原因，但煤炭需求量的增加并不一定能促进经济增长。这可能是由于煤炭使用会产生污染物，对环境造成破坏；并且煤炭资源具有不可再生性，其供给总量有限。因此煤炭需求可能在一定程度上会对经济高质量发展产生制约作用。

其次，1981 ~ 2017 年西北地区煤炭供给对经济增长的贡献仅次于物质资本投入，高于劳动力投入和全要素生产率。这充分表明了煤炭在西北地区经济增长过程中的重要地位。但自 2013 年起，煤炭对经济增长的贡献率下滑明显，并且转为负值，表明未来煤炭供给增加会对西北地区经济增长的贡献减弱。之后，脉冲响应函数分析结果表明，产业结构变化会对煤炭需求量产生较大的正向冲击作用，且持续时间较长。方差分解结果表明，产业结构变化对煤炭需求量变化的贡献率高达 28.26%，且具有长期稳定影响，而经济增长水平对煤炭需求量变化的贡献率始终处于稳步缓慢上升趋势，最终稳定在12%左右。

最后，本章分别采用 BVAR（6）模型和 GM（1，1）模型对西北地区2018～2025 年的煤炭需求量和供给量进行预测，在此基础上，对煤炭供给对经济增长的贡献进行预测。预测结果表明，未来西北地区经济增长依然在一定程度上要依靠煤炭，但是煤炭供给量和需求量的增速与高峰期相比已大大降低，并且对经济增长的贡献也持续下滑。未来西北地区经济增长应逐渐降低对煤炭的依赖，扶持培育新兴产业，加速煤炭产业转型升级，推动清洁能源、可再生能源发展，提高煤炭能源利用效率，从而实现经济高质量发展。

参考文献

Al – Iriani M. A. Energy – GDP Relationship Revisited：An Example from GCC Countries Using Panel Causality. *Energy Policy*，2006，34（17）：3342 – 3350.

Apergis N.，Payne J. E.，Coal Consumption and Economic Growth：Evidence from A Panel of OECD Countries. *Energy Policy*，2010，38（3）：1353 – 1359.

Apergis N.，Payne J. E.，The Causal Dynamics between Coal Consumption and Growth：Evidence from Emerging Market Economies. *Applied Energy*，2010，87（6）：1972 – 1977.

Asafu – Adjaye J. The Relationship between Energy Consumption，Energy prices and Economic Growth：Time Series Evidence from Asian Developing Countries . *Energy Economics*，2000，22（6）：615 – 625.

Cheng B. S.，Lai T. W.，An Investigation of co-integration and Causality between Energy Consumption and Economic Activity in Taiwan. *Energy Economics*，2004，21（1）：435 – 444.

Ebohon O. J. Energy，Economic Growth and Causality in Developing Countries ：A Case Study of Tanzania and Nigeria. *Energy Policy*，2007，24（5）：447 – 453.

Erol U.，Yu E. S. H.，On the Causal Relationship between Energy and Income for Industrializing Countries. *Journal of Energy and Development*，1987，（13）：113 – 122.

Fatai K.，Oxley L.，Scrimgeour F. G.，Modelling the Causal Relationship between Energy Consumption and GDP in New Zealand，Australia，India，Indonesia，The Philippines and Thailand. *Mathematics and Computers in Simulation*，2004，64（3 – 4）：431 – 445.

Hwang D. B. K.，Gum B. The Causal Relationship between Energy and GNP：the Case of Taiwan. . *The Journal of Energy and Development*，1992，（16）：219 – 226.

钞小静、薛志欣：《新时代中国经济高质量发展的理论逻辑与实践机制》，《西北大学学报》（哲学社会科学版）2018 年第 6 期。

丹尼斯·米都斯：《增长的极限：罗马俱乐部关于人类困境的报告》，李宝恒译，吉林人民出版社，1997。

丁焕峰、周月鹏：《能源消费与经济增长关系——基于中国 1953 – 2007 年的实证研究》，《工业技术经济》2010 年第 7 期。

韩智勇、魏一鸣、焦建玲、范英、张九天：《中国能源消费与经济增长的协整性与因果关系分析》，《系统工程》2004 年第 12 期。

胡雪棉、赵国浩：《基于 Matlab 的 BP 神经网络煤炭需求预测模型》，《中国管理科学》2008 年第 S1 期。

胡予红、周心权、刘毅：《基于灰色关联度分析的我国煤炭消费影响因素分析》，《中国煤炭》2009 年第 4 期。

金碚：《关于"高质量发展"的经济学研究》，《中国工业经济》2018 年第 4 期。

雷强：《产业结构对煤炭消费的影响及实证分析——基于可变参数状态空间模型的动态研究》，《工业技术经济》2015 年第 5 期。

林伯强：《中国能源需求的经济计量分析》，《统计研究》2001 年第 10 期。

刘凤朝、孙玉涛：《技术创新、产业结构调整对能源消费影响的实证分析》，《中国人口·资源与环境》2008 年第 3 期。

刘立涛、沈镭：《中国能源分区情景分析及可持续发展功能定位》，《自然资源学报》2011 年第 9 期。

刘勇、汪旭晖：《ARIMA 模型在我国能源消费预测中的应用》，《经济经纬》2007 年第 5 期。

罗文柯、施式亮、李润求、唐如龙：《灰色预测模型在能源消费需求预测中的应用》，《中国安全科学学报》2010 年第 4 期。

任保平、李禹墨：《新时代我国高质量发展评判体系的构建及其转型路径》，《陕西师范大学学报》（哲学社会科学版）2018 年第 3 期。

任保平：《新时代中国经济从高速增长转向高质量发展：理论阐释与实践取向》，《学术月刊》2018 年第 3 期。

任海军、赵景碧：《技术创新、结构调整对能源消费的影响——基于碳排放分组的 PVAR 实证分析》，《软科学》2018 年第 7 期。

师博、张冰瑶：《新时代、新动能、新经济——当前中国经济高质量发展解析》，《上海经济研究》2018 年第 5 期。

师博：《能源消费、结构突变与中国经济增长：1952 – 2005》，《当代经济科学》2007 年第 5 期。

宋宇辰、张志启：《基于 ARIMA 模型对我国"十二五"能源需求的预测》，《煤炭工程》2012 年第 1 期。

薛伟贤、曹佳：《新能源产业技术路线研究述评》，《中国人口·资源与环境》2014 年第 S1 期。

俞天贵、邓文平：《基于 ARIMA 模型的中国煤炭消费量增长预测》，《统计与决策》2008 年第 24 期。

张峰、刘伟：《北京市能源消费预测与政策建议》，《中国人口·资源与环境》2008 年第 3 期。

张会新、白嘉：《基于三角灰色系统模型的煤炭消费预测》，《统计与决策》2011 年第 23 期。

张文玺：《中日韩 GDP、人口、产业结构对能源消费的影响研究》，《中国人口·资源与环境》2013 年第 5 期。

第十四章
网络经济资本深化对西北地区经济
高质量发展潜在经济增长率的贡献

网络经济是建立在互联网基础上，以通信技术为核心的全球化新经济形态。其以计算机、通信设备生产相关的硬件及软件制造业和以无线电通信、计算机网络服务为内容的现代信息服务业为依托，具有高创新性、高渗透性和快捷性等特点，能直接渗透到农业、工业和服务业的生产过程，从而有效改变经济系统原有的运行模式。在网络经济引领下，许多国家和地区的经济增长潜力均得到显著提升。当前，西北地区经济社会发展整体状况与全国大部分区域，特别是东部沿海地区相比存在着较大差距，自我"造血"能力不足。网络经济或将成为西北地区未来经济增长的新引擎。

一 文献综述

网络经济与经济增长关系的研究最早出现在美国。20 世纪 80 年代末，美国电脑芯片的飞速发展使网络经济受到学者们的广泛关注。学者们普遍认为网络经济对生产率的促进作用毋庸置疑，但索洛（Solow，1987）对网络经济如何提升生产率提出质疑，认为"我们到处都能看见计算机，唯独在生产率统计方面看不见它。"这种现象被称为"生产率悖论"。"生产率悖论"提出后，众多学者开始从实证角度测算网络经济对生产率及经济增长的贡献。随着统计数据与计算方法的不断完善，网络经济对生产率和经济增长的促进作用得到证实。哈佛大学乔根森（Jorgenson，2002）教授对美国经济增长的研究表明，网络经济通过资本深化和提高全要素生产率促

进经济增长。一方面，由于计算机生产技术的快速进步，其相关产品价格
不断下降，促使更多企业加大对计算机相关产品的投资力度，从而增加了
全社会网络经济资本存量，进而直接促进总量经济的产出，即网络经济通
过资本深化促进经济增长；另一方面，由于计算机性能的不断改善，不仅
计算机产业自身的劳动生产率不断提高，而且网络经济资本深化所覆盖的
应用计算机的产业生产率也得到提高。也就是由于计算机相关产业技术的
进步，提高了全社会全要素生产率，进而促进了经济增长。奥莉纳和西齐
尔（Oliner & Sichel，2000）采用生产函数法研究认为，网络经济资本深化
对经济增长的贡献会随着深化程度的增加而持续增加。乔根森和本桥（Jor-
genson & Motohashi，2005）采用生产可能边界模型对比了 1975~2003 年美
国和日本网络经济资本投资和经济增长间的关系，测算出网络经济对全要
素生产率的贡献在日本和美国分别为 0.36% 和 0.46%。另外，乔根森
（Jorgenson，2001）采用产业细分法测算 1990~2009 年 G7 国家网络经济对
经济增长的贡献度在 0.19%~0.99% 之间。

国内学者对网络经济与经济增长关系的研究同样给予广泛关注。北京
师范大学经济与资源管理研究课题组（2001）通过比值法测算表明，我国
网络经济对经济增长的贡献从 1992 年的 1.84% 迅速提升到 2000 年的
6.08%，而 1992~2000 年正是宏观经济进入通货紧缩和增长缓慢时期，表
明网络经济对经济增长具有重要拉动作用。徐升华等（2004）通过回归方
法分析了网络经济对经济增长的贡献，发现衡量网络经济的指标每增加 1
个单位，GDP 指数的对数就增加 0.2527 个单位。施莉等（2008）利用双
推法估算了 1980~2003 年网络经济对我国全要素生产率的贡献，发现从
1980~1990 年的平均贡献率 4.26% 快速增加到 1995~2003 年的 44.37%。
王宏伟（2009）借鉴乔根森相关定义将产业划分为网络经济生产产业、网
络经济应用产业和非网络经济产业三大类，采用生产函数法测算出 2003~
2007 年网络经济对经济增长的贡献达 48.56%。蔡跃州等（2015）将网络
经济对经济增长的影响分为替代效应和渗透效应，采用增长核算框架分
别研究两种效应对经济增长的贡献，发现替代效应对经济增长的贡献率
不断上升，网络经济资本与全要素生产率间存在双向格兰杰因果关系。
渠慎宁（2017）测算了 1987~2010 年网络经济资本深化对经济增长和
全要素生产率的贡献，结果表明网络经济资本深化对经济增长的贡献并

不大，技术外溢效应的贡献极大。茹少峰和刘家旗（2018）测算了
1990～2016年网络经济资本深化对潜在经济增长率和全要素生产率的贡
献，结果表明网络经济资本深化主要是通过提升全要素生产率促进潜在
经济增长。

从国内外学者对网络经济的研究可看出，学者们大多关注网络经济资
本深化对实际经济增长的影响，而较少关注网络经济资本深化对长期经济
增长的作用，即对潜在经济增长率的影响，尤其是对西北地区的研究甚
少。本章着重分析西北地区网络经济资本深化对潜在经济增长率的贡献，
特别是对全要素生产率的贡献。

二　网络经济资本深化促进潜在经济增长率的作用机理

资本深化是指人均资本量的增加，网络经济资本深化指人均投资
到网络经济中的资本量的增加。一般来说，资本数量增加会促进经济
增长。但网络经济资本深化对经济增长起促进作用的不同之处在于，
它主要通过全要素生产率提升促进潜在经济增长。其作用主要体现在
以下四方面。

（一）驱动创新以提升全要素生产率

第一，网络经济资本深化最重要的路径是驱动科技创新。由于网络经
济投资量的增加使人机交互、物联网应用更加普及，于是模式识别、数据
挖掘、云计算、可视化、统计分析等高级数据处理技术产生，通过这些数
字技术集成实现决策支持、智能生产、智能服务、预测等科技创新。第
二，网络经济资本深化驱动商业创新，如 B2B、B2C 等。由于现代通信技
术、大数据等的广泛应用，信息变得互联互通，企业决策方式由传统的定
性决策变为以大数据为依据的定量决策，企业生产方式转向以消费者为中
心的定制化生产模式，交易方式由线下交易转到线上交易，组织结构由层
级结构变为扁平化网状结构。可见，网络经济资本深化通过企业决策、生
产方式、交易方式、组织流程的创新实现了商业创新。第三，网络经济资
本深化驱动制度创新。制度创新的本质是生产关系的变革，网络经济资本
增加使移动互联得到普及，个体间通过移动互联直接交换商品与服务，形
成医疗、交通、金融等的共享，也就使生产关系由传统的分工变为协同共

享，实现了制度创新。总体看，网络经济资本深化通过驱动科技创新、商业创新、制度创新，推动全要素生产率的提升。

（二）促进产业结构升级以提升全要素生产率

产业结构升级是指由技术进步和比较优势的变化引起生产要素由低级业态向高级业态转移，产业从低技术水平、低附加值向高新技术、高附加值调整，国民经济重心从第一产业向第二、第三产业转移的变化趋势。网络经济资本深化主要通过互联网技术与传统产业深度融合促进产业结构升级。在农业领域，网络经济资本深化使互联网与传统农业深度融合。将无线传感、远程定位、数据通信等技术应用到农业生产中，可实现农业机械自动驾驶、自动收割、智能灌溉、农作物生长动态实时监控等，推动农业规模化生产，提高农业劳动生产效率。此外，网络经济资本深化使农业信息共享，拓宽了农产品销售渠道，进而提高劳动生产效率。农业生产效率提高产生的剩余劳动力将转移到工业和服务业中。在工业领域，网络经济资本深化使互联网与工业紧密融合，即工业智能化。将物联网技术应用到工业生产制造过程中，加快生产过程中实时数据的传送和分析，实现智能制造。借助移动互联技术，可采集用户数据实现大规模定制化生产。在服务业领域，网络经济资本深化使互联网与服务业有机融合。大数据、云计算等网络信息技术被广泛应用到服务业各环节中，催生出大批新兴行业，如网络购物、网络游戏、在线打车、在线教育等。而且，网络资本深化导致三次产业不断融合，农业物联网和工业智能制造的深入发展打破农业、工业与服务业在部分领域的界限。由此可知，网络经济资本深化推动互联网与农业、工业、服务业的融合，促进产业结构升级，从而提升全要素生产率。

（三）提高劳动者素质以提高劳动生产率

网络经济资本的不断深化使过去分散的知识和信息被连接起来形成智库，同时使互联网普及率不断提高，劳动者获取知识的途径不再完全依赖学校和书本，越来越多的劳动者能通过互联网随时随地获取知识，而且获取知识的时间成本和资金成本大大降低，劳动者素质得到显著提高。此外，随着网络经济资本深化导致产业结构升级，不仅产业内部对高素质劳动者的需求会增加，而且生产要素被重新分配到具有高素质劳动者的产业，一系列需要高素质劳动者的新行业、新业态诞生，为高素质劳动者提供新的就业机会。所以，为了获得就业机会和更高的劳动报酬，劳动者必须努力提高自身的学历、文化和专业知识，进而在技术含量高的部门就业。具备高专业技能成为劳动者从业的重要条件，高素质的劳动者成为网络技术的补充。因此，网络经济资本深化会提高劳动者素质，带动劳动生产效率的提高。

（四）降低经济成本以提升物质资本生产率

网络经济资本深化能有效降低运营成本、人力成本、生产成本、交易成本、融资成本、社会成本等经济成本。网络经济资本深化会使企业内部、企业与企业、企业与消费者间的信息实现对称，从而降低生产、销售等运营成本。网络经济资本深化导致的生产智能化可提高劳动生产效率，减少劳动力数量，从而降低人力成本。生产者与消费者通过互联网能加强直接联系，缩短交易链条，减少信息搜寻、获取时间，显著降低交易成本。金融服务通过建立网络借贷平台，进而简化企业融资流程，有效减少企业融资成本。教育投入、医疗卫生投入和社会安全投入构成了社会成本。网络经济资本深化能使优质教育资源在网络端达到实时共享，以便捷方式获取低费用优质教育资源得以实现；能使优质医疗案例、医疗解决方案等通过网络及时传递，减少就医成本；能使公安机关通过大数据平台获取个人诚信等信息资源，减少社会安全投入。总之，网络经济资本深化能降低经济成本从而提高物质资本生产效率。

三 网络经济资本深化促进经济增长的数理模型

1956 年，索洛提出新古典主义经济增长理论，将经济增长归因于三个要素：资本、劳动力和技术进步。为了分析网络经济对产出的影响，本章将资本要素投入分解为网络经济资本与非网络经济资本。设定规模报酬不变的生产函数如下：

$$Y = F(A, K_{it}, K_{nit}, L) = K_{it}{}^{\alpha} K_{nit}{}^{\beta} (AL)^{1-\alpha-\beta} \tag{1}$$

其中，K_{it} 为网络经济资本，K_{nit} 为非网络经济资本，L 为劳动投入，A 为技术进步;α 和 β 分别为网络经济资本和非网络经济资本的要素生产弹性系数,$\alpha,\beta > 0$。

假设劳动和技术以不变增长率 n 和 g 变化,n 和 g 为常数。

$$\frac{dL}{L} = n \; ; \; \frac{dA}{A} = g \tag{2}$$

设有效人均产出 $\hat{y} = Y/AL$,有效人均网络经济资本 $\hat{k}_{it} = K_{it}/AL$,有效人均非网络经济资本 $\hat{k}_{nit} = K_{nit}/AL$,可得有效人均形式的生产函数:

$$\hat{y} = \hat{k}_{it}{}^{\alpha}\hat{k}_{nit}{}^{\beta} \tag{3}$$

假设总产出以一定比重投资于各资本,对于网络经济资本和非网络经济资本分别有:

$$d\hat{k}_{it} = s_{kit}\hat{y} - (\delta + n + g)\hat{k}_{it} \; ; \; d\hat{k}_{nit} = s_{knit}\hat{y} - (\delta + n + g)\hat{k}_{nit} \tag{4}$$

其中 s_{kit} 和 s_{knit} 分别表示网络经济资本和非网络经济资本的投入比重,δ 为折旧率,且假设各资本折旧率相等。当达到稳定状态时,有效人均资本变动量保持不变,则有:

$$s_{kit}\hat{y} = (\delta + n + g)\hat{k}_{it}{}^{*} \; ; \; s_{knit}\hat{y} = (\delta + n + g)\hat{k}_{nit}{}^{*} \tag{5}$$

根据式(5)可得:

$$\hat{k}_{it}{}^{*} = \left(\frac{s_{kit}{}^{1-\beta}s_{knit}{}^{\beta}}{\delta + n + g}\right)^{\frac{1}{1-\alpha-\beta}} \; ; \; \hat{k}_{nit}{}^{*} = \left(\frac{s_{kit}{}^{\alpha}s_{knit}{}^{1-\alpha}}{\delta + n + g}\right)^{\frac{1}{1-\alpha-\beta}} \tag{6}$$

将式(6)代入式(3)并取自然对数,可得:

$$\ln \hat{y}^{*} = \frac{\alpha}{1-\alpha-\beta}\ln s_{kit} + \frac{\beta}{1-\alpha-\beta}\ln s_{knit} - \frac{\alpha+\beta}{1-\alpha-\beta}\ln (\delta + n + g) \tag{7}$$

式(7)中 $\hat{y}^{*}$ 为稳态值,对式(7)关于 $\ln s_{kit}$ 求导,得:

$$\frac{\partial \ln \hat{y}^{*}}{\partial \ln s_{kit}} = \frac{\alpha}{1-\alpha-\beta} \tag{8}$$

其中,$\frac{\alpha}{1-\alpha-\beta} > 0$,说明网络经济资本投资会对经济增长有促进作用。

四 西北地区潜在经济增长率测算

采用生产函数法估算西北地区 1990～2017 年的潜在产出和潜在经济增长率。生产函数选取柯布－道格拉斯生产函数形式：

$$Y = AK^{\alpha}L^{\beta} \tag{9}$$

其中，Y 代表实际产出，A 为全要素生产率，K 为资本存量，L 为劳动投入，α 和 β 分别表示资本和劳动的产出弹性。具体各变量的数据来源与计算方法如下。

实际产出 Y，根据生产总值指数（上年＝100）计算出 GDP 平减指数，进一步通过当年的名义 GDP 除以 GDP 平减指数（1990 年为基期）得到当年实际 GDP 来衡量实际产出。资本存量 K 的测算采用永续盘存法。首先根据公式 $K_0 = I_0/(\delta + g)$ 计算出基期的实际资本存量 K_0。I_0 是基期投资额，g 为样本期真实投资的年平均增长率，δ 为经济折旧率。当年的投资额采用固定资本形成总额来衡量，固定资产投资价格指数直接采用统计年鉴中公布的数据，以便求得以 1990 年为基期的不变价格的实际固定资本形成总额，经济折旧率参考张军（2004）的研究成果，取值 9.6%。进一步根据公式 $K_t = K_{t-1}(1 - \delta) + I_t$ 计算出每年的实际资本存量。劳动投入 L 选取年末就业人数。数据来源于 1991～2017 年西北地区各省区统计年鉴。

对等式（9）两边同时取对数可得：

$$\ln Y_t = \ln A_t + \alpha \ln K_t + \beta \ln L_t \tag{10}$$

对式（10）进行普通最小二乘回归可估算出资本和劳动力的产出弹性：$\alpha = 0.683$，$\beta = 0.316$。将其代入总量生产函数可得全要素生产率（TFP）序列。

潜在经济增长率是指所有生产要素被充分利用情况下的经济增长率。因此将 HP 滤波后的全要素生产率序列和潜在就业 L^*，也就是经济达到潜在产出时的就业人数代入式（9）方可计算出潜在产出 Y^* 和潜在经济增长率 r_y。潜在就业 L^* 的估算方法参照郭庆旺、贾俊雪（2004）的做法，计算公式为 $L^* = Ls \times Tr_p \times (1 - NAWRU)$。其中，$Ls$ 为达到工作年龄的人数，Tr_p 为趋势参与率，$NAWRU$ 为非工资引致失业率。

从表 14 - 1 可看出，1990～1999 年西北地区潜在产出从 648.75 亿元增加到 1491.49 亿元（以 1990 年为基期），平均潜在经济增长率达到10.9%；从 2000 年起，西北地区潜在经济增长率开始不断攀升，从 9.1% 增加到 2009 年的 16.00%，这一时期平均潜在经济增长率为 12.19%；2013 年开始，西北地区潜在经济增长率再次出现连续下滑，从 2013 年的13.50% 下降到 2017 年的 8.57%。

表 14 - 1 1990～2017 年西北地区潜在产出及潜在经济增长率

单位：亿元,%

年份	潜在产出	潜在经济增长率	年份	潜在产出	潜在经济增长率
1990	648.75	–	2004	2502.20	11.20
1991	696.57	10.79	2005	2817.30	11.80
1992	748.97	7.50	2006	3165.08	14.00
1993	840.24	12.20	2007	3601.43	13.70
1994	921.85	9.70	2008	4078.90	14.10
1995	1014.43	10.00	2009	4544.13	16.00
1996	1110.65	9.50	2010	5164.60	12.30
1997	1227.51	10.50	2011	5854.38	12.10
1998	1355.57	10.40	2012	6596.99	14.10
1999	1491.49	10.00	2013	7308.68	13.50
2000	1627.46	9.10	2014	8001.06	9.80
2001	1791.36	10.10	2015	8676.98	8.00
2002	1981.25	10.60	2016	9840.49	8.24
2003	2204.81	11.30	2017	10683.45	8.57

五 网络经济资本深化对潜在经济增长率贡献的实证分析

（一）模型设定

在对网络经济资本深化促进经济增长的数理分析和西北地区潜在经济增长率的测算基础上，本研究进一步从实证角度测算网络经济资本深化对潜在经济增长的贡献。之前学者测算其贡献的方法主要有增长核算法和经济计量法。奥马霍尼和维奇（O'Mahony & Vecchi，2005）分别使用增长核算法和经济计量法估算了网络经济投资对英国和美国经济增长的贡献，结果表明采用增长核算法将会低估网络经济资本对经济增长的贡献；梅杰斯（Meijers，2007）也认为由于增长核算法会忽略网络经济对经济增长影响的滞后效应，从而导致计算出的贡献要小于实际贡献。因此，本章建立以潜在经济增长率为被解释变量，网络经济资本深化、非网络经济资本深化为解释变量的分布滞后模型来分析网络经济资本深化对潜在经济增长的贡献。建立的分布滞后模型如下：

$$r_{y_t^*} = \alpha + \sum_{i=0}^{k} \beta_i k_{it,t} + \lambda k_{nit,t} + \mu_t \ (i = 0,1,\cdots,k) \tag{11}$$

其中，$r_{y_t^*}$ 表示 t 时期的潜在经济增长率，$k_{it,t}$ 表示 t 时期的网络经济资本深化量，$k_{nit,t}$ 表示 t 时期的非网络经济资本深化量，μ_t 为 t 时期的随机误差项，k 表示滞后期长度。通过对分布滞后模型进行计量估计可以看出网络经济资本深化对潜在经济增长的贡献（β_i）大小。

（二）数据说明

（1）网络经济资本深化量。网络经济资本深化量选取人均网络经济资本存量代表，即 $k_{it} = K_{it}/L$。K_{it} 代表网络经济资本存量。对 K_{it} 采用永续盘存法进行估算，具体公式：$K_{it,t} = K_{it,t-1}(1 - \delta) + I_{kit,t}$。其中，$\delta$ 为折旧率，$I_{kit,t}$ 为以不变价格衡量的网络经济资本投资序列。对 $I_{kit,t}$ 的估算参考孙琳琳等（2012）采用的商品流量法，并依据乔根森（Jorgenson，2000）的研究将网络经济资本划分为硬件资本和软件资本，$I_c = (Q_c - E_c + M_c)i_c$，其中 I_c 代表当年硬件名义资本投资额，Q_c 代表当年硬件制造行业主营业务收入，E_c 代表当年硬件出口交货值，M_c 代表当年硬件产品进口额，i_c 表示投资率，用以剔除产品总销售中的消费部分。软件名义资本投资额算法与硬件名义资本投资额算法相同。投资率为《中国统计年鉴》投入产出基本流量表（最终使用部分）中机械设备制造业最终产品中用于固定资本形成的比例。折旧率 δ 参考孙琳琳（2009）的研究，取硬件资本折旧率为 25.4%，软件资本折旧率为 31.5%。

（2）网络经济资本投资价格指数。为了估算以 1990 年为基期的西北地区实际网络经济资本投资额，需用网络经济资本投资价格指数对当年名义网络经济资本投资额进行换算。本章采取施莱尔（Schreyer，2000）提出的和谐价格指数法来估算网络经济资本投资价格指数，即假定美国网络经济投资价格相对于固定资产投资价格水平的变化与中国网络经济投资价格相对于固定资产投资价格水平的变化相同。

（3）非网络经济资本深化量。非网络经济资本深化量是总人均资本存量与网络经济资本深化量之差。

数据来源于1991～2018年《中国电子信息产业统计年鉴》、西北地区各省区统计年鉴、美国经济分析局（BEA）数据。

（三）网络经济资本深化与潜在经济增长率关系检验

（1）平稳性检验。采用 ADF 单位根法检验各变量平稳性，结果如表 14-2 所示。

表 14-2　ADF 单位根检验结果

变量名	ADF 统计量	临界值（5%）	P 值	平稳性
r_{y^*}	-2.1880	-2.9810	0.2150	非平稳
k_{it}	-2.1112	-2.9862	0.2421	非平稳
k_{nit}	-2.3262	-3.5950	0.4064	非平稳
Dr_{y^*}	-7.0459	-2.9862	0.0000	平稳
Dk_{it}	-3.9937	-2.9862	0.0053	平稳
Dk_{nit}	-3.7289	-2.9810	0.0096	平稳

注：具体计算时 k_{it} 与 k_{nit} 取增长率形式，D 表示变量序列的一阶差分。

从单位根检验结果中可看出，虽然各变量在5%的显著性水平下均存在单位根，但经过一阶差分后均变得平稳，即各变量均为一阶单整序列。

（2）协整关系检验。运用 Johansen 协整检验对各变量进行协整分析，根据 LR、FPE、AIC、SC、HQ 准则确定协整的最优滞后阶为1，结果如表 14-3 所示。

表 14 – 3　Johanson 协整检验结果

协整方程个数原假设	Trace 统计量	临界值（5%）	Max – Eigen 统计量	临界值（5%）
没有	38.4932	24.2760	25.6992	17.7973
至少 1 个	12.7940	12.3209	11.2497	11.2248
至少 2 个	1.5444	4.1299	1.5444	4.1299

在 Johansen 协整检验中，Trace 统计量和 Max – Eigen 统计量结果均表明：在 5% 的显著水平下各变量间存在唯一的协整关系。因此，可进一步通过分布滞后模型来测算网络经济资本深化对潜在经济增长率的贡献。

（四）模型估计与结果分析

采用阿蒙法（Almon）对模型进行估计，首先根据拉塞尔（Russell）等的经验，利用调整后的 R 值决定滞后期长度 k，即在模型中添加滞后项，直到调整后的 R 不再增加。经过反复估计，最终确定 $k = 1$。Almon 多项式的次数 m 一般取值 2 或 3。初步估计发现，多项式系数为 2 时系数的动态分布在经济上无法解释，因此 m 取值 3。模型估计结果如表 14 – 4 所示。

表 14 – 4　模型估计结果（$k = 1$，$m = 3$）

变量	估计结果（P 值）	变量	估计结果（P 值）
常数项	9.32 ** （16.65）	$k_{nit,t}$	0.7224 ** （0.000）
$k_{it,t}$	– 0.1685 （0.006）	Adj – R²	0.6415
$k_{it,t-1}$	0.1889 ** （0.003）	F 统计量	10.84

说明：** 表示在 5% 水平上显著。

从模型估计结果可看出：网络经济资本深化对西北地区潜在经济增长的贡献在当期产生了显著的抑制作用，但在滞后 1 期中，网络经济资本深化每增加 1%，潜在经济增长率增加 0.1889 个百分点，而非网络经济资本深化对潜在经济增长的贡献为 0.7224%。由此可看出，网络经济资本深化对潜在经济增长的贡献并不是在当年就显现出来，而是存在一定的滞后效应。从整体贡献程度看，相比于非网络经济，西北地区网络经济资本深化对潜在经济增长的直接贡献度较低，这与网络经济资本存量相比于非网络经济资本存量差距过大有一定关系。

六 网络经济资本深化对全要素生产率贡献的实证分析

网络经济资本深化对潜在经济增长的直接贡献较小，但网络经济资本深化主要是通过提高全要素生产率间接促进潜在经济增长。为验证这一理论，本研究采用 SVAR 模型来分析西北地区网络经济资本深化对全要素生产率的贡献。

（一）模型设定

建立 p 阶 SVAR 模型，其矩阵表达式为：

$$C_0 y_t = \Gamma_0 + \Gamma_1 y_{t-1} + \Gamma_2 y_{t-2} + \cdots + \Gamma_p y_{t-p} + u_t, t = 1, 2, \cdots, T \tag{12}$$

其中，

$$y_t = \begin{pmatrix} k_{it,t} \\ TFP_t \end{pmatrix} \quad C_0 = \begin{pmatrix} 1 & -b_{12} \\ -b_{21} & 1 \end{pmatrix} \quad u_t = \begin{pmatrix} u_t^{kit} \\ u_t^{TFP} \end{pmatrix} \tag{13}$$

系数 b_{ij} 表示第 j 个变量的单位变化对第 i 个变量的即时作用。u_t^{kit}、u_t^{TFP} 分别代表网络经济资本深化冲击和全要素生产率冲击，这两种冲击为不相关的白噪声序列。假设 C_0 为可逆矩阵，则模型可简化为 VAR 方程：

$$y_t = C_0^{-1}\Gamma_0 + C_0^{-1}\Gamma_1 y_{t-1} + C_0^{-1}\Gamma_2 y_{t-2} + \cdots + C_0^{-1}\Gamma_p y_{t-p} + C_0^{-1}u_t, t = 1, 2, \cdots, T$$

$$\tag{14}$$

令 $\varepsilon_t = C_0^{-1}u_t$，则 ε_t 是结构式扰动项 u_t 的线性组合，代表一种复合冲击。对于 k 元 p 阶 SVAR 模型，需要对结构式参数施加 $k(k-1)/2$ 个限制条件才能估计出结构式模型的参数。本章为两变量 SVAR 模型，故只需要施加 1 个限制条件。假定全要素生产率受网络经济资本深化的当期影响，而网络经济资本深化不受全要素生产率的当期影响。

（二）网络经济资本深化与全要素生产率关系检验

采用 ADF（Augmented Dickey Fuller Test）方法来确定变量的平稳性，结果表明，在 5% 的显著性水平下，网络经济资本深化量 k_{it} 和全要素生产率 TFP 的一阶差分是平稳的，具体如表 14 – 5 所示。

表 14 - 5　ADF 单位根检验结果

变量名	ADF 统计量	临界值（5%）	P 值	平稳性
k_{it}	- 2. 1112	- 2. 9862	0. 2421	非平稳
TFP	- 2. 4358	- 2. 9810	0. 1423	非平稳
Dk_{it}	- 3. 9937	- 2. 9862	0. 0053	平稳
$DTFP$	- 3. 2090	- 2. 9862	0. 0314	平稳

说明：D 表示变量序列的一阶差分。

（三）模型估计与结果分析

1. 模型估计

根据 LR（似然比）检验、AIC、FPF 和 HQIC 检验，确定最优滞后阶为 2。建立 SVAR（2）模型。经检验，模型显著且所有根位于单位圆内。说明该 SVAR（2）模型的结构是稳定的。模型估计结果如下：

$$\begin{pmatrix} \ln k_{it,t} \\ \ln TFP_t \end{pmatrix} = \begin{pmatrix} 0.3431 \\ -0.0746 \end{pmatrix} + \begin{pmatrix} 1.4059 & -0.0351 \\ -0.1097 & 1.9101 \end{pmatrix} \begin{pmatrix} \ln k_{it,t-1} \\ \ln TFP_{t-1} \end{pmatrix}$$

$$+ \begin{pmatrix} -0.4896 & 0.0552 \\ 0.1247 & -0.9264 \end{pmatrix} \begin{pmatrix} \ln k_{it,t-2} \\ \ln TFP_{t-2} \end{pmatrix} \tag{14}$$

2. 脉冲响应分析

采用蒙特·卡罗方法（Monte Carlo）模拟 500 次，由网络经济资本深化冲击所引起的全要素生产率未来 0 ~ 10 期变动的脉冲响应函数如图 14 - 1 所示。

从图 14 - 1 可看出，在西北地区，面对网络经济资本深化冲击，全要素生产率在当期到滞后 10 期之间均为正向响应，且正向响应程度随滞后期推移而持续增加。与茹少峰、刘家旗（2018）研究全国网络经济资本深化对全要素生产率冲击效果进行比较来看稍有差别，全国网络经济资本深化对全要素生产率的促进作用在当期并不会表现出来，甚至在当期的作用表现为负向，但在滞后 3 期及以后对提升全要素生产率有显著且持续的正向影响。而网络经济资本深化对西北地区全要素生产率的促进作用在当前能够显著地表现出来，并且促进作用会随时间的推移而持续扩大。

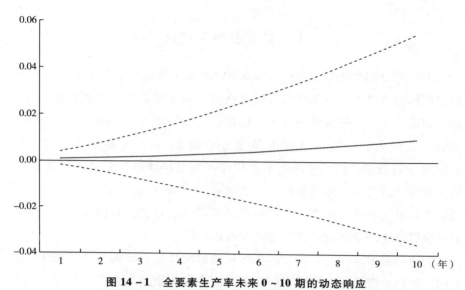

图 14 - 1 全要素生产率未来 0～10 期的动态响应

说明:横轴表示冲击作用的滞后期数,纵轴表示响应程度,实线表示脉冲响应函数,虚线表示 95% 的置信区间。

3. 方差分解分析

对 SVAR 模型的变量进行方差分解,得到网络经济资本深化对全要素生产率的贡献率。具体结果如表 14 - 6 所示。

从表 14 - 6 的方差分解结果中可看出,全要素生产率对网络经济资本深化的响应在 1～10 期均为正向响应。网络资本深化解释了 96.95% 以上全要素生产率的波动,网络经济资本深化的冲击在 3～10 期内呈现出增长趋势,在第 10 期贡献程度达 3.05%。由此说明西北地区网络经济资本深化冲击虽然会给全要素生产率带来一定的提升作用,但提升的贡献程度并不大。

表 14 - 6 全要素生产率方差分解结果

时 期	标准差	TFP (%)	k_{it} (%)
1	0.0069	98.7168	1.2832
2	0.0148	99.1316	0.8684
3	0.0239	99.2629	0.7371
4	0.0336	99.2404	0.7596
5	0.0437	99.1027	0.8974
10	0.0902	96.9535	3.0465

七 结论及对策建议

本研究分别使用分布滞后模型和 SVAR 模型实证分析了 1990～2017 年西北地区网络经济资本深化对潜在经济增长和全要素生产率的贡献。得出以下结论：第一，网络经济资本深化对短期经济增长的贡献没有非网络经济资本贡献大。网络经济资本深化每增加 1%，潜在经济增长率提升 0.1889 个百分点。网络经济资本深化在当期对经济增长无显著促进作用，但在投资之后 1 年，网络经济对经济增长的贡献开始表现出来。第二，网络经济能够通过提高全要素生产率促进长期经济增长，且网络经济资本深化对全要素生产率的贡献度会随时间推移不断增加。

网络经济资本深化对潜在经济增长的影响作用与非网络经济资本有所不同，网络经济不会在投资当期立即对潜在经济增长产生促进作用，而是存在一定的滞后效应。网络经济一方面通过资本深化直接促进潜在经济增长，但更主要是通过提高全要素生产率，从而推升生产前沿面，促进长期经济增长。随着网络经济的进一步发展，网络经济对经济增长的滞后促进效果将会逐步显现，其对经济增长的贡献还有很大的上升空间。因此，为保持长期经济增长，应考虑以下几方面。

（一）继续加大网络经济基础设施建设，加强网络经济资本深化力度

截至 2017 年底，西北地区互联网普及率为 26.4%，比全国互联网普及率 55.8% 低 29.4 个百分点。相比之下，西北地区的网络基础设施还有很大的提升空间。因此，未来应继续加大对网络经济基础设施的投入，以加强网络经济资本的深化力度，发挥资本深化对经济增长的直接促进作用。具体措施如下：开展互联网关键技术攻关，抢占互联网技术高地，推进互联网技术更新换代，实现互联网络跨越式发展；加速全国范围移动网络"提速降费"政策落实，支持公共场所提供免费无线宽带服务；着力解决区域和城乡互联网发展不平衡问题。提升农村居民对互联网的认知程度及使用意愿，升级改造农村地区网络设备。

（二）加快推进互联网与各产业的深度融合，提高各产业全要素生产率

网络经济主要是通过提高全要素生产率促进经济增长。因此，为更好发挥网络经济对经济增长的促进作用，应有效利用网络经济的高渗透性，根据国家"互联网＋"战略行动指导意见，将互联网应用与三大产业进行深度融合，促进传统产业转型升级，以提高西北地区整体全要素生产率。

（三）加强网络经济高素质人才培养，为网络经济发展提供人才保障

高素质网络经济人才是发展网络经济的重要保障，是提升网络经济发展水平的关键。依托高校，培养高层次网络经济专业技术人员，同时加强在职人员信息技术教育，完善其网络应用操作技能；此外，通过大力普及网络经济知识，增强民众对网络经济的意识和应用能力，为网络经济发展持续提供人力资源；创造良好的人才环境和人才机制，吸引国外优秀网络经济人才。

参考文献

Solow R. M. We'd Better Watch Out. *New York Review of Books*, 1987, 36 (12).

Jorgenson D. W., Ho M. S., Stiroh K J. Projecting Productivity Growth: Lessons from the U. S. Growth Resurgence. *Discussion Papers*, 2002, 25 (3): 27 – 75.

Oliner S. D., Sichel D. E., The Resurgence of Growth in the Late 1990s: Is Information Technology the Story? *Social Science Electronic Publishing*, 2000, 14 (4): 3 – 22.

Jorgenson D. W., Motohashi K. Information Technology and the Japanese Economy. *Journal of the Japanese & International Economies*, 2005, 19 (4): 460 – 481.

Jorgenson D. W., Vu K. M., The Rise of Developing Asia and the New Economic Order. *Journal of Policy Modeling*, 2011, 33 (5): 698 – 745.

北京师范大学经济与资源管理研究所课题组：《信息技术产业对国民经济影响程度的分析》，《经济研究》2001 年第 12 期。

徐升华、毛小兵：《信息产业对经济增长的贡献分析》，《管理世界》2004 年第 8 期。

施莉、胡培：《信息技术对中国 TFP 增长影响估算：1980～2003》，《预测》2008

年第 3 期。

王宏伟:《信息产业与中国经济增长的实证分析》,《中国工业经济》2009 年第 11 期。

蔡跃洲、张钧南:《信息通信技术对中国经济增长的替代效应与渗透效应》,《经济研究》2015 年第 12 期。

渠慎宁:《ICT 与中国经济增长:资本深化、技术外溢及其贡献》,《财经问题研究》2017 年第 10 期。

茹少峰、刘家旗:《网络经济资本深化对我国潜在经济增长率的贡献解析》,《经济纵横》2018 年第 12 期。

茹少峰、刘家旗:《网络经济促进中国供给侧结构性改革研究》,《黑龙江社会科学》2017 年第 3 期。

郭庆旺、贾俊雪:《中国潜在产出与产出缺口的估算》,《经济研究》2004 年第 5 期。

O' Mahony M. , Vecchi M. Quantifying the Impact of ICT Capital on Output Growth: A Heterogeneous Dynamic Panel Approach. *Economica*, 2005, 72 (288): 615 – 633.

Meijers H. ICT Externalities: Evidence from Cross Country Data. *Merit Working Papers*, 2007, 2007 – 021.

孙琳琳、郑海涛、任若恩:《信息化对中国经济增长的贡献:行业面板数据的经验证据》,《世界经济》2012 年第 2 期。

Schreyer P. The Contribution of Information and Communication Technology to Output Growth: A Study of the G7 Countries. *Oecd Science Technology & Industry Working Papers*, 2000.

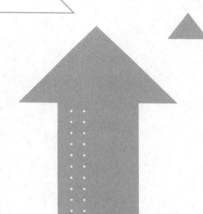

第五篇

西部大开发政
策对西北地区
经济高质量发
展潜力净效应
分析

CHAPTER 5

第十五章
西部大开发政策对西北地区经济
高质量发展影响的实证分析

一 引言

西部大开发战略已实施近 20 年，西北与东中部地区间的经济发展差距不仅体现在经济增长速度上，还体现在居民收入、医疗保障、教育资源等经济发展质量方面。为了尽快缩小与东中部地区数量和质量上的发展差距，西北地区一方面要积极探索转变，提高自身经济发展质量；另一方面还须依靠西部大开发的"政策红利"助推经济增长。然而，在新的经济形势下西部大开发的"老政策"是否能促进西北与东中部经济发展质量差距的缩小，我们有必要对此进行重新检验，为今后新政策的调整提供思路。基于此，本文将研究西部大开发战略实施对西北经济高质量发展的政策净效应。

关于西部大开发战略对西北地区经济高质量发展的政策净效应的研究较少，大多数研究是对经济发展的单一问题开展评价研究。对经济增长效果进行评价的有：刘生龙等（2009）通过双重差分法研究发现，西部大开发战略通过物质资本投入提高了西部地区经济增速，促使地区间经济收敛，但是未能改善西部地区教育、医疗等软环境；魏后凯等（2014）研究认为，实施西部大开发战略以来，西部地区经济社会取得了长足的发展，与东中部地区的相对差距不断缩小；周端明等（2014）研究认为，西部大开发战略的实施促进了西部地区实际人均 GDP 增长率提高，缩小了东西部经济发展差距，使得区域间经济增长由趋异转向趋同态势；刘瑞明等（2015）通过双重差分－倾向得分匹配法（PSM－DID）研究认为，西部大开发并未有效促进西部地区经济增长，并存在"政策陷阱"；何春等（2016）运用双重差分法（DID）研究表明，西部大开发虽然推动了西部整体经济增长，但也使得地区内部经济发展不平衡问题加剧；谭令周等（2018）通过合成控制法研究发现西部大开发政策净效应整体上并不显著。

对环境保护与能源利用进行评价的有：邵帅等（2008）通过省际面板数据对西部地区的能源开发与经济增长之间相关性进行分析，发现西部大开发实施后，由于能源开发对科技创新和人力资本投入的挤出效应，资源诅咒效应明显；夏飞等（2014）运用双重差分方法，检验了西部大开发战略对西部地区"资源诅咒"现象的影响，发现西部大开发战略的实施缓解了西部地区存在的资源诅咒现象；张成等（2017）采用 GMM 的双差分法研究发现，西部大开发没有直接导致我国污染密集型企业向西部地区转移的现象。

此外，袁航等（2018）通过双重差分－倾向得分匹配法（PSM－DID）研究西部大开发对西部产业结构转型升级的影响，发现西部大开发未能有效促进西部地区产业结构转型升级，且随时间推移"拖累"效应逐渐加强。朱承亮等（2009）通过计算西部地区全要素生产率（TFP）发现，西部大开发战略实施后，西部地区 TFP 增长率从落后于全国平均水平提高到领先于全国平均水平。

还有少部分研究采用综合指标对西部大开发政策效应进行评价。比如淦未宇等（2011）通过选取宏观经济、工业化进程、居民生活质量和生态状况等多项指标，评价发现西部大开发战略实施后西部地区经济社会发展各项指标全面转好，但与东部差距也在不断拉大，区域发展不平衡局面并未改善；李国平等（2011）通过计算各地区单要素生产率、TFP、产业竞争力和企业经济效应指数等指标，评价了西部大开发战略对西部地区经济增长质量的影响，结果表明西部大开发在一定程度上促进了西部地区经济增长质量的提高。

总的来看，目前关于西部大开发战略对西部地区经济高质量发展的政策净效应研究存在一些局限，主要体现在评价的方法上不能剥离出西部大开发战略的"净效应"，以至于无法准确地估计西部大开发战略对西北地区经济高质量发展的政策净效应。而且把关于西部大开发政策对西北地区经济高质量发展的影响嵌入西部研究之中，没有从研究范围中剥离出来。本章将利用双重差分－倾向得分匹配法（PSM－DID）对西部大开发政策净效应进行评价。本章将对以下几方面进行研究：一是将西部大开发政策净效应评价聚焦到经济高质量发展问题上；二是分析西部大开发战略对西北经济高质量发展的影响作用，并进行验证；三是利用 PSM－DID 方法进行评价，有效剥离个体差异、时间效应和政策效应，以得到更为准确的政策"净效应"；四是依据西部大开发战略现存问题，提出切实可行的西部大开发政策调整建议。

二　经济高质量发展的内涵及评价指标体系

（一）经济高质量发展的内涵

对经济高质量发展的内涵界定大体有两种观点：一种观点认为经济高质量发展就是经济增长依赖于全要素生产率（TFP）的提高，即使用 TFP 作为一国经济高质量发展核心特征。但用全要素生产率判断经济高质量发展具有局限性：全要素生产率仅仅考虑到了劳动、资本等生产要素，没有考虑到环境、公共服务等非生产要素对经济高质量发展的影响，还有 TFP 反映的只是生产要素的基期的经济效果。茹少峰教授（2014）以经济增长的投入产出效率判断经济增长质量，扩大了投入要素的内涵，将环境、社会公共服务产品投入纳入研究。另一种观点认为经济高质量发展具有更广泛的内涵，应采用多维度指标体系判断经济高质量发展水平。持这一观点的任保平（2018）认为，衡量经济发展质量的标准应当包含经济发展的有效性、充分性、协调性、创新性、持续性、分享性和稳定性。钞小静（2011）认为，经济增长质量应包括经济增长的结构、经济增长的稳定性、经济增长的福利变化与成果分配、资源利用和生态环境代价 4 个维度。本章采用经济高质量发展内涵的第二种观点，以经济增长、福利分配、环境改善等综合指标判断经济高质量发展过程。

（二）经济高质量发展的评价指标体系

本文从经济增长、公共福利和生态环境三方面衡量经济高质量发展。

（1）经济增长方面的分项指标为经济增长结果、稳定性、合理化和外向性，并分别用基础指标实际人均 GDP、增长率变异系数、泰尔指数、净出口与 GDP 比值表示分项指标；（2）公共福利方面的指标用医疗资源和人力资本分项指标表示，并分别用基础指标中每万人医生数和每万人高等学校学生数表示分项指标；（3）生态环境方面的分项指标为固体污染、水污染和大气污染，并用基础指标工业固体废物利用率、实际 GDP 与工业废水排放比值、实际 GDP 与二氧化硫排放比值代表分项指标，具体构建指标体系如表 15 - 1 所示。

表 15 - 1　经济高质量发展指标体系

分　类	分项指标	基础指标	单位	指标属性
经济增长	经济增长结果	实际人均 GDP	元	正
	稳定性	增长率变异系数	—	逆
	合理化	泰尔指数	—	逆
	外向性	净出口/GDP	%	正
公共福利	医疗资源	每万人医生数	人	正
	人力资本	每万人高等学校学生数	人	正
生态环境	固体污染	工业固体废物利用率	%	正
	水污染	实际 GDP/工业废水排放	元/吨	正
	大气污染	实际 GDP/二氧化硫排放	元/吨	正

经济发展质量指数合成方法借鉴联合国人类发展指数和经济脆弱度指数，采用了均等权重法赋值。且所有基础指标通过"最小 - 最大标准化"方法进行了无量纲化处理，涉及价格因素的指标通过以 1994 年为基准年的 GDP 平减指数剔除了价格因素。

三　西部大开发政策净效应的理论分析

西部大开发对经济高质量发展的政策净效应是通过一系列优惠政策实现的，如财政政策、生态建设和保护政策、产业政策、开放政策和公共服务政策。

（一）财政政策

中央财政对西北地区财政转移支付资金主要用于"西气东输""西电

东送"等基础设施项目的建设。基础设施建设投资使得西北地区建成了发达的铁路和公路网，并通过政府购买的"乘数效应"创造了大量的需求，带动了相关产业发展。基础设施的建成促进了商品和生产要素在东西部地区间的流动，使得西北地区的商品和劳动力市场加速发展，促进了经济增长，从而提高了经济发展质量。西部大开发战略中税收优惠政策允许西北各省区企业按15%的税率上缴所得税。这使得西北企业拥有更低的生产成本，在国内外市场竞争中可以取得价格优势，提高企业的"自生能力"；额外的利润也促进企业进行产品创新，升级生产技术，优化西北地区的产业结构（王洛林，魏后凯，2003），从而推动经济高质量发展。

西部大开发的"财政政策红利"也具有局限性。西部大开发的财政政策优惠力度较小，通过与东部地区现行的优惠政策相比，可以发现其只是抹平西北与东部原有的优惠差距（Heckman & Ichimura & Todd，1997）。加上西部地区营商环境的劣势，实际上西北大开发战略的"财政红利"对企业吸引力十分有限。另外，西北地区实行的各类优惠政策执行期太短，容易促使投资者只注重短期利益，投资一些生产周期短、技术含量低的产业，使得西北地区产业结构不合理，发展不协调（Heckman & Ichimura & Todd，1988），不利于西北地区经济发展质量的提高。

（二）生态建设和保护政策

西部大开发战略实行了许多生态建设和保护政策，如退耕还林还草工程、三北防护林工程和工业污染治理工程等。这些政策在一定程度上保护了西北地区脆弱的生态环境，防止了地区环境状况的恶化，为西北地区经济高质量发展奠定了生态基础。但由于西北地区还处于发展不充分的阶段，社会环保意识和经济发展水平有限，生态和环保政策的制定也可能会降低经济发展质量。例如地方政府在制定环保政策时，容易受到政绩考核的影响而降低标准，以吸引更多的工业企业到辖区内投资建厂。因此，产生西北各地环境规制标准的"逐底竞争"（张成等，2017），使得大量污染密集型企业转移到西北地区，加重西北地区环境污染问题，从而影响经济高质量发展。

（三）产业政策

西部大开发通过减免西北地区能源企业探矿权、采矿权使用费，建设有色金属、稀土、钾肥等矿藏开采及化工基地，建设油气生产、风力、水力发电能源基地，使得西北地区能源产业兴起，推动了西北工业化进程，从而提高了经济发展质量。此外，西部大开发战略还通过制定鼓励类产业目录，建设能源、新材料及装备制造等新兴产业基地，对新兴产业提供补助和融资支持，发展新兴产业，实现西北各省区对传统产业的改造升级，促进经济高质量发展。

地方政府在实行产业政策时也可能会降低经济发展质量。例如在唯"GDP"论的激励体制下，官员容易注重项目的短期效益，而忽略地方经济的长期发展（刘瑞明等，2015）。这导致在实施"西气东输""西电东送"工程时，地方政府始终注重能源产业的扩张，这促使西北地区能源"开挖"成为主流产业，忽略其他优势产业的发展，挤出人力资本（邵帅等，2008），造成西北地区科技人才和企业的流失，影响西北经济高质量发展。

（四）开放政策

西部大开发战略鼓励外商投资西北具有比较优势的产业，以引进先进的生产技术，迅速提高西北地区生产率，促进形成具有市场竞争力的产业体系，优化当地产业布局，最终提高经济发展质量。

外商投资也可能对经济发展质量产生不利影响。西部大开发计划通过外商投资为西北地区带来"低成本"的技术进步，使得西北地区生产率可以在较短时间内得到较大提高。但是由于创新本身是一种高风险活动，西北地区企业很可能会因此放弃"自主创新"的技术进步，而依赖西部大开发政策的技术引进红利，对国外技术产生依赖，从而削弱自主创新能力，不利于西北地区经济高质量发展。

（五）公共服务政策

西部大开发战略实施以来，国家加大了对西北地区教育与医疗保障的投入力度。首先，大开发战略通过加大对教育投入和加强对人才的吸引使得西北地区人力资本不断提高，有效增强了西北地区创新能力，促使技术创新、技术进步，促进了经济高质量发展。其次，西部大开发战略还通过加大对西北地区公共医疗的供给，提升了医疗质量，保障了居民的身体健康，促进了经济高质量发展。

综上所述，由于西部大开发战略对西北地区经济高质量发展既存在促进机制又存在抑制作用，所以通过实证方法检验西部大开发战略的政策净效应及其传导机制显得尤为重要。

四 模型设计与变量处理

（一）模型设计

西部大开发战略的实施可以看作一项自然实验，但由于西北省区和非西北省区的分组是非完全随机的，所以需要解决以下两个问题以保证估计的准确性。一是"时间效应"和"处理效应"如何有效分离的问题。在西部大开发战略实施后，会有两种效应影响经济发展质量：一种是随着时间推移和经济形势变化，经济发展质量自然变化，可以称之为"时间效应"；另一种是由于西部大开发战略的实施而提高或是降低经济发展质量的"处理效应"。双重差分法（Difference – in – Difference）能有效地分离"时间效应"和"处理效应"。因此本文选择 DID 对西部大开发战略效果进行评价。其基准回归模型为：

$$qeg_{it} = \alpha_0 + \alpha_1 province_{it} + \alpha_2 year_{it} + \alpha_3 province_{it} \times year_{it} +$$
$$\sum \alpha_j x_{it} + \mu_i + \tau_t + \varepsilon_{it} \tag{1}$$

其中，qeg_{it} 为省区市 i 在 t 时期的经济发展质量指数，反映了其经济高质量发展状况；$province_{it}$ 为个体虚拟变量，假设省区市 i 在第 t 年为西北省区则赋值为 1，否则赋值为 0。$year_{it}$ 为时间虚拟变量，2000 年以前赋值为 0，2000 年及以后赋值为 1。$province_{it} \times year_{it}$ 为个体虚拟变量和时间虚拟变量的交互项，表示实施西部大开发战略的政策净效应，为本文的核心待估参数；通过豪斯曼检验，确定基准模型为固定效应模型，其中 μ_i 为个体固定效应，τ_t 为时间固定效应；x_{it} 为其他一系列控制变量。ε_{it} 为随机扰动项。

二是如何处理西北省区与非西北省区有着不同的"时间效应"趋势

的问题。DID 要求处理组和对照组在实验前被解释变量必须具有共同趋势，即共同的"时间效应"趋势。但事实上，东、中、西部省份差异很大，在西部大开发战略实施前很难具有完全一样的"时间效应"趋势。因此，在使用 DID 前要先选取与处理组（5 个西北省区，内蒙古除外）具有相同"时间效应"趋势的非西北省区组成对照组。本文用由赫克曼（Heckman）等采用的倾向得分匹配法（PSM）来解决这个问题。其具体的过程如下。

（1）计算倾向得分。建立 logit 回归模型，计算省区 i 进入处理组的概率，作为倾向得分：

$$P(X) = P_r(province_{it} = 1 | X_i) = F(X_i) \qquad (2)$$

其中，$province_{it}$ 为处理组虚拟变量；$F(X_i)$ 为 $Logistic$ 函数。X_i 为第 i 城市的匹配变量，这里本章依据已发表文献以及 R 最大化法则，选用了产业结构（$thirdindustry$）、外商投资（fdi）、创新能力（$patent$）、固定资产投资（$invest$）、基础设施建设（$infrastructure$）等作为匹配变量。

（2）根据每个省区的倾向得分，为每个处理组省区匹配一个最相近的省份作为其对照组。匹配方法是既要使得处理组省区与对照组省区的倾向得分尽量相等，又要保证各匹配变量在处理组和对照组之间没有显著差异。

综上所述，本章最终采取 PSM – DID 来估计西部大开发战略对经济高质量发展的影响。

（二）变量处理

（1）因变量选择。经济发展质量指数（qeg）作为本章的因变量，代表各省的经济高质量发展状况，具体变量如表 15 – 2 所示。

（2）自变量选择。本章选取交互项（$province \times year$）表示西部大开发战略。交互项度量了西部大开发战略实施后对处理组经济高质量发展的影响，代表了西部大开发战略实施的政策效应，是本文的核心解释变量。

（3）控制变量的选择。为了控制其他影响因素，本文选取了一系列控制变量。固定资产投资（$invest$）和外商直接投资（fdi）是影响西北地区经济高质量发展的重要因素，因而需要予以控制；工业化进程是造成地区经济高质量发展差异的重要原因，地区的工业化（*industry*）可以检验工业化进程对经济高质量发展的影响；创新能力（*patent*）的增强能够提高技术进步速率，促进地区经济高质量发展，本章采用各省区市专利授权数来度量地区创新能力；金融发展（*finunce*）与地区经济增长有着显著的正相关关系，对经济高质量发展也存在显著影响，本章采用金融机构年末存贷款余额与 GDP 比值度量地区金融发展水平；基础设施建设（*infrastucture*）作为西部大开发战略建设重点项目，需要给予控制，本章采用人均公里数来度量。

表 15 – 2　主要变量及其计算方法

变量	含义	计算方法
qeg	经济高质量发展指数	—
province × year	西部大开发	虚拟变量（0，1）
fdi	外商投资	地区实际利用外商直接投资/GDP
finance	金融发展	地区金融机构年末存贷款余额/GDP
patent	创新能力	地区专利授权数
invest	固定资产投资	全社会固定资产投资/GDP
structure	产业结构	地区第三产业产值/第二产业产值
industry	工业化	地区第三产业产值/GDP
infrastructure	基础设施建设	人均公路里程数

　　本章所有原始数据来自 1995～2017 年《中国统计年鉴》以及对应各省区市历年统计年鉴，对缺失值采用插值法填补，对各省区市每年实际利用外商直接投资额按照当年汇率折算为人民币价值，同时为了消除异方差，对所有指标在回归过程中做对数化处理。

表 15 – 3　变量的描述性统计

变量	观测值	均值	最小值	最大值	标准差
经济发展质量指数（*qeg*）	690	0.333	0.1140	0.766	0.110
外商直接投资（*fdi*）	690	0.029	0.0004	0.243	0.032
金融发展（*finance*）	690	2.528	1.0650	8.131	0.991

续表

变　量	观测值	均值	最小值	最大值	标准差
产业结构（structure）	690	0.910	0.4940	4.165	0.425
固定资产投资（invest）	690	0.526	0.1920	1.372	0.235
工业化（industry）	690	0.456	0.1930	0.664	0.425
基础设施建设（infrastructure）	690	23.832	2.6760	132.521	18.789
创新能力（patent）	690	15395.93	43	269944	36425.59

五　计量结果及分析

（一）平衡性检验

PSM - DID 只有通过"平衡性检验"才能准确地估计政策效应。"平衡性检验"是指检验通过 PSM 法是否消除了处理组与对照组之间的系统性差异，从而取得共同的"时间效应"趋势。根据表 15 - 4，在匹配前，处理组与对照组在外商投资、创新能力、固定资产投资和基础设施建设等方面有着显著差异，如不匹配而直接用倍差法进行估计则会出现处理组和控制组不可比的情况。在完成匹配后，处理组和对照组的各方面个体特征非常接近，匹配改善了西北各省区和非西北各省区的可比程度。总体来看，两组样本的匹配效果较好。

表 15 - 4　匹配变量的平衡检验结果

变量	匹配前			匹配后		
	处理组	对照组	差异	处理组	对照组	差异
lnfdi	-5.3160	-3.7867	1.529 ***	-4.7570	-4.7455	0.012
lnstructure	-0.1985	-0.1489	0.049	-0.2167	-0.2203	0.004
lnpatent	6.6552	8.4791	1.824 ***	7.3666	7.2241	-0.143
lninvest	-0.5194	-0.7785	0.259 ***	-0.6745	-0.7085	-0.034
lninfrastructure	3.5119	2.7923	-0.7196 ***	3.1874	2.9049	-0.283 *

说明：＊、＊＊＊ 分别表示 10%、1% 的显著性水平。

（二）回归结果与分析

在倾向匹配得分基础上，本文得到了一组和处理组特征相似的对照组。笔者结合1995~2017年经济发展质量指数，采用双重差分法对西部大开发战略对西北各省区经济高质量发展的政策净效应进行估计，回归具体估计结果见表15-5。模型（1）和模型（2）分别是加入控制变量前后的结果。根据模型（1），西部大开发战略项（$province \times year$）的系数为0.103，在5%的水平上显著；加入控制变量后即模型（2），系数为0.095，在5%的水平上显著。对比模型（1）和（2）的回归结果可以发现，在加入控制变量后交互项（$province \times year$）系数变化不大，说明匹配变量选取较为恰当，PSM结果稳定。回归结果显示，西部大开发战略总体上对西北经济高质量发展有着显著的正向作用。此外，控制变量对西北经济高质量发展的影响存在差异，外资利用、创新能力、固定资产投资以及基础设施建设会显著促进经济高质量发展。妥善利用外资可以有效引进新技术，增强创新能力会促使技术创新，其都提高了技术进步速率，促进经济高质量发展；固定资产投资和基础设施建设可以改善地区投资、营商的基础条件，为经济发展提供动力。此外，金融发展和工业化对西北经济高质量发展影响不显著。

表15-5 基准回归结果

解释变量	模型（1）	模型（2）
$province \times year$	0.103 * （2.18）	0.095 * （2.56）
lnfdi	—	0.056 ** （4.128）
ln$finance$	—	-0.089 （-0.428）
ln$patent$	—	0.155 ** （3.468）
ln$invest$	—	0.097 ** （4.011）

解释变量	模型（1）	模型（2）
ln*industry*	—	− 0.243 （1.244）
ln*infrastructure*	—	0.113 * （2.541）
_cons	− 1.514 （− 0.945）	− 1.871 （1.326）
时间固定效应	是	是
个体固定效应	是	是
N	251	251
R^2	0.78	0.90

说明：**、*** 分别表示 5%、1% 的显著性水平。括号里为 t 统计量；数据通过 Stata 15 软件计算得到。

（三）传导机制分析

本章将对政策净效应的传导机制进一步研究，即通过西部大开发战略项（*province* × *year*）对全部显著的控制变量进行回归，以甄别西部大开发战略通过哪种渠道促进了西北经济发展质量的提高，回归结果见表 15 − 6。

表 15 − 6 西部大开发对经济高质量发展的机制甄别

被解释变量	ln*fdi*	ln*patent*	ln*invest*	ln*infrastructure*
province × *year*	− 0.676 ** （4.96）	0.199 （0.51）	0.112 ** （5.66）	0.095 * （2.61）
_cons	− 2.810 （− 1.43）	6.319 ** （8.72）	− 2.104 （− 0.53）	3.776 （1.12）
时间固定效应	是	是	是	是
个体固定效应	是	是	是	是
N	251	251	251	251
R^2	0.88	0.92	0.92	0.91

说明：*、** 分别表示 5%、1% 的显著性水平。括号里为 t 统计量；数据通过 Stata 15 软件计算得到。

回归结果表明，西部大开发战略对固定资产投资和基础设施建设有着显著的促进作用，对创新能力作用不显著，而对外商投资产生了挤出作用。由表 15 - 6 可见，西部大开发战略的实施使得西北各省区固定资产投资提高了 11.2%，并且在 1% 的水平上显著；使得西北各省区基础设施建设提高了 9.5%，在 5% 水平上显著。西部大开发战略通过固定资产投资和基础设施建设这两种途径传导，带动了西北地区对各类产品和生产要素的需求，并且加速了商品与生产要素流动，促进了经济增长，最终在表 15 - 5 中体现为提高了西北经济发展质量。

外资投入通常伴随着先进生产技术和管理理念的引入，因此它能显著提升当地经济发展的质量。西部大开发战略原本计划利用优惠政策加大对外商投资的吸引。但实际上研究发现西部大开发的优惠政策对增加外商直接投资（FDI）并不显著（隋洪光，2013）。表 15 - 6 中交互项（$province \times year$）对 $lnfdi$ 的系数为 - 0.676，表明与非西北省区相比，西部大开发战略甚至抑制了外商在西北地区的投资。其原因在于西部大开发实施的优惠政策其实只是抹平了西北与东部原有的"优惠"差距，加上西北地理位置劣势和营商环境较差，使得西部大开发政策难以提高西北地区对外资的吸引力。

综上所述，西部大开发的政策净效应通过固定资产投资、基础设施建设和外商投资等途径传导，最终体现为促进了西北地区经济高质量发展。

六　结论及政策建议

在构建经济发展质量指数和西部大开发战略对西北地区经济高质量发展影响的理论分析基础上，本文利用 1995～2017 年我国 30 个省区市的面板数据和双重差分—倾向得分匹配法（PSM - DID）实证检验了西部大开发战略对经济高质量发展的政策净效应。研究发现：第一，西部大开发战略总体上对西北地区经济高质量发展有着正向促进作用。第二，传导机制甄别显示，西部大开发战略通过固定资产投资和基础设施建设，带动了地区经济发展、要素流动和产业兴起，从而提高经济发展质量。此外，西部大开发战略未能有效促进西北地区吸引外商投资，在一定程度上拖累了经济高质量发展。

总体来看，西部大开发战略虽然取得了一定的成效，但在肯定成效的同时也应该注意到抑制经济高质量发展的潜在问题：第一，西北地区经济发展质量得到提高主要依赖于之前的大规模固定资产投资和基础设施建设。但随着经济环境变化，这种模式现今已无法继续维持西北地区经济高质量发展，而随之形成的产业结构失衡、环境污染、生态破坏等问题反而会降低经济发展质量。第二，外商投资和创新能力增强可以显著提高地区经济增长质量，然而由于政策局限等原因，西部大开发战略对于创新能力提升作用不明显，甚至存在抑制外商投资的情况，这必然会影响以后西北地区经济高质量发展。

为了解决西部大开发战略实施中存在的实际问题，更好地促进西北地区经济高质量发展，缩小东中西部区域发展差距，为新时代西部大开发战略调整提供参考，本章提出以下对策建议。

（一）继续加大财政投资，逐步调整投资方向

西部大开发战略实施以来，西北地区依靠物质基础投资实现了经济总量的快速增长，提高了经济发展质量。但经济发展方式的转变不是一蹴而就的，物质基础设施投资仍是西北地区经济发展的主要动力和源泉。西北地区应该继续投资建设物质基础设施，完善西北铁路、公路网和航空港建设，促进要素流动；加强水利设施、供水设施建设，改善部分地区缺水的局面。随着经济发展阶段的深化，今后西北地区对服务和数字基础设施的需求会逐渐变大，如果供给不能满足需求则会拖累西北地区经济发展。因此，投资对象要逐渐转移到服务和数字基础设施建设上，为新产业、新模式发展提供基础条件。应该增加通信设施、网络设施的建设，提高农村和边远地区的信息网络普及水平；促进信息化和工业化融合，发展"互联网＋"经济；推进电子政务建设，积极发展电子商务、远程教育和远程医疗等。

（二）淘汰落后产业，改造传统产业，发展优势产业

西部大开发战略实施以来，西北地区能源建设兴起，产业发展迅速。但这也造成了西北地区能源生产过剩，人力资本挤出和环境污染问题严重。对此，西北各省区应淘汰落后产业，改造传统产业，发展优势产业。第一，淘汰落后的能源企业，削减过剩产能，释放被其占用的资本和劳动力，使得生产要素向高技术、高利润的产业流动。第二，改造传统能源产

业，依靠新技术、新工艺提高企业生产效率，革新管理方法，降低管理费用。第三，逐步发展新能源和可再生能源，发展能源加工产业，但要防止能源开发变成"能源开挖"。第四，依托互联网技术的普及，发展高端装备制造业和现代服务业，如新能源汽车业、航空装备制造业、金融服务业和现代物流业等，增强企业新产品开发能力和品牌创建能力。

（三）加大优惠政策力度，改善西部营商软环境

优惠政策局限性和自身营商环境较差等原因导致西北地区对外商投资吸引力不足。为此，应加大西部大开发优惠政策力度，减少政府干预，加大生态、法治和文化建设，改善软环境。一是国家要给予西北地区更大的"政策红利"，加大政策实施力度，提升在西北地区投资办厂的吸引力。二是中央和各级政府要设立配套西部大开发战略的法律法规，确保优惠政策的实施，杜绝利用政策漏洞而产生的腐败行为。三是改善官员绩效考核体制，破除不合理制度的禁锢。减少"唯 GDP 论"而产生的短视行为，注重地区长期发展；"简政放权"提升市场配置资源效率；"降税降费"，降低企业生产成本。四是加强生态、法治和文化建设。改善生活环境，提升社会文明程度，建立法治社会，从而全面吸引外商投资。

（四）加建立人才激励机制，加强创新体系建设

解决西北地区创新能力不强的问题，要实行培养和引进相结合的人才政策，建设产学研相结合的创新体系。因为西北地区缺少优质教育资源，培养的人才较少。因此，要加大教育经费投入，提高教师待遇和素质，保障农村和偏远地区教育发展，确保义务教育的实施，支持职业教育和高等教育建设。要完善人才政策，解决西北高校、企业人才流失问题。现行的人才政策激励机制太弱，难以吸引和留住优秀人才。新的人才政策要加大激励机制，从给予补贴、减免税费、提供低息贷款和创业平台等多方面入手，同时在人才住房、养老、配偶就业和子女入学等问题上给予优惠。要建立以企业为主体，市场为导向，产学研结合的创新体系。要积极支持中小科技企业发展，让企业成为创新主体，同时要打通企业与高等院校的联系，利用高校科研优势，生产出符合产业发展方向市场需求的新产品。

（五）加大环境规制强度，防范污染企业转移

西北地区经济社会发展落后，环保意识较差，西部大开发战略的实施容易引起环境规制强度的"逐底竞争"，造成西北地区污染企业密集、生态环境破坏的现象。为此，西北在承接东中部地区产业转移时，要制定严格的环境保护政策，杜绝地方政府为了短期利益而忽视长期发展的短视行为。一是建立工业污染防控体制。加强化工及重金属排放企业污染治理，加大治理城市的雾霾和大气污染问题的力度。二是加强生态建设。巩固和发展退耕还林、退牧还草工程，治理土地沙漠化和水土流失问题，在重点区域建立生态保护区，落实生态保护法律法规。三是"节能减排"，发展低碳经济。合理控制能源消费，利用风能、核能、太阳能发电，提倡电动汽车使用，减少二氧化碳排放。

参考文献

刘生龙、王亚华、胡鞍钢：《西部大开发成效与中国区域经济收敛》，《经济研究》2009 年第 9 期。

魏后凯、赵勇：《深入实施西部大开发战略评估及政策建议》，《开发研究》2014 年第 1 期。

周端明、朱芸蕿、王春婷：《西部大开发、区域趋同与经济政策选择》，《当代经济研究》2014 年第 5 期。

刘瑞明、赵仁杰：《西部大开发：增长驱动还是政策陷阱——基于 PSM－DID 方法的研究》，《中国工业经济》2015 年第 6 期。

何春、刘来会：《区域协调发展视角下西部大开发政策效应的审视》，《经济问题探索》2016 年第 7 期。

谭周令、程豹：《西部大开发的净政策效应分析》，《中国人口、资源与环境》2018 年第 3 期。

邵帅、齐中英：《西部地区的能源开发与经济增长——基于"资源诅咒"假说的实证分析》，《经济研究》2008 年第 4 期。

夏飞、曹鑫、赵锋：《基于双重差分模型的西部地区"资源诅咒"现象的实证研究》，《中国软科学》2014 年第 9 期。

张成、周波、吕慕彦、刘小峰：《西部大开发是否导致了"污染避难所"？——基于直接诱发和间接传导的角度》，《中国人口、资源与环境》2017 年第 4 期。

袁航、朱承亮：《西部大开发推动产业结构转型升级了吗？——基于 PSM – DID 方法的检验》，《中国软科学》2018 年第 6 期。

朱承亮、岳宏志、李婷：《基于 TFP 视角的西部大开发战略实施绩效评价》，《科学学研究》2009 年第 11 期。

淦未宇、徐细雄、易娟：《我国西部大开发战略实施效果的阶段性评价与改进对策》，《经济理》2001 年第 1 期。

李国平、彭思奇、曾先峰、杨洋：《中国西部大开发战略经济效应评价——基于经济增长质量的视角》，《当代经济科学》2011 年第 4 期。

陈昌兵：《新时代我国经济高质量发展动力转换研究》，《上海经济研究》2018 年第 5 期。

贺晓宇、沈坤荣：《现代化经济体系、全要素生产率与高质量发展》，《上海经济研究》2018 年第 6 期。

茹少峰：《宏观经济模型及应用》，科学出版社，2014。

郑玉歆：《全要素生产率的再认识——用 TFP 分析经济增长质量存在的若干局限》，《数量经济技术经济研究》2007 年第 9 期。

任保平：《新时代中国经济从高速增长转向高质量发展：理论阐释与实践取向》，《学术月刊》2018 年第 3 期。

钞小静、任保平：《中国经济增长质量的时序变化与地区差异分析》，《经济研究》2011 年第 4 期。

师博、任保平：《中国省际经济高质量发展的测度与分析》，《经济问题》2018 年第 4 期。

王洛林、魏后凯：《中国西部大开发政策》，经济管理出版社，2003。

Heckman. J. J., Ichimura H and, Todd P. E. Matching as An Econometric Evaluation Estimator：Evidence from Evaluatinga Job Training Programme. *Review of Economic Studies*, 1997, 64 (4).

Heckman. J. J., Ichimura H and, Todd P. E. Matching as An Econometric Estimator Evaluation Estimator. *Review of Economic Studies*, 1998, 65 (2).

刘晔、张训常、蓝晓燕：《国有企业混合所有制改革对全要素生产率的影响：基于 PSM – DID 方法的实证研究》，《财政研究》2016 年第 10 期。

随洪光：《外商直接投资与中国经济增长质量提升——基于省际动态面板模型的经验分析》，《世界经济研究》2013 年第 7 期。

随洪光、刘廷华：《FDI 是否提升了发展中东道国的经济增长质量——来自亚太、非洲和拉美地区的经验证据》，《数量经济技术经济研究》2014 年第 11 期。

刘燕妮、安立仁、金田林：《经济结构失衡背景下的中国经济增长质量》，《数量经济技术经济研究》2014 年第 2 期。

张月友、董启昌、倪敏：《服务业发展与"结构性减速"辨析——兼论建设高质量发展的现代化经济体系》，《经济学动态》2018 年第 2 期。

程郁、陈雪：《创新驱动的经济增长——高新区全要素生产率增长的分解》，《中国软科学》2013 年第 11 期。

郝颖、辛清泉、刘星：《地区差异、企业投资与经济增长质量》，《经济研究》2014 年第 3 期。

周立、王子明：《中国各地区金融发展与经济增长实证分析：1978—2000》，《金融研究》2002 年第 10 期。

第十六章

西部大开发政策实施对西部地区经济高质量发展的净效应分析——基于 PSM – DID 方法检验

自新中国成立起，我国各地区的经济持续高速发展。但由于历史发展、地理条件等多方面因素的限制，我国东、西部地区的发展差距一直较大，并有逐渐扩大的趋势。我国的区域发展不协调问题一直存在且难以解决，其中又以西北五省区的情况尤为突出。

西北地区地处我国西北内陆，占地面积为我国陆地面积的 31.7%，人口约为我国总人口的 7%。但在 1997~2009 年，从经济总量水平来看，西北地区的地区生产总值仅占到全国的 4.6%；从固定资产投资水平来看，西北地区固定资产投资仅占全国均值的 5.9%；从进出口贸易情况来看，我国西北地区的进出口总额占我国进出口总额的 13.1%；从人民生活水平来看，我国居民人均年消费 3150 元，而西北地区仅为 2045 元。以上各个方面都反映出，在 20 世纪末，我国西北地区的发展与我国平均发展水平仍有一定差距。面对区域经济发展不平衡问题，中央政府并不能随意采用简单的区域发展政策，张杰（2001）提出了应从国家与地方以及不同区域之间的均衡层面，结合国家的财政能力决定是否需要采用区域发展政策。再加上 1997 年亚洲金融危机的爆发，造成我国外需也明显萎缩，使得我国内外需求两头动力不足。在这样的情况下，加快西部地区发展、实施西部大开发战略成为我国当时的必然选择（曾培炎，2010）。

故而在 1999 年 9 月，中共中央十五届四中全会决定"国家要实施西部大开发战略"，其内容主要分为基础设施建设、生态环境保护和建设、产业结构调整和科技教育发展四个方面。如今，西部大开发政策实施二十年，在此期间学者对西部大开发政策的效果进行了分析研究，但大多数学者都是从西部地区出发，考察西部大开发政策对于西部地区整体发展的净效应如何，而对于西北地区的净效应的研究较少。

为此，本章客观、准确地评价西部大开发政策在西北地区的实施效果，不仅对于西部大开发政策本身的发展具有极其重要的意义，同时，对于其他地区的发展也会有一定的参考价值。

一 现状分析

在评价西部大开发政策促进西北地区经济发展的净效应之前，本章首先对我国整体与西北地区的经济发展现状进行简要分析。本章选择地区生产总值增长速度、地区居民人均消费额、地区固定资产投资总额以及地区进出口总额全国占比四个方面来分析我国西北地区发展现状，其结果如图16-1至图16-4所示。

由图16-1可看出，全国的国内生产总值增长率在1997~2007年基本是在逐步提升，直到2008年，金融危机的爆发使得我国的经济发展受到很大冲击，我国经济增速大幅度下降。虽然在2010年，我国国内生产总值的增速略有回升，但自此起，增长速度逐渐趋于平稳，我国经济发展逐步迈入新常态。而我国西北地区的地区生产总值在2005年以前、2007年以后均高于我国的平均水平，这说明我国西北地区的经济与全国平均发展水平的差距一直在缩小，但同时，我们也需要注意，从2012年起，西北地区的增速开始向我国平均增速逼近，虽然从地区生产总值的角度来看，我国西北地区的经济发展与全国平均水平的差距越来越小，但其缩小发展差距的速度越来越慢。

由图16-2可看出，从1997年开始，全国人均居民消费额都在逐年上涨，且其增长速度越来越快。同时我们可以发现，我国西北地区的人均消费额一直低于全国平均消费水平，同时与全国平均水平的差距越来越大。这说明我国西北地区的居民消费能力在全国范围来看仍处于较低的水平，即从居民消费的角度来看，西北地区的经济发展水平非但没有赶上全国平均水平，同时还与全国平均发展水平的差距越来越大。

由图16-3可看出，1997~2001年，我国固定资产投资总额虽有缓慢增加但变化并不明显，但自2002年起，我国固定资产投资总额的增长速度

图 16 - 1 1997 ~ 2017 年全国及西北地区生产总值平均增长率

图 16 - 2 1997 ~ 2017 年全国及西北地区居民人均消费额

开始加快，同时，我国西北地区的固定资产投资水平与全国的差距开始拉大。我国的固定资产投资水平几乎呈指数型增长，但西北地区的固定资产投资增长速度变化幅度不大，这说明我国的固定资产投资主要是在我国除西北地区之外的地区有了大幅增长。

在图 16 - 4 中，占地面积为我国陆地面积的 31.7%、人口约为我国总人口的 7% 的西北地区进出口总额占比却连 3.5% 都不到，这说明我国西北地区对外贸易的发展还远远不够，从进出口的角度来看，西北地区的经济还有待进一步发展。从整体上来看，我国西北地区进出口总额在我国的占比在稳步提升，这说明，西北地区进出口贸易环境在逐年改善。

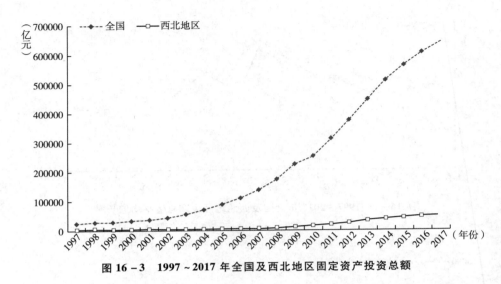

图 16 - 3　1997～2017 年全国及西北地区固定资产投资总额

对于 2008 年的异常波动，笔者认为是 2008 年的亚洲金融危机使我国各
地区的进出口贸易受到了极大的影响，而西北地区地处我国内陆，相对
于东部沿海城市，西北地区的进出口规模小，故而所受到的波及也小，
所以相对在全国的占比会有一个较大幅度的提升，这与图 16 - 4 所反映
出的结果一致。

图 16 - 4　1997～2017 年西北地区进出口总额全国占比

综上所述，我国西北地区的经济增速虽然高于全国平均水平，与全国
平均水平的差距正在逐年缩小，但从消费、投资和进出口贸易的角度来
看，西北地区的发展仍在全国处于劣势地位，其与全国平均水平的差距并

没有明显的改善。那么，西部大开发政策在我国西北地区经济增长的过程中究竟扮演着怎样的角色，其内在的作用机制又是怎样的，这正是本章所要进一步探究的问题。

二　文献综述

为改善西部地区发展的不平衡问题，我国自 2000 年起颁布实施了西部大开发政策，自此之后，有学者利用各种方法对西部大开发战略的实施效果进行了研究。

一些学者仅仅通过对比东、西部地区具有代表性的经济发展常用统计指标来评价衡量西部大开发的政策作用，比如魏后凯和王洛林（2003）从基础设施、生态环境、投资增长及产业结构等方面进行研究，结果表明西部大开发政策在基础设施建设与生态环境建设方面取得了巨大的成效，西部地区农业特别是特色农业也获得了较大发展，然而在吸引民间投资、科技教育与对外开放方面效果仍不显著，需要在这些方面继续加大力度。

一些学者更倾向于采用指标体系对西部大开发政策效应进行评判。比如魏后凯和孙承平（2004）选择利用定量的方法从九个方面分析我国西部大开发政策的实施效果。他们最终的结论是，虽然西部大开发对我国西部地区甚至国家的经济发展起到了推动作用，但对减缓东西部发展的差距没有明显作用。林建华与任保平（2009）从国内生产总值以及居民收入等五个方面来评判西部大开发战略的实施效果，经过综合分析，他们认为西部大开发战略不仅没有缩小东西部差距，反而使得其间的差距更大。淦未宇与徐细雄等人（2011）从总体经济、工业化程度、人民生活水平和生态环境四个层面来构建综合指标，亦得出相似结论。而刘军和邱长溶（2006）对西部大开发的税收政策实施效果进行了估算，结果是西部大开发的税收政策显著地促进了西部地区的经济增长，但其作用随着时间的推移正在下降。

也有学者建立不同的模型来探究西部大开发政策的实施效果，比如毕涛（2008）运用断点回归检验方法来探究西部大开发政策是否促进了新疆地区的发展，其检验结果证实了新疆地区的经济增速的确在政策实施后有所上升。王丽艳和马光荣（2018）对我国 28 个省区市的县级样本利用空间断点回归方法来探索财政转移支付是否对地区的发展产生作用，检验后的结果证明：转移支付明显地提高了县级政府的财政支出，然而，其对教育、医疗等公共产品起到的作用却不大。周端明、朱芸羲、王春婷（2014）利用新古典增长的拓展模型来探究西部大开发政策对地区短期及长期经济增长的作用。他们的研究结果表明西部地区实际人均 GDP 的增长率从 2000 年开始逐渐赶超东部地区水平，我国东西部的经济差距也慢慢转向趋同。

断点回归虽然是一种判断政策在实施前后效果是否显著的定量方法，但是它并不能判断经济增长的主要原因是时间效应还是西部大开发政策效应的作用。尤其是我国自 2002 年开始进入了新一轮的经济高速增长阶段，自 2000 年后，西北地区经济增长到底在多大程度上是由西部大开发战略带来的呢？

针对这个问题，谭周令和程豹（2018）首先对我国西部整体进行了分析，其结果表明，西部大开发对西部整体的净效应几乎不存在。进一步，他们研究了西部大开发中不同地区投入因素的作用机理，从省级层面来看，该政策对陕西及重庆等地的正向作用明显，对广西云南等促进作用不突出。王小丽等人（2019）的研究也得到了类似的结论，但不同的是，他们更进一步通过对产业进行划分，发现西部大开发政策推动了西部地区的第一、第三产业的发展，却阻碍了第二产业的发展。

关于西部大开发政策对西部地区经济增长的效应众说纷纭，虽已有大量学者从宏观或者微观层面针对西部大开发战略提出了自己独到的看法，也利用了不少的方法来对这项政策进行实证分析，但其结论大多只停留于西部大开发政策效果是否显著，对于该政策对西部地区经济的高质量发展效应如何并未有深入的研讨。而本章在分析西部大开发政策对西部地区经济高质量发展的净效应的基础上，通过引入一系列控制变量来对影响西部地区经济发展的一些因素进行分析，探究西部大开发政策通过何种机制对西部地区经济的高质量增长产生效应，同时为西部大开发战略的进一步实施与调整提供建议。

事实上，我们可以将西部大开发视作在我国西部地区做的一个实验，对于实验的效果评价，国际上惯用的方法是利用 Orley Ashenfelter 与 David Card（1985）提出的双差分法（DID）来对政策效果进行判断，该方法已受到广大学者的高度认可。利用双差分法，孔阳等人（2018）对 1994 ~

2015 年我国 27 个省区市的面板数据进行分析，最后发现西部大开发提升了西部地区工业化水平、固定资产投资水平和外商投资水平，使得西部省区市的经济增长率平均提高了 4.66 个百分点，但其政策效果不具有动态持续性。

对于分析某项政策的净效应的问题，双差分法是一个很好的选择。该方法的实施过程是先确定处理组和控制组样本，处理组在某一时点上政策发生了改变，但控制组在同一时点上并没有产生相似变化。然后通过对处理组和控制组在该时点前后的改变是否有差异来分析政策的净效应。双差分模型最重要的两个假设是随机假设和共同趋势假设。随机假设是指实验为随机分组，共同趋势是指在没有实验存在的前提下，控制组与实验组的时间趋势相同，正如 Meyer（1994）所说，这一条件"在控制组与处理组的性质极其接近时才成立"。

但由于西部地区的各方面条件均与其他地区存在较大差异，直接运用双差分法研究对结果可能会有较大影响，故本章借鉴了刘瑞明、赵仁杰（2015）的做法，利用 PSM 来解决这一问题。倾向得分匹配法的主要思想是基于给定的协变量（可观测变量）估算出西北地区每个省区市实施西部大开发政策的预测概率，即倾向得分。然后利用估算所得的得分对实施西部大开发的西部地区省区市与非西部地区省区市进行匹配，从而得到控制组与处理组。但 Dehejia 指出，单纯利用 PSM 估计的平均效应并不是无偏差的。对此，赵勇等人（2018）将其解释为 PSM 假定处理组样本的选择完全由设定的可观测指标确定，不可观测指标不会对处理组样本的选择有任何影响。相较于简单的双差分模型，由 James J. Heckman 等人提出的双重差分－倾向得分匹配法的优势在于可以更加符合 DID 随机性和共同趋势的假定，使其估计结果更加真实可信，对于西部大开发政策的评价也更加有说服力。

三　模型及数据处理

（一）理论分析

短期来看，西部大开发所采取的一些政策使得西部地区经济增速得到了大幅提高，比如政府加大了建设资金投入力度以及税收优惠力度，在短期内提高了西部经济发展速度，同时大力发展对外贸易，激发了西部地区的市场活力。政府以基础建设为重心，着重关注对西部地区资源的开发利用，积极引导企业在西部地区的发展，使得西部地区的经济发展在短期内取得显著成效。

但从长期发展的角度来看，首先，由于时滞性与信息不充分，政策实际效果与预期会存在不可避免的偏差，再加上政策若在自上而下的执行过程中监管不到位，从颁布到真正落实到基层，政策效果就会层层削弱，甚至会在部分环节出现偏差，从而使得政策效果不显著甚至起到负向作用。其次，目前西部地区过度依赖于能源开发、资源利用等只能促进短期经济增长的项目。但这样的发展模式并不利于西部地区经济的长期健康发展，相反，现在所造成的环境污染以及资源的低效利用等问题在未来需要付出更高的代价来解决。

综上所述，西部大开发政策短期内会使得西部经济飞速发展，但该政策的弊端是过于注重经济增长速度，忽略了经济增长质量，依靠政府增加投资与资源开发带来的短期经济增长缺乏长期增长动力，对未来西部地区经济高质量发展不利。但值得鼓励的是，西部地区的政府一直在通过改善西部地区高层次人才的工作和生活条件，吸引和用好优秀人才，这有利于促进西部地区的长期健康发展。

（二）实证模型

对于西部地区来说，西北地区是其中最为重要的一个区域，对西部地区发展情况的考察离不开对西北地区的分析，而对于西部大开发政策对西北地区经济增长的净效应的研究，本文选择了 PSM – DID 模型。

模型的第一步是得分倾向匹配的过程，其具体步骤如下。

首先，根据一系列的可观测变量来估算每个省区市实施西部大开发政策的可能性，即利用 Logit 模型来估计其预测概率 $P(X_i)$，其计算公式参考 Paul R. Rosenbaum 和 David B Rubin （1983） 的计算方法，即

$$P(X_i) = P(D_i = 1 | X_i) = F[g(X_i)] \qquad (1)$$

在式 （1） 中，$D_i = 1$ 是指实施西部大开发的地区，函数 $F(\cdot)$ 为 Logit 函数，函数 $g(\cdot)$ 为线性函数，X_i 为第 i 个地区的各观测变量，本章所选择

的观测变量分别为 1997 ~ 1999 年各省区平均地区生产总值、居民平均消费水平、工业化水平、政府支出水平以及教育水平。

然后，根据估算的概率将未实施西部大开发政策的省区市与西北地区的五个省区进行匹配，由于样本量的限制，本章以 1∶2 的比例来选择对照组。最终的匹配结果为：处理组为陕西省、甘肃省、宁夏回族自治区，匹配的对照组对应为广东省、湖北省、湖南省及河南省。

模型的第二步是对控制组以及处理组的样本进行双重差分，并对双重差分后的政策净效应进行估计。因此，根据西部大开发政策的实施范围与时间，本章通过设定时间虚拟变量 dt 与地区虚拟变量 $d\mu$ 将全国除港澳台外共 31 个省区市在 1997 ~ 2017 年的数据划分为四个组别[①]。具体做法为：将实施西部大开发政策的 12 个省区市划分为处理组（ $d\mu = 1$ ），未实施西部大开发政策的地区划分为对照组（ $d\mu = 0$ ），令西部大开发政策实施前（1997 ~ 1999 年）的时间虚拟变量为 0（ $dt = 0$ ），西部大开发政策实施后（2000 ~ 2017 年）的时间虚拟变量为 1（ $dt = 1$ ）。由此可设定双差分模型（2）：

$$Y_{it} = \alpha_0 + \alpha_1 du_{it} + \alpha_2 dt_{it} + \alpha_3 d\mu_{it} \times dt_{it} + \beta X_{it} + \varepsilon_{it} \qquad (2)$$

模型中各参数的含义如表 16 - 1 所示，其中，西北地区在西部大开发政策实施前的政策效应为 $\alpha_0 + \alpha_1$ ，在政策实施后的政策效应为 $\alpha_0 + \alpha_1 + \alpha_2 + \alpha_3$ ，故 $\Delta_{11} = \alpha_2 + \alpha_3$ 表示西部大开发政策效果，α_0 为其他地区在西部大开发政策实施前的政策效应，$\alpha_0 + \alpha_2$ 为其他地区在政策实施后的政策效应，故 $\Delta_{12} = \alpha_2$ 表示除西部大开发政策之外的其他所有政策的政策效果，故而 $\Delta_2 = \Delta_{11} - \Delta_{12} = \alpha_3$ 表示西部大开发政策的净效应。

表 16 - 1　DID 模型各参数含义

类　别	政策实施前（ $dt = 0$ ）	政策实施后（ $dt = 1$ ）	一重差分
西北地区（ $d\mu = 1$ ）	$\alpha_0 + \alpha_1$	$\alpha_0 + \alpha_1 + \alpha_2 + \alpha_3$	$\Delta_{11} = \alpha_2 + \alpha_3$
其他地区（ $d\mu = 0$ ）	α_0	$\alpha_0 + \alpha_2$	$\Delta_{12} = \alpha_2$
双重差分		$\Delta_2 = \Delta_{11} - \Delta_{12} = \alpha_3$	

[①]　四个组分别为：实施西部大开发政策之前的西北地区、实施西部大开发政策之前的其他地区、实施西部大开发政策之后的西北地区以及实施西部大开发政策之后的其他地区。

经过得分匹配过程后，本章选择了我国共七个省区市在 1997～2017 年共 21 年间的面板数据来探究西部大开发政策的净效应。本章的处理组样本为参与西部大开发政策的陕西省、甘肃省以及宁夏回族自治区，以 2000 年作为处理组政策改变的年份，则可将公式（3）变形，提出模型如下：

$$\ln gdp_{it} = \alpha pro_{it} \times year_{it} + \beta X_{it} + \mu_{it} + \nu_{it} \tag{3}$$

式（3）中 $\ln gdp_{it}$ 为被解释变量，反映各地区的经济水平，X 为控制变量，本章选择的控制变量为工业化水平、居民消费水平、政府支出水平、外商直接投资水平、产业结构、固定资产投资水平教育水平以及交通基础设施这 8 个指标。pro 以及 $year$ 为虚拟变量，前者为地区虚拟变量，后者为时间虚拟变量。其中本章着重关注两者的交叉项。这是因为其参数估计值 α 就是本章所研究的双重差分后的结果。估计出的 α 值能够有效体现西北地区的经济增速在政策实施后是否显著高于其他地区。如果该值大于零，则说明西部大开发战略对我国西北地区经济发展的净效应显著为正，即该政策对于解决我国西北地区与其他地区发展差距的问题有效。

（三）变量说明

在本章所设定的模型中，被解释变量 $\ln gdp$ 为实际地区生产总值对数值以及 $pergdp$ 为人均实际地区生产总值，用来反映地区的经济发展水平。本章设置二元变量 pro 为地区虚拟变量，二元变量 $year$ 为时间虚拟变量。

同时，除西部大开发政策外，工业的发展、产业结构、固定资产投资、居民消费以及外商的直接投资等都对西部地区经济的高速增长起到了相当大的作用。据此，本文设置这些控制变量。以变量 $investment$ 衡量该地区的固定资产投资水平，以 $instruction$ 来代表该地区的产业结构，以 $industry$ 代表该地区的工业化发展水平，以 $consumption$ 代表该地区的居民人均消费水平，以 $government$ 代表该地区的政府支出水平，以 FDI 代表该地区外商直接投资水平，以 $education$ 代表该地区的教育水平，以 $transport$ 代表该地区的交通基础设施水平。表 16 - 2 列出了本章所用全部变量的具体含义、计算方法以及采用的单位。

表 16 – 2　控制变量及其含义、计算方法及单位

变量名称	变量含义	计算方法	单位
$lngdp$	实际地区生产总值对数值	对实际地区生产总值取对数	亿元
$pergdp$	人均实际地区生产总值	该地区实际生产总值除以该地区总人口数	万元/人
pro	地区虚拟变量，区分是否实施西部大开发政策的地区	实施西部大开发政策地区 $pro=1$；未实施西部大开发政策地区 $pro=0$	无
$year$	时间虚拟变量，区分是否实施西部大开发政策年份	实施西部大开发政策年份 $year=1$；未实施西部大开发政策年份 $year=0$	无
$investment$	固定资产投资水平	该地区全社会固定资产投资总额占实际地区生产总值比重	%
$instruction$	产业结构	该地区第三产业生产总值占地区实际生产总值比重	%
$industry$	工业化发展水平	该地区第二产业生产总值占地区实际生产总值比重	%
$consumption$	居民人均消费水平	该地区城乡居民年消费总额占实际收入比重	%
$government$	政府支出水平	该地区政府消费占地区实际生产总值比重	%
FDI	外商直接投资水平	该地区外商直接投资占地区实际生产总值比重	%
$education$	教育水平	该地区普通高等学校毕（结）业生数占该地区总人口比重	%
$transport$	交通基础设施水平	铁路干线公里数	万公里

（四）数据处理及描述性统计

考虑到数据的可得性以及研究的准确性，本章收集和整理了我国除港澳台外共计 31 个省区市从 1997 年到 2017 年的面板数据。关于 1994 年分税制改革政策，该政策确实对我国地区经济的发展有着不可忽视的影响，但因本章所选数据自 1997 年开始，故分税制改革对本章研究不产生影响。为保证统计口径一致，本章所有数据来自国家统计局以及国泰安经济金融数据库。

对于实际地区生产总值的计算，本章首先计算了以 1997 年为基期的定基居民消费价格指数，再用隔年名义生产总值除以定基居民消费价格指数，从而剔除价格因素的影响，计算得到实际地区生产总值。

关于外商直接投资，2017 年除河北、山西、内蒙古、辽宁、安徽、福建、湖北、广西、海南、重庆及新疆共计 11 个区市外市，其他省区数据均缺失，为保证模型有效，本章利用 Eviews7 软件做线性回归预测来预测缺失数据。各变量的描述性统计结果如表 16 – 3 所示。

表 16 – 3　各变量的描述性统计结果

变量	最小值	最大值	均值	标准误差
ln*gdp*	4.347	11.051	8.468	1.240
pergdp	0.168	8.824	2.078	1.696
investment	0.233	1.507	0.575	0.254
strwcune	0.283	0.806	0.420	0.083
education	0.028	0.898	0.308	0.211
transport	0.000	1.270	0.282	0.182
FDI	0.000	0.165	0.025	0.025
industry	0.190	0.59	0.444	0.083
consumption	0.147	5.362	0.967	0.843
government	0.082	0.523	0.153	0.058

四　实证分析与稳健性检验

（一）西部大开发政策对西北地区经济增长的影响

根据得分倾向匹配法的基本思路，本章在未实行西部大开发政策的地区中，通过对可观测指标进行比较，找到控制组的地区与实施西部大开发政策的地区能够在最大程度上接近，然后加入控制变量 X，采用固定效应来处理异质性问题。

其具体做法为：首先计算西北地区各省区与其他地区在西部大开发政策实施前后结果变量的变化，然后采用半径匹配的方法来确定权重，最后利用 Logit 模型进行倾向打分，选出与实施西部大开发政策的西北地区省区匹配的样本。然后再对匹配后的样本利用双差分法来评价西部大开发政策对西北地区经济的影响作用，以上所有过程在 Stata14 中完成，其回归结果如表 16 - 4 所示。在表 16 - 4 中，模型一与模型二分别是以地区实际生产总值的对数值、地区人均生产总值为被解释变量且未加入其他控制变量的回归结果；模型三与模型四是加入控制变量后的回归结果。

表 16 - 4　西部大开发政策对西北地区经济增长的效应

自变量	lngdp	$pergdp$	lngdp	$pergdp$
	模型一	模型二	模型三	模型四
pro	-1.844*** (-6.42)	-0.260*** (-2.75)	-1.496*** (-7.40)	-1.354*** (-4.46)
$year$	1.161*** (7.52)	1.521*** (8.54)	-0.007 (-0.05)	-1.014*** (-4.26)
$pro \times year$	-0.177 (-0.53)	-0.622*** (-2.87)	0.162 (0.89)	0.166 (0.61)
$investment$			-1.273*** (-3.08)	-0.389 (-0.88)
$instruction$			8.052*** (6.00)	20.190*** (9.98)
$education$			1.038** (2.61)	0.857 (1.55)
$transport$			3.754*** (4.51)	0.714 (0.79)
FDI			0.480** (2.50)	-22.069*** (-6.27)
$industry$			11.286*** (4.83)	15.986*** (5.88)
$consumption$			0.310*** (5.02)	0.371*** (6.23)
$government$			-2.946 (-1.29)	-1.909 (-0.85)
$Constant$	8.378*** (66.72)	0.670*** (7.19)	0.434 (0.21)	-10.499*** (-4.35)
N	147	147	147	147
R^2	0.601	0.248	0.874	0.789

说明：括号中显示 t 值，*、**、*** 分别代表显著性水平为 10%、5%、1%。

在表 16 - 4 中，本章着重注意的是变量 $pro * year$，该变量表示西部大开发政策的效果是否显著。从表 16 - 4 可以看出，在未加入控制变量时，西部大开发政策对西北地区生产总值的影响并不显著。同时，该政策对西北地区的人均生产总值影响显著为负，即西部大开发政策会使得西北地区的人均生产总值显著减少。然而，在加入一系列控制变量后，当控制显著性水平为 5% 时，西部大开发政策对西北地区的人均生产总值的影响也变得不显著。但通过对控制变量的回归结果进行分析可以发现，产业结构变化、教育水平、交通基础设施、外商直接投资、工业化水平以及居民平均消费水平均对西北地区的生产总值的增长产生了正向的积极影响，固定资产投资水平对西北地区的经济增长起到了阻碍作用，政府支出的作用不显著。

关于固定资产投资对西北地区的负向阻碍作用，笔者认为固定资产投资对于一个地区经济发展的促进作用是毋庸置疑的，这一点也得到了学术界的广泛认可。故而笔者认为，固定资产投资的负向作用是因为我国西北地区的投资结构不合理，这个观点也得到本研究的证实。投资结构一般分为基本建设投资和更新改造投资两个部分，其中，基本建设投资又分为新建和改扩建两种方式。但从整体而言，我国的固定资产投资可分为三大层面，其中最为基础也是我国投资力度最大的第一层面为物理基础设施层面的投资，比如厂房土建、建筑物建设等项目；第二层面是通信设施类的投资，比如对电子信息类设备的投资；而我国目前投资规模最小也是未来发展潜力最大的投资为第三层面，即数字信息类投资。不可否认的是，我们已经进入一个信息化时代，当今时代的经济发展比拼的是数字信息技术的发展，数字信息技术必定成为未来社会发展的主力军。但我国西北地区目前的绝大部分投资仍处在最基础的第一层面，在第二、第三层面的投资规模太小，投资结构的不合理反而会对西北地区的经济发展起到阻碍作用。

从模型四的回归结果可以发现，在显著性水平为 5% 时，教育与交通基础设施的建设对于西北地区的人均生产总值影响将不再显著，同时外商直接投资的影响显著为负，即过高的外商投资会使得西北地区的人均生产总值降低，笔者认为该结果的产生是因为合理的外商投资会刺激国内企业市场的活力，当外商的直接投资占比越来越高时，我国国内的投资市场会失去活力，即不合理的投资结构会对西北地区的人均生产总值产生负向作用。

（二）稳健性检验

为确保本章模型的估计结果有效，本章进一步对变量 $\ln gdp$ 及变量 $pergdp$ 利用 $PSM - DID$ 法进行了稳健性检验，其检验结果如表 16 - 5 所示。

表 16 - 5　稳健性检验结果

变量	其他地区政策实施前	西北地区政策实施前	政策实施前一重差分	其他地区政策实施后	西北地区政策实施后	政策实施后一重差分	二重差分
$\ln gdp$	8.378	6.535	-1.844 *** (-6.42)	9.539	7.519	-2.021 *** (11.75)	-0.177 (0.53)
$pergdp$	0.670	0.410	-0.260 *** (-2.74)	2.191	1.309	-0.882 *** (4.54)	-0.622 *** (2.87)

说明：*** 代表显著性水平为 1%。

由表 16 - 5 可看出，西部大开发政策并没有带动西北地区实际生产总值的增长，即西部大开发政策对西北地区经济增长的效果并不显著，且从人均地区生产总值来看，西部大开发政策甚至对西北地区的经济增长起到了显著的负向作用，这也验证了前文的分析结果。

（三）政策效应机制分析

从之前的分析可得，西部大开发政策对我国西北地区发展的净效应几乎不存在，在其背后究竟是什么因素影响了政策效应的发挥？从模型三及模型四可看出，产业结构、教育水平、居民消费水平、交通基础设施、外商直接投资以及工业化水平均促进了西北地区经济高质量发展。为探究其背后的影响机制，本文利用软件 Stata14 分析了西部大开发政策对各控制变量的作用，其回归结果如表 16 - 6 所示。

表 16 - 6　西部大开发政策对各控制变量回归结果

自变量	investment	structure	education	consumption
	模型一	模型二	模型三	模型四
pro	0.069 *** (3.17)	0.030 * (1.96)	0.005 (0.63)	-0.010 (-0.48)

续表

自变量	investment	structure	education	consumption
	模型一	模型二	模型三	模型四
year	0.215 ***	0.048 ***	0.280 ***	0.070 ***
	(7.27)	(3.44)	(12.60)	(3.58)
pro × year	0.152 ***	-0.023 *	0.000	0.020
	(3.04)	(-1.91)	(0.01)	(0.86)
Constant	0.308 ***	0.360 ***	0.063 ***	0.459 ***
	(23.45)	(30.02)	(14.07)	(24.68)
N	147	147	147	147
R^2	0.285	0.086	0.225	0.143

自变量	transport	FDI	industry	government
	模型五	模型六	模型七	模型八
pro	-0.087 ***	-0.032 **	-0.008	0.024 ***
	(-2.84)	(-2.46)	(-0.61)	(3.62)
year	0.075 ***	-0.018	0.044 ***	0.003
	(3.19)	(-1.42)	(3.14)	(0.47)
pro × year	0.264 ***	-0.013	0.009	0.018 **
	(13.02)	(-1.82)	(0.57)	(2.17)
Constant	-0.005	0.044 ***	0.421 ***	0.126 ***
	(-0.12)	(3.48)	(32.82)	(24.61)
N	147	147	147	147
R^2	0.194	0.312	0.115	0.409

说明：*、**、*** 分别代表显著性水平为 10%、5%、1%。

在表 16-6 中，模型一至八分别为以各控制变量为被解释变量进行回归的结果，在自变量中，本文最为关注的是两虚拟变量的交叉项系数是否显著。由结果可知，西部大开发政策对西北地区的固定资产投资水平、交通基础设施以及政府支出均产生了积极作用，对产业结构产生了反向的抑制作用，而对居民消费水平、教育水平、外商直接投资以及工业化水平的影响并不显著。

这说明，西部大开发政策在西北地区最为显著的作用体现在投资力度上，即该政策将大量的精力放在短期的固定资产与基础建设投资上，这样的确会快速提高地区的经济发展水平，但这样的发展缺乏长期健康发展的动力，这也意味着我国的投资目前处于一个较为基础、较为初级的层面。而对于工业化水平、教育水平、居民消费水平与外商直接投资的影响不显著是因为一方面西部大开发带来的短期增长效应已经在逐渐减弱，政策对消费、工业和外商投资产生影响的动力越来越弱，其影响在慢慢消失；另一方面教育是一个漫长的培养过程，其短期内的增长效应并不明显。对于产业结构会产生负向的影响，一部分是因为西部大开发政策仍是以第二产业的发展为基础，对于第三产业虽有投入，但这是一个长期的发展过程，在前期投入不高、后期动力不足的情况下，西部大开发政策反而会使得产业结构的调整更加艰难。

五　结论及建议

（一）结论

综合以上所有的分析结果来看，不可否认的是，自西部大开发政策实施以来，我国西北地区的经济发展水平确实有了很大的提高，西北地区人民的生活也有了很大的改变，但通过本章的实证分析发现：第一，西部大开发政策对我国西北地区的经济发展的直接作用并不显著，甚至对于我国西北地区人均生产总值产生了负向的抑制作用，即对我国西北地区的人均生产总值的增长起到了阻碍的作用；第二，产业结构的升级、教育水平的提升、交通基础设施的完善、外商直接投资的增加、工业化水平提高以及居民平均消费水平的提高对西北地区生产总值的增长起到了显著的积极影响，而固定资产投资却对西北地区的经济增长起到了阻碍作用，政府支出作用不显著；第三，西部大开发政策促进了西北地区的固定资产投资、交通基础设施以及政府支出的增长，但抑制了产业结构的升级，而西部大开发政策对于西北地区的教育水平、居民消费水平、外商直接投资以及工业化水平的影响并不显著。

以上的结论说明，西部大开发政策虽然没有直接促进西北地区经济的发展，但其通过促进西北地区固定资产投资的增加、交通基础设施的完善以及政府支出的增加推动西北地区经济的发展，但同时，对产业结构升级这个能够促进西北地区发展的因素，西部大开发政策反而起到了抑制作用，而对教育水平、工业化水平、外商直接投资以及居民消费，西部大开发政策没有起到其应有的效果。除此之外，西部大开发政策对固定资产投资、交通基础设施以及政府支出这些硬性基础因素过于关注，而忽视了产业结构以及科技教育这些软性条件的发展，使得西北地区的发展在短期内确实十分迅速，但后续动力不足，难以实现西北地区高质量经济持久健康发展的目标。

（二）政策建议

针对以上三点结论，本章为西部大开发政策在西北地区的后续发展调整提出了以下几方面建议。

第一，加大力度促进西北地区的产业升级。结合西北地区目前的发展状况，我国应在保证西北地区仍以工业为基础发展动力的前提下，通过提高政策补贴红利等方式，鼓励西北地区企业发展特色新型产业，同时从微观上具体帮助西北地区各省区寻找适合自身发展的新型绿色可持续发展产业，宏观上政府应进一步明确西北地区的税收政策优惠，同时还要继续加大监管力度，确保优惠政策切实落实到企业，真正地帮助需要帮助的企业，加快西北地区新兴产业的发展，促进西北地区产业的升级，从而加强西北地区经济高质量发展的动力，让西部大开发政策发挥其应有的作用。

第二，促进西北地区的投资结构转变升级。目前我国西北地区的投资结构仍处在一个十分初级的阶段，西北地区的投资重心应从物理基础设施方面转向通信设施、数字信息技术类的高层次投资，从而使得西北地区的投资发挥出其应有的作用。同时，对于政府支出也不能仅局限于硬件设施方面，也要向教育、人民生活福利等软件方面转变。

第三，加大西北地区科技教育的投入，吸引更多的优质人才留在西北、流向西北。加快实施人才引进计划，以各种优惠条件吸引高端人才将目光由东部转向西部，实现人才带动发展、发展吸引人才的良性循环，提高西北地区的人才质量水平和科技发展水平，从而促进西北地区在经济、社会、文化等各方面健康发展。

第四，改进各级政府官员工作绩效评判标准，目前西北地区各地方官员工作绩效的评价普遍只注重短期增长，而忽视了长期动力的发展，导致西部大开发政策中出力最大、最为关注的均为政府投资、基础设施建设、能源开发以及资源利用这些短期见效快、长期动力不足的项目，过度依赖西北地区矿藏资源开发带动西北地区经济增长并不利于西北地区经济高质量发展，甚至会对西北地区造成不可逆转的伤害。因此，改进官员工作绩效的评判标准可以促使各地方官员将工作目标从短期耗力大、见效快但长期发展不足的项目转向长期健康发展的项目，从而降低西北地区对能源开发的依赖，使得西部大开发政策真正促进西北地区经济高质量发展。

参考文献

张杰：《国家的意愿、能力与区域发展政策选择——兼论西部大开发的背景及其中的政治经济学》，《经济研究》2001 年第 3 期。

曾培炎：《西部大开发决策回顾》，中央党史出版社、新华出版社，2010。

王洛林、魏后凯：《我国西部大开发的进展及效果评价》，《财贸经济》2003 第 10 期。

魏后凯、孙承平：《我国西部大开发战略实施效果评价》，《开发研究》2004 第 3 期。

林建华、任保平：《西部大开发战略 10 年绩效评价：1999—2008》，《开发研究》2009 年第 1 期。

淦未宇、徐细雄、易娟：《我国西部大开发战略实施效果的阶段性评价与改进对策》，《经济地理》2011 年第 1 期。

刘军、邱长溶：《西部大开发税收优惠政策实施效果评估研究》，《当代经济科学》2006 年第 4 期。

毕涛：《西部大开发战略政策实施效果实证研究——以新疆为例》，《数据分析》2008 年第 2 期。

王丽艳、马光荣：《财政转移支付对地区经济增长的影响——基于空间断点回归的实证研究》，《经济评论》2018 年第 2 期。

周端明、朱芸羲、王春婷：《西部大开发、区域趋同与经济政策选择》，《当代经济研究》2014 年第 5 期。

谭周令、程豹：《西部大开发的净政策效应分析》，《中国人口·资源与环境》2018 年第 4 期。

王小丽、李娜娜、朱嘉澍、李强：《西部大开发：自然增长还是政策效应——基于合成控制法的研究》，《资源开发与市场》2019 年第 4 期。

Orley Ashenfelter, David Card, Using the Longitudinal Structure of Earnings to Estimate the Effect of Training Programs, *Review of Economics and Statistics*, 1985, Vol. 67, No. 4.

孔阳、何伟军、覃朝晖、谭江涛：《中国西部大开发政策净效应评估》，《统计与决策》2018 年第 24 期。

Meyer B . D . , Natural and Quasi – experiments in Economics, *NBER Technical Working Paper*, 1994, Vol. 170.

刘瑞明、赵仁杰：《西部大开发：增长驱动还是政策陷阱——基于 PSM—DID 方法的研究》，《中国工业经济》2015 年第 6 期。

赵勇、刘金风、张倩：《东北振兴战略的政策评估及提升路径研究——基于 PSM – DID 方法的经验估计》，《经济问题探索》2018 年第 12 期。

第十七章
西部大开发政策实施对西北地区经济
高质量发展中城乡收入差距的净效应分析

西北地区的经济增长和城乡收入差距缩小问题是我国经济社会发展中的一个核心问题，为此国务院在 2000 年召开会议部署西部大开发战略重点工作，并实施了相应的财政政策、货币政策、环境保护政策、人才政策和产业政策等政策。这些政策的实施无疑促进了西北地区经济社会发展，提高了西北地区城乡收入水平，但是城乡收入差距问题仍然是西北地区经济社会发展的主要问题。党的十九大报告明确指出，经济社会发展不平衡、不充分是当今社会的主要矛盾，这一矛盾主要指东西部经济社会发展差距和城乡收入差距。2020 年能否全面建成小康社会的关键是西北地区和广大农村地区。由此可以看出，西北地区经济社会发展和城乡收入差距缩小是我国实现现代化建设的核心。因此，评价西部大开发战略对西北地区城乡收入差距的政策净效应，并提出政策调整建议，具有重要的学术价值和现实意义。

一　文献综述

对西部大开发战略的政策实施效应，我国学者进行了广泛深入的研究，刘瑞明和赵仁杰（2015）运用 PSM‒DID 方法评价西部大开发战略对西部地区经济发展的政策实施效应，结果表明西部大开发政策并没有推动西部地区经济增长，反而存在政策陷阱，造成人力资本挤出现象及产业结构调整滞后后果；邓健和王新宇（2015）运用双重差分法评价西部大开发战略对西部地区能源效率的政策实施效应，结果表明西部大开发战略实施拉大了西部地区与东南沿海等高效区能源效率的差距,原因主要与西部地区以发展资源型工业为主的经济增长方式有关;淦未宇、徐细雄和易娟(2011)使用指标分析法评价西部大开发战略对社会经济发展的政策实施效应,最后得出西部大开发战略实施后,西部地区社会经济发展情况全面好转,但东、西部地区经济发展不均衡的系统格局呈恶化趋势;谭周令和程豹(2018)运用合成控制法评价西部大开发战略的政策净效应,发现西部大开发战略从整体上看政策效应不显著,政策效应具有省域差异化特点;蒲龙(2017)利用双重差分法评价西部大开发战略对重点县域经济发展的政策实施效应,发现对西部重点县域人均实际国民生产总值有提高作用;何春和刘来会(2016)运用双重差分法评价西部大开发政策对区域经济协调发展的政策实施效应,发现西部地区经济发展明显好转,但区域间经济差距不断加大,主要依靠固定资产投资来实现经济增长,且经济增长具有短期效应,但具备长期效应的产业结构、外商投资和人力资本等政策效应不显著;袁航和朱承亮(2018)使用 PSM – DID 方法评价西部大开发战略对产业结构转型升级的政策实施效应,发现西部大开发战略实施促进产业结构合理化,但未促进产业结构高级化,拖累产业转型升级;尹传斌、朱方明和邓玲(2017)运用双重差分法评价西部大开发战略对环境效率的政策实施效应,发现西部地区环境效率偏低且处于相对无效的状态,环境效率变动趋势与库兹涅茨曲线相符;郑佳佳(2017)利用双重差分法评价西部大开发政策对西部地区碳排放演变的政策实施效应,发现西部大开发战略前期重视能源开发和固定资产投资,却忽视教育、技术创新、市场化改革等,造成西部地区经济增长的同时碳排放量上升的情况。

有关西部大开发战略实施对城乡收入差距的政策效应的研究较少且研究结果尚未统一。王亚红(2011)对不同时期城乡居民收入差异系数进行对比分析,发现西部大开发战略对城乡居民收入差距的缩小有积极影响,但影响甚微;田双全和黄应绘(2010)运用多元回归方法和单因素方差分析法,发现西部大开发战略对西部城乡收入绝对差距有逆向调节作用,但西部大开发战略实施抑制了城乡收入相对差距的扩大;同样地,毛其淋(2011)也采用倍差法,研究结果表明西部大开发战略使城镇化水平提高、财政支农支出规模扩大以及外资增加,从而缩小西部城乡居民收入不平等；然而邵传林（2014）使用双重差分法得到与上述三位研究者不同的结果，他发现西部大开发战略的实施会导致城乡居民收入差距持续拉大。

目前学术界评价西部大开发政策对城乡收入差距政策效应时，评价方法多用指标法和双重差分法，未能有效区分各省区个体发展水平与西部大开发战略实施后各省区市个体发展水平之间的"净效应"，以致无法准确地评价西部大开发政策对城乡收入差距的净效应，提出的政策建议也可能存在偏差。本章使用倾向得分匹配法，有效地剥离个体差异和时间效应，以得到更准确的政策"净效应"。可能的边际贡献为：①采用 PSM – DID 政策评价方法评价西部大开发政策对城乡收入差距的影响；②对西部大开发战略的进一步发展提出政策调整建议。

二　西部大开发战略对缩小城乡收入差距政策效应的理论分析

西部大开发战略是通过一系列优惠政策实现的，主要政策有：财政政策、货币政策、生态建设和环境保护政策、开放政策、人才政策、产业政策，这些优惠政策旨在缩小西北地区城乡收入差距。

西部大开发战略中实行扩张的财政政策，一是加大中央财政购买力度和转移支付力度，其资金主要用于公路、铁路网等基础设施的建设，提升城乡之间生产要素流动速度，增加农村居民收入，从而缩小城乡收入差距；二是减少企业所得税，降低企业成本，增加企业收入；免征农业特产税和耕地占用税等税收优惠政策减少农民税收负担，增加农产品的净收入，利于城乡收入差距缩小。

西部大开发战略中实行差异性和倾斜性的货币政策，加大金融信贷支持，积极响应普惠金融，拓宽中小微企业、农民、城镇低收入人群的金融发展广度，解决西北地区企业融资难问题，激发西北地区中小企业活力，有效解决农民生产经费问题，使西北农业产业逐步向设施农业、规模农业、质量农业发展，以增加农业产出收入，加快城乡收入差距缩小。

西部大开发战略坚持实施生态和环境保护相关政策，措施主要包括退耕还林还草、保护和恢复湿地、保护天然林和退牧还草等，主要是为了解决西北地区自然资源脆弱性的问题，达到生态效益和经济效益充分结合，坚持实施以生态效益为主、加大污染物排放量控制和水资源保护的策略，使得西北地区生态环境质量得到改善，为经济持续发展打下坚实基础。

西部大开发战略重视开放政策，一方面拓宽外商投资领域和外资利用渠道，同时增加先进技术设备的引进；另一方面提高对外开放的政策落实效率，并持续发展经济贸易以提高西北地区经济开放水平，鼓励农产品出口、对外工程承包和劳务合作等，促进西北区域协调发展，利于城乡收入差距缩小。

西部大开发战略为吸引人才和发展科技教育实施了多项人才政策，一是通过进一步提高机关和事业单位人员待遇，留住部分西北地区内部人才；二是增加了西北地区教育投入，并在贫困地区和农村地区持续推行义务教育，加快了精准扶贫的实现。提高农村地区人力资本水平，优化人力资本结构，农村劳动力就业岗位层次进一步提高，从而提高农村居民的家庭收入，缩小城乡之间的收入差距。

西部大开发战略实行产业转型升级政策，一是积极加强农业基础地位，因地制宜地发展特色农业；二是将旅游业发展成为西北地区支柱产业，重点开发旅游之路和丝绸之路；三是调整能源产业、装备制造业、航空航天产业和通信、软件等高新技术产业。从以上三个方面推动西北地区产业结构升级，进而促进西北地区产业由比较优势向竞争优势转型，缩小西北地区与经济发达地区的差距。

三 评价模型、变量选取及数据处理

(一) 评价模型

双重差分法已广泛用于各种政策效果的评价，通过对政策实施前后进行两次差分得到政策净效应，比单差法更为严谨、科学，避免了除政策实施之外的其他影响因素干扰评价结果。双重差分基准模型如下：

$$Y_{it} = \alpha_0 + \alpha_1 d\mu + \alpha_2 dt + \alpha_3 d\mu \cdot dt + \alpha_4 M_{it} + \varepsilon_{it} \tag{1}$$

其中，下标 i 表示第 i 个地区，下标 t 表示 t 年，M 代表控制变量集合，ε 是随机扰动项，被解释变量 Y 即为本章所研究的城乡收入差距，该指标用城乡人均可支配收入比值度量。$d\mu = 0$ 表示其他地区的省区市，$d\mu = 1$ 表示西北地区的省区；$dt = 0$ 表示西部大开发之前的年份，即 2000 年之前，$dt = 1$ 代表西部大开发之后的年份，即 2000 年之后；$d\mu \cdot dt = 1$ 代表西北地区实施西部大开发战略后的年份。公式（1）中的各参数的含义见表17 – 1。

表 17 – 1   DID 模型中各个参数的含义

类别	西北地区（实验组）	其他地区（对照组）	变化效果
西部大开发之前	$\alpha_0 + \alpha_1$	α_0	$\Delta Y_0 = \alpha_1$
西部大开发之后	$\alpha_0 + \alpha_1 + \alpha_2 + \alpha_3$	$\alpha_0 + \alpha_2$	$\Delta Y_1 = \alpha_1 + \alpha_3$
双重差分	–	–	$\Delta Y_1 - \Delta Y_0 = \alpha_3$

表 17 – 1 中，$\alpha_0 + \alpha_1$ 和 α_0 分别表示西部大开发战略实施前西北地区与其他地区的城乡收入差距情况，$\Delta Y_0 = (\alpha_0 + \alpha_1) - \alpha_0 = \alpha_1$ 表示西部大开发战略实施前西北地区与其他地区间城乡收入差距的差异程度；$\alpha_0 + \alpha_1 + \alpha_2 + \alpha_3$ 和 $\alpha_0 + \alpha_2$ 分别表示西部大开发战略实施后西北地区与其他地区城乡收入差距情况，$\Delta Y_1 = (\alpha_0 + \alpha_1 + \alpha_2 + \alpha_3) - (\alpha_0 + \alpha_2) = \alpha_1 + \alpha_3$ 表示西部大开发战略实施后西北地区与其他地区间城乡收入差距的差异程度；参数 α_3 表示西部大开发战略实施对西北地区城乡收入差距的政策净效应，其中，$\alpha_3 > 0$ 表示西部大开发战略实施缩小了城乡收入差距，$\alpha_3 = 0$ 表示西部大开发战略实施未改变城乡收入差距，$\alpha_3 < 0$ 表示西部大开发战略实施拉大了城乡收入差距。

双重差分法的使用具有较强的假定条件，在西部大开发之前，西北地区（实验组）和其他地区（对照组）必须存在共同的时间趋势，即无样本选择偏差。本章使用 Heckman et. al. 提出的倾向得分匹配法，用于解决和控制不可观测但不随时间变化的组间差异，即消除样本选择偏差。基本思路为：（1）运用 Logit 回归和匹配法进行匹配变量选择，再根据每个省区市的倾向得分，为西北地区匹配最相近的省区作为对照组；（2）对西北地区及匹配好的对照组进行双重差分。

最后对样本数据进行政策时滞性分析、政策效应机制分析以及 4 种稳健性检验以保证实证结果的准确性和稳定性。

（二）变量选取及数据处理

本章选用 1993～2017 年中国 31 个省区市的面板数据评价西部大开发战略对西北地区城乡收入差距的政策净效应，数据主要来源于历年《中国统计年鉴》和各省区市统计年鉴，运用插值法填补样本数据的缺失值，并将美元单位的每年数据值依据当年汇率折算为人民币。

衡量城乡收入差距的指标有很多，如地区城乡收入比、泰尔指数、基尼指数，基于数据可得性和指标严密性，本章选取城乡人均可支配收入比来度量城乡收入差距。本章控制变量为政府支出规模、产业结构、投资环境、经济开放水平、人力资源水平、信息化水平、基础设施水平及科技创新水平。各变量及其具体计算方法如表 17 - 2 所示。

表 17 - 2　各变量及具体计算方法

类别	变量名称	计算方法
被解释变量	城乡收入差距（Ratio）	城镇居民人均可支配收入/农村居民人均可支配收入
核心解释变量	西部大开发战略（dμ×dt）	虚拟变量（0，1）
控制变量	政府支出规模（Gov）	政府财政支出/GDP
	产业结构（Struct）	第三产业增加值占 GDP 比重/第二产业增加值占 GDP 比重
	投资环境（Invest）	地区投资总额/GDP
	经济开放水平（Open）	进出口总额/GDP
	人力资源水平（Human）	地区专科以上教育水平人数/地区总人数
	信息化水平（Infor）	人均邮电业务总量/人均 GDP
	基础设施水平（Infrastr）	人均拥有道路面积
	科技创新水平（Innovate）	每万人发明专利拥有量

四　评价结果及稳健性检验

（一）评价结果

1. 双重差分法评价结果分析

西部大开发战略实施前后西北地区和其他地区城乡收入的差值及

变化情况如表 17 - 3 所示，在西部大开发战略实施前，西北地区和其他地区的城乡收入差距的差值为 0.279，并且通过了显著水平为 1% 的 t 检验，表明了在西部大开发战略未实施时，西北地区城乡收入差距的情况劣于其他地区；同样地，在西部大开发战略实施后，西北地区与其他地区的城乡收入差距的差值降到了 0.087，也通过了显著水平为 1% 的 t 检验，说明西部大开发战略实施 20 年，西北地区城乡收入差距有缩小的趋势。利用双重差分法对上述两个差值再做差值，以消除时序上的变动差异，得到政策净效应。如表 17 - 3 所示，评价结果显示西部大开发战略对城乡收入差距政策净效应为 - 0.192，但统计结果不显著，不显著的主要原因在于双重差分法在使用之前需要满足处理组和控制组具有共同趋势的假定，但现实中多存在其他未知不可控因素对被解释变量的干扰，因此需采用倾向得分匹配和双重差分法解决这类样本选择偏差问题。

表 17 - 3　倾向得分匹配双重差分法评价结果

结果变量	西部大开发战略实施之前			西部大开发战略实施之后			双重差分值
	其他地区	西北地区	差值	其他地区	西北地区	差值	DID
城乡收入差距	2.154	2.433	0.279	2.132	2.219	0.087	- 0.192
标准误	—	—	0.065	—	—	0.024	0.068
t 值	—	—	4.28 ***	—	—	3.6 ***	2.83
P 值	—	—	0	—	—	0	0.105

说明：*** 表示显著水平为 1%。

2. PSM - DID 评价结果分析

本章依据匹配变量选取准则，最后选出政府支出规模、产业结构、人力资源水平、基础设施水平、经济开放水平和科技创新水平作为匹配变量，结合核匹配法得出表 17 - 4 检验结果，匹配前各变量的 t 统计量均显著，说明西北地区与其他地区在倾向得分匹配前存在明显差异。匹配之后变量的 t 统计量概率值均大于 10%，不显著，且各匹配变量的标准偏差均不超过 10%，说明倾向得分匹配后西北地区和其他地区的个体特征非常接近，实验组和对照组满足了"平等趋势"假设。

表 17 - 4　匹配变量检验结果

变量名称	处理	均值		标准偏差（％）	标准偏差减少幅度（％）	t 统计量	t 统计量的概率值 p
		西北地区	其他地区				
政府支出规模	匹配前	0.25559	0.14974	109.1	97.8	13.96	0.000 ***
	匹配后	0.22748	0.22515	2.4		- 0.2	0.840
产业结构	匹配前	0.85682	0.94958	- 25.5	75.4	- 2.15	0.032 **
	匹配后	0.86422	0.88702	- 6.3		- 0.76	0.446
人力资源水平	匹配前	0.00973	0.01209	- 30.0	92.0	- 2.92	0.004 ***
	匹配后	0.00976	0.00957	2.4		- 0.20	0.838
基础设施水平	匹配前	10.901	10.088	18.7	99.6	1.42	0.056 *
	匹配后	11.061	11.085	- 0.5		- 0.05	0.957
经济开放水平	匹配前	0.11691	0.39253	- 80.5	95.0	- 6.41	0.000 ***
	匹配后	0.12335	0.10963	- 4.0		1.71	0.188
科技创新水平	匹配前	1.3571	3.4395	- 40.4	99.5	- 3.43	0.001 ***
	匹配后	0.93673	0.9258	- 0.2		- 0.04	0.965

说明：*** 、** 、* 分别表示显著水平为 1％、5％、10％。

依据倾向得分匹配法为西北地区找到合适的对照组样本，再对控制变量面板数据的个体效应和时间效应运用 Logit 回归进行双重差分，得到西部大开发战略对城乡居民收入差距的政策净效应。结果如表 17 - 5 所示，模型（1）～（4）中西部大开发战略实施都在 5％的水平上显著，表明无论是否加入控制变量，政策净效应都为正值。模型（4）全部加入控制变量后，西部大开发战略对城乡居民收入差距的净效应为 1.134，意味着西部大开发战略实施拉大了西北地区城乡收入差距。

从模型（4）可看出，政府支出规模、产业结构和投资环境的回归系数分别为 8.326、0.519 和 1.465，且通过 1％水平的 t 检验，均能拉大西北地区城乡居民收入差距，从回归系数看，政府支出规模扩大对拉大西北地区城乡收入差距作用最明显，其次是投资环境，最后为产业结构；经济开放水平、人力资源水平、基础设施水平及科技创新水平系数分别为 - 9.072、- 15.431、- 0.552 和 - 2.001，且都通过 t 检验，均能促进西北地区城乡收入差距缩小，其中人力资源水平的促进作用最大，其次是经济开放水平及科技创新水平，而基础设施水平促进作用最微弱；信息化水平对西北地区城乡收入差距缩小的效果不明显。

表 17 – 5　西部大开发战略对城乡收入差距的 PSM – DID 评价结果

解释变量	模型（1）	模型（2）	模型（3）	模型（4）
西部大开发战略实施	0.164 （0.002 ***）	0.363 （0.007 ***）	0.528 （0.000 ***）	1.134 （0.000 ***）
政府支出规模	7.576 （0.000 ***）	7.459 （0.000 ***）	7.377 （0.020 **）	8.326 （0.000 ***）
产业结构	− 0.077 （0.065 **）	0.0347 （0.124）	0.0559 （0.359）	0.519 （0.076 *）
投资环境	—	1.202 （0.022 **）	1.393 （0.028 **）	1.465 （0.006 ***）
经济开放水平	—	− 9.759 （0.000 ***）	− 9.376 （0.000 ***）	− 9.072 （0.012 **）
人力资源水平	—	—	− 17.274 （0.05 *）	− 15.431 （0.082 *）
信息化水平	—	—	− 3.776 （0.164）	4.324 （0.351）
基础设施水平	—	—	—	− 0.552 （0.017 **）
科技创新水平	—	—	—	− 2.001 （0.009 ***）
个体效应	控制	控制	控制	控制
时间效应	控制	控制	控制	控制
N	567	521	366	349
R^2	0.5693	0.5736	0.5722	0.6953

说明：*** 、** 、* 分别表示显著水平为 1%、5%、10%。

3. 政策时滞性分析

将政策滞后项作为解释变量，分析西部大开发战略对城乡居民收入差距政策效应的时滞性。如表 7 – 16 所示，西部大开发政策实施后的第一期系数为正值，且统计上不显著，说明有拉大城乡居民收入差距的作用；滞后第二期到第五期回归结果不显著，系数值在 0 附近波动，说明这几期的政策效应还不稳定，需要更长时间才能显现出拉大或缩小城乡居民收入差距的趋势；从模型（1）和模型（2）看，不管有无控制变量，滞后第六期和第七期的系数值为负且显著，意味着西部大开发战略对城乡居民收入差距的政策效应具有 6 年的时滞性，需对政策进行长期调整和完善，才能缩小城乡收入差距。

表 17－6　西部大开发政策对城乡收入差距的动态效应

解释变量	模型（1）	模型（2）
$d\mu$	0.9978	0.9394
	(0.000 ***)	(0.000 ***)
dt	0.1123	0.3098
	(0.000 ***)	(0.000 ***)
滞后 1 期	0.1266	0.1385
	(0.404)	(0.454)
滞后 2 期	－0.0231	－0.1427
	(0.897)	(0.307)
滞后 3 期	0.0569	0.0597
	(0.730)	(0.769)
滞后 4 期	0.0059	－0.0412
	(0.967)	(0.823)
滞后 5 期	－0.0178	－0.0234
	(0.927)	(0.916)
滞后 6 期	－0.0454	－0.0625
	(0.009 ***)	(0.031 **)
滞后 7 期	－0.4605	－0.2851
	(0.004 ***)	(0.085 *)
其他控制变量	无	有
常数项	2.8209	0.9774
	(0.000 ***)	(0.014 **)
N	540	540
R^2	0.5278	0.6344

说明：***、**、* 分别表示显著水平为 1%、5%、10%。

4. 政策效应机制分析

本章将各控制变量作为被解释变量，$d\mu$、dt 和西部大开发战略实施作为解释变量进行回归,回归结果为:(1)西部大开发战略实施对政府支出规模和投资环境具有推动效应,回归系数分别为 0.0551 和 0.3187,但 PSM – DID 结果又表示二者是拉大城乡居民收入差距的主要因素,其原因可能在于固定资产投资过大形成政策效应偏差,从而拉大西北地区城乡收入差距;(2)西部大开发战略实施对基础设施水平提升有推动效应,回归系数为 0.7152,但也是拉大城乡居民收入差距的重要因素,原因在于:西部大开发战略实施初期对物理和服务基础设施投入效果明显,缩小了城乡居民收入差距,但长期政策时滞性造成对数字基础设施投入的政策效应不明显,反而拉大了城乡居民收入的差距;(3)政策效应分析中产业结构的回归系数为 – 0.14,说明西部大开发战略实施导致西北地区产业结构升级迟滞,从而拉大城乡收入差距;(4)西部大开发战略实施阻碍了人力资源水平及科技创新水平的提高,回归系数分别为 – 0.0031和 – 3.345,导致西北地区城乡居民收入差距缩小;(5)西部大开发战略实施对经济开放水平回归系数为 – 0.0273,但未通过 t 检验,说明对城乡居民收入差距缩小没有贡献。

表 17 – 7　西部大开发政策效应分析

解释变量	政府支出规模	产业结构	投资环境	经济开放水平	人力资源水平	基础设施水平	科技创新水平
	(1)	(2)	(3)	(4)	(5)	(7)	(8)
$d\mu$	0.0486***	0.0066	– 0.0838**	– 0.3381***	– 0.0020***	– 1.8278***	– 0.3840***
	(0.000)	(0.854)	(0.021)	(0.000)	(0.000)	(0.000)	(0.000)
dt	0.0629***	0.1493***	0.3152***	0.0385	0.0128***	4.150***	4.901***
	(0.000)	(0.001)	(0.000)	(0.486)	(0.001)	(0.000)	(0.000)
西部大开发战略实施	0.0551***	– 0.1400***	0.3187***	– 0.0273	– 0.0031***	0.7152***	– 3.345***
	(0.000)	(0.005)	(0.000)	(0.624)	(0.000)	(0.000)	(0.000)
常数项	0.0896***	0.8610***	– 10.0248***	0.4497***	0.0040***	8.5593	0.5833***
	(0.000)	(0.000)	(0.000)	(0.000)	(0.000)	(0.155)	(0.000)
N	750	749	750	750	750	750	750
R^2	0.4440	0.0252	0.2840	0.1480	0.4621	0.2144	0.1299

说明:***、**、*分别表示显著水平为1%、5%、10%。

(二)稳健性检验

本章进行了4种稳健性检验。模型(1)为改变实施时间检验,由于西部大开发战略政策效应滞后期为 6 年，因此将实施时间改为 2007 年，发现政策净效应与前文一致，大于 0，但未通过 t 检验，说明本章政策评价结论是稳健的。模型（2）为改变实验组检验，将青海纳入非西北地区，发现政策净效应大于 0，仍未通过 t 检验，本章结论依然成立。模型（3）为改变被解释变量检验，选取 $\ln Pergdp$[①] 作为被解释变量，政策净效应未通过 t 检验，本章结论具有稳健性。模型（4）为改变回归方法检验，使用混合 OLS 回归，政策净效应的 t 值在 5% 水平上显著，但 R 为 0.2794，说明方程拟合程度低，对结果解释力不强，说明本章结果是稳健的。

表 17 – 8　政策评价结果的稳健性检验

解释变量	模型（1）	模型（2）	模型（3）	模型（4）
西部大开发战略实施	0.2680 (0.246)	0.0450 (0.888)	− 0.2870 (0.240)	− 0.4957 (0.021 **)
政府支出规模	47.0932 (0.000 ***)	37.9443 (0.000 ***)	60.5126 (0.000 ***)	0.5068 (0.289)
产业结构	0.4817 (0.495)	3.3706 (0.023 **)	1.5520 (0.206)	0.0711 (0.243)
投资环境	6.5270 (0.000 ***)	11.8003 (0.000 ***)	5.4561 (0.006 ***)	0.2153 (0.109)
经济开放水平	− 12.2892 (0.000 ***)	− 19.6134 (0.002 ***)	− 11.6309 (0.002 ***)	− 0.1413 (0.018 **)
人力资源水平	− 514.6614 (0.000 ***)	− 369.9483 (0.001 ***)	− 897.0148 (0.032 **)	− 25.9741 (0.000 ***)
信息化水平	21.1986 (0.027)	− 3.9770 (0.793)	45.2303 (0.276)	1.9314 (0.036 **)
基础设施水平	− 0.4383 (0.000 ***)	− 1.1744 (0.000 ***)	− 0.5835 (0.004 ***)	− 0.0121 (0.001 ***)
科技创新水平	− 0.0939 (0.654)	− 0.2842 (0.225)	− 6.0290 (0.004 ***)	− 0.0028 (0.103)
N	371	167	354	749
R^2	0.6540	0.6721	0.6424	0.2794

说明：*** 、 ** 、 * 分别表示显著水平为 1% 、 5% 、 10% 。

---

① $\ln Pergdp$：表示人均 GDP 取自然对数。

五　政策建议

政策评价结果表示，西部大开发战略实施拉大了西北地区城乡居民收入差距，其主要原因是政策效应引起城乡人力资源水平和科技创新水平差距进一步拉大、产业结构升级迟滞，基础设施投资加剧了生产要素向城市聚集，从而拉大城乡居民收入差距；以西部大开发战略的政策效应为依据提出缩小西北地区城乡收入差距的政策调整建议。

（一）完善激励机制，实行引进和培养相结合的人才政策

一是引才激励，打造良好的企业人才激励市场机制，提供极具吸引力的以边际贡献为依据的薪资，利用企业培训和继续教育等方式，加强各类人才培养，增加西北地区人力资本存量，促进经济高质量增长，缩小城乡居民收入差距；二是留才激励，西北地区必须"引得进，留得住"人才，具体可通过高薪留才、减时提薪和带薪休假等方式相对降低人才流出的机会成本，也可通过鼓励员工入股的方式增强人才主人翁意识，留住人心，提高自我"造血"能力和自我可持续发展能力，为缩小城乡居民收入差距提供基础。

（二）持续加大投资，以投资效率为基准的投资政策

首先继续加大科研经费投入，并减少资金流动的中介环节，提高资金使用率，加快为具有创新能力的个人和企业提供丰富的资源和良好融资环境，提高西北地区自我创新能力，引导新产品新技术向农村转移，提高农业自动化水平，缩小城乡收入差距；其次加大农村基础设施建设投资，提高投资效率，加快实现公路"村村通"、乡村医院医疗设施齐全、网络全覆盖，缩小城乡生活质量差距，从而缩小城乡居民收入差距。

（三）继续加大财政投入力度，实行以减税为重心的财政政策

中央主要通过财政政策扶持西北地区，而减税为主要途径，加大税收优惠力度能激发中小微企业活力，提高企业经济效益，缓解社会就业压力，增加社会财富，利于先进技术和生产工具的创造，促进市场中产品的生产流通和劳动力的流动，从而改善西北地区经济社会发展状况，提高城

镇和农村居民收入，解决城乡居民收入不平等的问题。

（四） 实行从绝对优势到竞争优势和创新优势的产业政策

改变依靠资源比较优势发展的能源型发展模式，形成通过产业聚集带来竞争优势、科技创新带来创新优势的集约型发展模式，主要在资源比较优势的基础上，增加农业、旅游业 R&D 投入，提升产业创新能力，再通过优化升级技术、管理、制度等高端要素配置，打造低成本、差异化、专业化的完整产业集群，形成西北地区产业竞争优势和创新优势，提高核心竞争力，降低西北地区就业压力，促进城乡居民收入差距缩小。

（五） 发挥地区优势，实行多层次、全方位的对外开放政策

西部大开发战略应结合"一带一路"倡议调整对外开放政策，充分发挥西北地区优势，实现多层次、全方位的对外开放模式。一方面提高资源利用率，西北地区拥有辽阔地域和丰富资源，应充分利用其在矿产、水利和旅游等方面得天独厚的优势，发展优势产业链，扩大西北地区对外开放领域，提高劳动就业率，缩小城乡收入差距；另一方面充分利用文化优势，西北地区是中华民族的发祥地和历史舞台的中心，有效地利用这些丰富的文化资源优势，发展对外文化联系，推动西北地区经济发展，缩小其城乡收入差距。

参考文献

刘瑞明、赵仁杰：《西部大开发：增长驱动还是政策陷阱——基于 PSM – DID 方法的研究》，《中国工业经济》2015 年第 6 期。

邓健、王新宇：《区域发展战略对我国地区能源效率的影响——以东北振兴和西部大开发战略为例》，《中国软科学》2015 年第 10 期。

淦未宇、徐细雄、易娟：《我国西部大开发战略实施效果的阶段性评价与改进对策》，《经济地理》2011 年第 1 期。

谭周令、程豹：《西部大开发的净政策效应分析》，《中国人口·资源与环境》2018 年第 3 期。

蒲龙：《西部大开发战略对重点县经济发展的影响》，《财经问题研究》2017 年第 2 期。

钞小静、沈坤荣：《城乡收入差距、劳动力质量与中国经济增长》，《经济研究》

2014 年第 6 期。

王亚红:《国家发展战略对城乡居民收入差距的影响研究——以西部大开发为例》,《特区经济》2011 年第 3 期。

田双全、黄应绘:《从城乡居民收入差距看西部大开发的实施效果》,《经济问题探索》2010 年第 9 期。

何春、刘来会:《区域协调发展视角下西部大开发政策效应的审视》,《经济问题探索》2016 年第 7 期。

林建华、任保平:《西部大开发战略 10 年绩效评价:1999—2008》,《开发研究》2009 年第 1 期。

袁航、朱承亮:《西部大开发推动产业结构转型升级了吗?——基于 PSM – DID 方法的检验》,《中国软科学》2018 年第 6 期。

毛其淋:《西部大开发有助于缩小西部地区的收入不平等吗——基于双倍差分法的经验研究》,《财经科学》2011 年第 9 期。

刘生龙、王亚华、胡鞍钢:《西部大开发成效与中国区域经济收敛》,《经济研究》2009 年第 9 期。

尹传斌、朱方明、邓玲:《西部大开发十五年环境效率评价及其影响因素分析》,《中国人口·资源与环境》2017 年第 3 期。

郑佳佳:《西部大开发对西部地区碳排放演变的影响》,《西部论坛》2017 年第 4 期。

李国平、彭思奇、曾先峰、杨洋:《中国西部大开发战略经济效应评价——基于经济增长质量的视角》,《当代经济科学》2011 年第 4 期。

周黎安、陈烨:《中国农村税费改革的政策效果:基于双重差分模型的估计》,《经济研究》2005 年第 8 期。

陈林、伍海军:《国内双重差分法的研究现状与潜在问题》,《数量经济技术经济研究》2015 年第 7 期。

Heckman J. J. , H. Ichimura and P. E. Todd. Matching as An Econometric Evaluation Estimator: Evidence from Evaluating a Job Training Program. *Review of Economic Studies.* 1997. 64 (4).

Hleckman J. J. , H. Ichimura and P. E. Todd. Matching as An Economic Evaluation Estimator. *Review of Economic Studies.* 1998. 65 (2).

邵传林:《西部大开发战略对城乡收入差距的影响评估——基于双重差分模型的实证研究》,《现代财经》(天津财经大学学报)2014 年第 8 期。

后　记

西北地区经济高质量发展问题是我们一直关注和研究的问题。西北地区处于丝绸之路经济带建设要道，有雄厚的文化底蕴，有众多的高校和研究所，有丰富的能源资源和水资源，在丝绸之路经济带建设中发挥着重要的作用。经过 20 年西部大开发政策实施和近年供给侧经济结构调整，网络经济、数字经济等新经济发展，尤其是"丝绸之路经济带"倡议实施，西北地区经济发展取得了显著成绩，但是经济发展仍然存在问题，如经济发展质量不高，经济发展模式落后，生态环境脆弱等。所以我们不得不思考经济高质量发展的内在机制到底是什么？恰逢教育部人文社会科学重点研究基地——西北大学中国西部经济发展研究院发布"'十三五'丝绸之路经济带背景下的西部经济发展"研究招标项目，2016 年我们申报并获得了该研究基地重大项目，我们的项目是"丝绸之路经济带背景下西部地区经济增长潜力开发推进全面建设小康社会研究"（16JJD790046），本书是该项目研究成果的汇总，也是教育部人文社会科学重点研究基地——西北大学中国西部经济发展研究院"十三五"标志性成果"中国西部经济发展研究文库"之"丝绸之路经济带与西部大开发新格局（2020）"五部专著之一。

我们深知要揭示西北地区经济高质量发展潜力机制问题是一个非常困难而富有创新的工作，任何实质性的进展，不仅需要理论上大胆探索和创新，更需要对西北地区经济发展现实状况进行深入剖析。因此，本书挖掘西北地区经济高质量发展潜力和机制，对西部大开发政策实施效应进行研究。其中《新时代中国经济高质量发展的潜在增长率变化的生产率解释及其短期预测》、《以效率变革为核心的我国经济高质量发展的实现路径》、《西部大开发 20 年的政策净效应与西部地区经济高质量发展——基于倾向得分匹配–双重差分方法检验》、《网络经济资本深化对我国潜在经济增长率的贡献解析》、《西部地区经济增长影响因素分析及其高质量发展路径选择》、《马克思的技术创新观及其时代价值》等研究成果已经在《西北大学学报》、《陕西师范大学学报》、《经济纵横》、《经济问题探索》、《人文杂志》等杂志上发表，《新时代西部地区全面建成小康社会的现状、差距和对策》、《基于生态足迹理论的西北地区可持续发展能力研究》以报告的形式提交有关政府部门，研究成果受到学术界和政府部门的高度关注。

　　本书内容包括五篇十七章，是项目研究成果的总结，是在我们前期发表的论文、研究报告基础上重新修改整理形成的，写作提纲和各章节主题是我设计的，博士研究生刘家旗组织研究生进行数据收集、实证计算和文字修改工作，具体分工如下：刘家旗负责第三、第十二、第十四章；蒋晚珍负责第八、第十一、第十七章；周子错负责第四、第十、第十五章；乔瀚民负责第五、第九、第十三章；赵政楠负责第六章；魏博阳负责第七章；周桂芝负责第十六章。初稿完成之后由我统一进行校对修改。在这里我对以上参与数据整理、图表制作、文字推敲等工作的同学表示由衷感谢。

　　本书的完成凝结着我们团队成员的辛勤和智慧，所以我要感谢项目团队成员：欧阳葵教授、王莉副教授、李勇副教授、张龙副教授、焦晶讲师和西安交通大学张振平博士。书稿的完成也凝结着同行专家、教授和领导的关心，我首先要感谢教育部人文社会科学重点研究基地——西北大学中国西部经济发展研究院任保平教授，在研究的框架、思路和方法上给予无私的帮助和指点；更要感谢在项目开题时，西安交通大学冯宗宪教授、西安财经大学胡健教授、陕西省社会科学院任宗哲教授、西北政法大学罗新远教授，他们提出的宝贵建议和后续研究中的无私帮助；不能忘记西北大学经济管理学院杜勇研究员、吴振磊院长和中国西部经济发展研究院副院长李文斌给予的鼓励；要感谢经济学系李伟副教授的研究贡献以及数理经济系师博教授和郭晗副教授给出的有益建议。

　　在本书即将出版之际，我要对社会科学文献出版社丁凡女士表示衷心感谢，她对本书的校对和文字润色付出了艰辛的劳动和智慧，感谢她无私的帮助。

　　由于我们的理论功底、研究水平和研究视野有限，书中错误和不足恳请专家、学者不吝指正。

茹少峰
2020 年 3 月 26 日

图书在版编目(CIP)数据

丝绸之路经济带建设背景下西北地区经济高质量发展
潜力研究 / 茹少峰,刘家旗著. -- 北京:社会科学文
献出版社,2020.6
(丝绸之路经济带与西部大开发新格局. 中国西部经
济发展研究文库)
ISBN 978 - 7 - 5201 - 6779 - 6

Ⅰ.①丝… Ⅱ.①茹… ②刘… Ⅲ.①区域经济发展
- 研究 - 西北地区 Ⅳ.①F127.4

中国版本图书馆 CIP 数据核字(2020)第 100573 号

·丝绸之路经济带与西部大开发新格局·

丝绸之路经济带建设背景下西北地区经济高质量发展潜力研究

著　　者 / 茹少峰　刘家旗

出 版 人 / 谢寿光
责任编辑 / 丁　凡
文稿编辑 / 赵智艳

出　　版 / 社会科学文献出版社·城市和绿色发展分社 (010) 59367143
　　　　　　地址:北京市北三环中路甲 29 号院华龙大厦　邮编:100029
　　　　　　网址:www. ssap. com. cn
发　　行 / 市场营销中心 (010) 59367081　59367083
印　　装 / 三河市东方印刷有限公司

规　　格 / 开　本:787mm × 1092mm　1/16
　　　　　　本册印张:21.75　本册字数:348 千字
版　　次 / 2020 年 6 月第 1 版　2020 年 6 月第 1 次印刷
书　　号 / ISBN 978 - 7 - 5201 - 6779 - 6
定　　价 / 298.00 元

本书如有印装质量问题,请与读者服务中心 (010 - 59367028) 联系